칼날 위의 역사

칼날 위의 역사

역사학자, 조선을 읽고 대한민국을 말하다

이덕일 지음

인문서원

답은 언제나 역사에 있다

많은 사람들이 지금 한국 사회가 총체적 위기에 빠져 있다고 우려하고 있다. 여야를 막론하고 위기가 아니라고 주장하는 사람들을 찾기는 힘들다. 과거에도 늘 문제점은 있었지만 노력하면 극복할 수 있을 것이란 '희망'이 있었다. 그러나 지금은 희망이 사라진 자리를 '절망'이 메우고 있다. 절망감이 전염병처럼 퍼지고 있다. 정치, 경제, 사회, 문화 어느 한구석 희망을 찾아보기 힘들다. 과거 한국 사회의 특징이었던 활력은 사라진 지 오래다.

왜 이렇게 되었을까?

한 사회가 총체적으로 위기에 빠진 데는 복합적인 원인이 있기 마련이다. 그러나 가장 큰 문제는 지도자의 부재다. 사회가 나아갈 방향을 제시하는 지도자가 없다. 우리에게 필요한 지도자는 알량한 경험이 밑천의 전부인 그런 지도자가 아니다. 독서와 사색을 통해

현 사회의 문제점을 찾고, 우리 사회가 나아갈 방향을 고민하는 지식형 지도자가 필요하다. 그러나 그런 지도자가 한국 사회에는 존재하지 않는다. 국가 전체가 아니라 자신이 속한 집단의 이익만 앞세우는 골목대장들이 득실댄다. 자신이 속한 집단의 이익을 국가의 이익으로 포장해 사회를 갈가리 찢는 것을 정치로 착각한다. 못난 백성들은 이 장단에 맞추어 서로를 적으로 여겨 싸우기 여념 없다. 그러니 세상은 온통 절망과 '증오'로 넘쳐난다.

고종이 그런 인물이었다. 나라를 삼키려는 거대한 해일이 밀려드는데 시대착오적인 왕권 강화에만 신경 썼다. 권력이 나라가 나아갈 길을 제시하지도, 극심한 사회갈등을 치유하지도 못하니 나라는 방향을 잃고 관(官)과 백성들이, 백성들과 백성들이 충돌했다. 개혁파는 모두 제거되고 수구파만 득실댔다. 그렇게 고종은 조선을 망국으로 끌고 갔다.

사실 조선은 조선 중기 임진왜란 때 망한 것이었다. 정도전이 구상했던 양인개병(良人皆兵, 모든 백성은 병역 의무가 있는 사회)의 원칙은 어느덧 사라지고 양반들은 병역에서 면제되고 상민들만 병역 의무를 졌다. 광대한 농토를 가진 양반 사대부와 송곳 꽂을 땅 한 조각 없는 상민들이 똑같은 세금을 부과받았다. 노비의 신분은 대대로 세습되었다. 일본군이 쳐들어오자 노비들과 상민들은 일본군에 가담해버렸다. 선조와 양반 사대부들은 북쪽으로 도망가기 바빴다. 조선은 객관적으로 망한 것이었다.

그러나 이런 위기 때마다 우리 역사에는 출중한 지도자가 있었다. 노비와 상민들이 창칼을 들고 조선의 숨통을 겨누는 자리에 재상 류성룡이 있었다. 류성룡은 조선의 지배 체제를 바꾸지 않으면 나라가 망할 것이라는 사실을 잘 알고 있었다. 그래서 류성룡은 노비들도 공을 세우면 자유민이 될 수 있고, 벼슬도 할 수 있는 면천법(免賤法)을 만들었다. 속오군을 만들어 양반들에게도 병역 의무를 부과했다. 작미법(대동법)을 만들어 광대한 농토를 가진 양반 사대부들에게 더 많은 세금을 거두었다. 가진 계급의 기득권을 과감하게 포기하는 진정한 개혁으로 조선은 겨우 망국의 위기에서 벗어났다.

그러나 그때뿐이었다. 전쟁이 끝나가자 선조와 양반 사대부들의 생각이 변했다. 이들은 서로 합심해 류성룡을 실각시켰다. 이에 절망한 이순신은 자살설을 남기고 전사했다. 류성룡이 백척간두의 전시에 시행했던 모든 개혁 조처들은 류성룡의 실각과 함께 폐기 처분되었다. 그렇게 조선은 다시 '양반 천국, 상민 지옥'의 과거로 돌아갔다.

30여 년 후 정묘호란이 일어났고, 뒤이어 병자호란이 일어났다. 한번 속았던 백성들은 꿈쩍도 하지 않았다. 그래서 인조는 삼전도에 나가 머리를 조아리며 절하고, 소현세자는 인질로 잡혀가야 했다.

그러나 이런 상황에서도 백성들이 기댈 지도자가 있었다. 양반 사대부들이 내팽개친 대동법(작미법)에 정치 생명을 건 잠곡 김육이었다. 류성룡은 남인, 김육은 서인이었지만 둘 다 조세정의 실현에 정치 생명을 걸었다. 그나마 조선은 이런 개혁가들이 영의정까지 오를 수 있었다. 지금은 종만도 못한 처신을 하는 재상들이 득실댄다. 그러나 수많은 재상들의 목숨을 빼앗은 숙종에게 "재상은 임금의 사신(私臣)이 아닙니다."라고 면박 준 재상이 있었다. "전하만 홀로 못 듣는 것입니다."라고 쓴소리를 하던 신하들이 있었다. 또한 임금과 재상에게 쓴소리를 하는 게 임무인 간관(諫官)제도와 부패 관료 명단인 『장리안』에 오르면 자자손손 벼슬길을 막는 부패방지 제도가 있었다.

지금 한국 사회는 어떤가? 급속한 산업화 과정에서 목적이 수단을 규정짓다 보니 수많은 문제점이 드러났다. 위기에 빠진 사회를 민주화로 상징되는 개혁이 구해냈다. 그렇게 한국 사회는 위기 때마다 문제를 해결하는 자정능력이 있었고, 이를 제시하고 실현했던 지도자들이 있었다. 사회를 과거로 되돌리려는 시대퇴행적 파도가 넘실대지만 이를 미래로 되돌리려는 지도자는 보이지 않는다. 그래서 사회는 '절망'으로 가득 차게 되었다. 태어날 때 금수저, 은수저, 흙수저를 물고 난다는 '수저론'이 성행하고 있다. 21세기판 신분제에 현 사회를 지옥에 빗대는 '헬조선'이란 말까지 성행하고 있다. '헬한국'이 아니라 '헬조선'이라고 지은 것이 절묘하다.

'헬조선'에서 빠져나오는 길은 없는가? 답은 언제나 역사에 있다. 역사는 인류가, 우리 선조들이 살아왔던 길의 집합이자 삶의 총체이기 때문이다. 그러나 역사는 직접 답을 주는 대신 여러 선택지를 우리에게 준다. 그래서 늘 선택은 살아 있는 자의 몫이다. 함석헌의 시 「그 사람을 가졌는가」 한 대목이 생각난다.

> 온 세상의 찬성보다도
> '아니' 하고 가만히 머리 흔들 그 한 얼굴 생각에
> 알뜰한 유혹을 물리치게 되는
> 그 사람을 그대는 가졌는가

그 사람을 그대는 가졌는가? 우리 사회는 가졌는가? 양반 출신이면서도 양반 사대부들의 숱한 반대를 꺾고 면천법을 만들었던 류성룡, 폐기되었던 대동법을 되살려낸 김육, 신에게는 아직 12척의 배가

있다던 이순신, 신분제 해체를 주장했던 윤휴, 이런 사람들이 우리 역사에는 있었다. 그래서 이제 우리는 그들을, 그들이 만든 역사를 되돌아봐야 한다. 그래야 우리 곁에 있을지도 모를 '그 사람'을 찾을 수 있지 않겠는가? 그런 희망이라도 있어야 이 시대를 살아낼 수 있다는 생각으로 이 책을 상재한다.

2016년 1월

한강변 한가람역사문화연구소에서

천고(遷固) 이덕일 기(記)

차례

머리말 · 4

1 | 재위 44년, 망국의 황제
고종의 최후와 무한 권력 독점의 폐해

한때 국내 사학계에서 일부 학자들에 의해 고종을 훌륭한 임금으로 재탄생시키려는 시도가 있었다. 과연 고종은 용군(庸君, 어리석고 변변하지 못한 임금)이 아닌 성군(聖君)이었을까. 필자가 고종이 몇 년 동안 왕위에 있었는지 물어보면, 아는 사람이 거의 없다. "44년이었다."고 말해주면 대부분 놀란다. 고종에 대한 평가를 동시기의 일본 왕 메이지(明治)와 비교해보면 좀 더 명확해진다. 고종은 메이지와 1852년생 동갑인데, 고종은 1864년에 즉위했고 메이지는 3년 늦은 1867년에 즉위했다. 1912년 세상을 떠난 메이지는 45년 간 왕위에 있었는데, 재위 기간에 전국시대의 영웅 도요토미 히데요시(豊臣秀吉)도 못 이룬 꿈을 달성해 조선을 점령했다.

자신의 재위 기간에 나라를 빼앗긴 고종의 가장 큰 문제점은 착각 속에서 세상을 살았다는 점이다. 망국 후 자결했던 황현은 『매천야록』에서 "고종은 자신이 웅대한 지략과 불세출의 자질을 가지고 있다고 자부하며 권력을 모두 쥐고 세상일에 분주했다."고 평가했다. 군주가 자신과 세계에 대한 객관적 인식이 부족하다 보니 '자신이 웅대한 지략과 불세출의 자질을 가지고 있다'고 착각하며 '세상일에 분주'했던 결과 500년 사직이 망하고 말았던 것이다.

고종의 망상, 개화 없는 근대국가의 꿈

고종이 망국을 맞은 요인은 여럿 있는데 자질구레한 것은 제외하고 큰 것만 두 가지만 말하면, 하나는 시대 흐름에 역행한 것이고 다른 하나는 인재 발탁에 실패한 것이다. 메이지는 1867년 도쿠가와 막부의 장군 도쿠가와 요시노부(德川慶喜)로부터 통치권을 돌려받는 이른바 대정봉환(大政奉還)을 통해 왕정복고를 달성했지만 이는 명목에 불과했다. 모든 정사는 이토 히로부미(伊藤博文)를 비롯한 메이지 유신의 주도 세력이 수행했다. 메이지는 이 하급 무사 출신들이 주도하는 근대국가 프로그램에 따라 메이지 헌법을 반포해 입헌군주제를 채택했고, 지조개정(地租改正) 등을 통해 자본주의 경제 체제를 선택했으며 학제(學制)를 개편하고 징병령을 실시하는 등 개혁으로 나라를 부강시켰다.

반면 고종은 일본의 발전된 결과물은 부러워했으나 그런 결과를 낳은 과정은 걷고 싶어 하지 않았다. 고득점을 바라면서도 놀러만 다니는 수험생 같았던 것이다. 고종 역시 목표는 일본 같은 근대국가를 수립하는 것이었다. 그러려면 개화파 정치 세력과 손을 잡아야

고종 황제 어진. 고종은 44년이라는 긴 기간 동안 왕위에 있었지만 우물 안 개구리식의 사고방식으로 세상의 변화를 거부하고 권력을 독점하는 시대착오적인 전제군주를 꿈꾼 결과 망국을 초래했다.

했다. 당시 조선의 개화파에는 두 부류가 있었는데, 한 세력은 김옥균을 중심으로 한 급진 개화파였고, 또 한 세력은 김홍집과 어윤중 등을 중심으로 한 온건 개화파였다. 고종은 재위 10년(1873) 최익현의 상소를 계기로 부친 흥선대원군을 몰아내고 친정(親政)을 단행한 후 대원군의 모든 정책을 뒤집는 차원에서 개화를 선택했다. 재위 13년(1876)에는 일본과 강화도조약을 체결했는데, 하필이면 치외법권을 인정하는 불평등 조약을 체결하는 것으로 첫 단추부터 잘못 꿰고 말았다.

이때 조선은 일본과 이미 국교가 수립되어 있었기 때문에 새로운 조약을 체결할 필요가 없었다. 설혹 새로운 조약을 체결한다고 해도 불평등 조약을 맺을 필요는 없었다. 물론 여러 문제점에도 불구하고 당시 고종이 나라를 개화 쪽으로 끌고 가려 한 것은 불가피한 선택이었다고 볼 수 있다. 하지만 문제는 이 개화가 고종 자신의 뚜렷한 세계관이나 국제 정세에 대한 분석에서 나온 것이 아니었기 때문에 실제 정책을 추진하는 과정에서 개화와 수구 사이를 시계추처럼 오락가락하는 혼돈이 빚어졌다.

고종은 재위 21년(1884) 급진 개화파 김옥균이 주도한 갑신정변이 일어나자 수구파인 민씨 척족 정권과 손잡고 청나라를 끌어들여 급진 개화파를 모두 제거했다. 재위 33년(1896)에는 느닷없이 러시아 영사관으로 도망가는 아관파천을 단행한 후 경무관을 러시아 공사관으로 불러 김홍집 등을 처형하라고 명했다. 그래서 갑오개혁을 주도하던 온건 개화파 총리대신 김홍집은 경무청 문 앞에서 군중에게 참살당했고, 어윤중도 군중에게 맞아 죽었다.

황현은 『매천야록』에서 고종이 아관파천을 단행한 이유에 대해 "헌정에 속박되는 것을 싫어했기 때문"이라고 정확하게 분석했다. 메이지는 재위 22년(1889) 일본 국민들에게 입헌군주제 헌법인 메이지 헌법을 하사하는 형식으로 일본을 헌법, 즉 헌정(憲政)이 지배하는 나라로 만들었다. 그러나 고종은 입헌군주제든 입헌공화제든 '헌정'에 속하는 자체를 거부했다. 세상은 이미 저만큼 앞서 나가고 있었지만, 자칭 '불세출의 영웅' 고종은 무한 권력을 독점하는 시대착오적인 전제군주를 꿈꿨던 것이다.

을사늑약 주역 박제순 오히려 승진시켜

고종의 인사 스타일은 그가 왜 망했는지를 더욱 극명하게 보여준다. 황현이 『매천야록』에서 "과거의 초시(初試)는 200~500냥이고 회시

1905년 11월 18일 오전 1시 반에 을사늑약이 체결되었다. 일제는 이를 기념하여 덕수궁 수옥헌(오늘날 중명전) 앞에서 사진을 찍었다. 맨 앞줄 가운데 앉은 이가 이토 히로부미이고, 그 왼쪽이 하세가와 조선 주차군 사령관, 오른쪽이 을사오적 가운데 한 명인 대한제국 외부대신 박제순이다. 을사늑약 체결 후 고종은 매국노 박제순을 오히려 승진시켰다.

는 대략 1만 냥"이라고 말했을 정도로 관직 매매로 돈을 긁어모았다. 고종의 인사 스타일을 보여주는 중요한 사례는 을사늑약 체결 후 외부대신 박제순을 오히려 중용한 것을 통해 잘 알 수 있다. 일본 추밀원장 이토 히로부미는 고종 42년(1905) 11월 17일 주무 장관인 외부대신 박제순 등 을사오적(乙巳五賊)과 '한국이 부강해졌다는 사실을 인정할 때까지'라는 단서를 달아 외교권을 빼앗는 '을사늑약'을 체결했다. 을사늑약으로 조선의 외교권은 12월 21일 초대 통감이 된 이토 히로부미에게 쥐어졌는데, 그는 외교뿐만 아니라 국정 전반을 관장하는 사실상의 준(準)총독이었다. 을사늑약 체결 사실이 전해지자 온 나라가 들끓었다. 지위 고하를 막론하고 많은 백성이 조약 체결을 담당한 외부대신 박제순과 이에 동의한 학부대신 이완용, 군부

대신 이근택, 내부대신 이지용, 농상공부대신 권중현 등을 '을사오적'으로 지칭하며 처형을 요구했다.

「황성신문」은 조약 체결 다음 날인 11월 18일, "수십 인의 군중이 이완용 집에 돌입하여 불을 질렀다."고 보도했고, 20일에는 「황성신문」 주필 장지연이 '이날을 목 놓아 통곡한다[是日也放聲大哭]'라는 유명한 논설로 항의했다. 전국 각지에서 오적 처단과 조약 파기를 외치며 의병이 봉기했다. 그러나 고종은 이토 히로부미가 초대 통감으로 결정된 다음 날인 11월 22일 오히려 외부대신 박제순을 과거의 정승 격인 의정부 의정대신으로 승진시켰다. 11월 23일 전 의정대신 조병세는 고종에게 "박제순에 방형(邦刑. 사형)을 실시하고 나머지 대신들도 매국(賣國)의 율로 다스려야 한다."고 주청하고는 며칠 후 자결했고, 11월 30일 시종부무관장 민영환과 주영(駐英) 서리공사 이한응이 영국에서 음독 자살했다. 1907년 헤이그 밀사 사건의 주역이 되는 의정부 참찬 이상설은 11월 22일 다음과 같은 강한 항의 상소를 올렸다.

> "이번에 체결된 조약은 강요로 맺어진 것이니 마땅히 무효입니다. (중략) 폐하(고종)께서 힘껏 무효라고 주장하면서 준엄하게 물리쳐야 하는데, 천주(天誅. 역적들을 죽임)를 단행해 빨리 여정(輿情. 여론)을 위로했다는 소식은 들리지 않고, 도리어 나라를 팔아먹은 역적 수괴를 의정대신 대리로 임명해 신에게 그 아래 반열에 나가게 하시니 신은 분노가 가득 차고 피가 텅 비며 뜨거운 눈물이 강처럼 흘러, 정말 갑자기 죽어서 모든 것을 잊고 싶습니다."
>
> _『고종실록』 42년(1905) 11월 24일

이상설은 이 상소에서 "아! 장차 황실이 쇠해지고 종묘가 무너질 것이며, 조종이 남겨준 유민들은 남의 신하와 종이 될 것입니다."라고 제국의 운명을 정확히 예견했다. 김구는 『백범일지』에 당시 이상설 자결 미수 사건 목격담을 싣기도 했다. 김구가 자결한 민영환의 집에 조문을 갔다가 나오는 도중에, "마흔 살쯤 되어 보이는 어떤 사람이 흰 명주 저고리에 갓망건도 없이 맨상투 바람으로 옷에 핏자국이 얼룩덜룩한 채 여러 사람의 호위를 받으며 인력거에 실려 가면서 큰소리로 울부짖었다. 누구냐고 묻자 참찬 이상설인데 자살 미수에 그쳤다고 한다."는 내용이었다.

성토 대상이 된 을사오적은 12월 16일 공동으로 상소를 올려 "새 조약의 주지로 말하면, 독립이라는 칭호가 바뀌지 않았고 제국이라는 명칭도 그대로이며 종사는 안전하고 황실은 존엄한데, 다만 외교에 대한 한 가지 문제만 잠깐 이웃 나라에 맡겼으니 우리나라가 부강해지면 도로 찾을 날이 있을 것입니다."라는 궤변을 늘어놓았다. 이후 이상설은 나라를 되찾으려 동분서주하다가 1917년 망명지 니콜리스크에서 천추의 한을 품고 쓸쓸히 순국한 반면, 을사오적은 계속 떵떵거리며 살다가 망국 후 박제순과 이근택, 권중현은 일제로부터 자작, 이완용과 이지용은 백작의 작위를 받았다. 매국의 대가로 막대한 은사금도 손에 쥐었다.

병역 면제, 부동산 투기 없는 인재 발탁을

오늘을 사는 우리가 역사에서 얻는 소중한 교훈은 새삼 설명할 필요가 없다. 과거보다는 미래를 지향하고 '병역 면제, 부동산 투기, 위장 전입' 등이 기본 스펙인 사람들 대신 보통 사람들이 긍정할 만한 인생을 산 사람들을 발탁한다면, 설령 지금까지 다소 부진했다 하더라도 향후 오히려 약이 될 수도 있다. 그러나 임진왜란 의병장이었던 배용길(1556~1609)이 인용한 『대학전(大學傳)』의 말처럼 "선한 사람을 보고도 등용하지 않고, 선하지 않은 사람을 보고도 멀리하지 않는 거만한" 행태를 계속한다면, 그 미래는 보지 않아도 훤하다. 그 피해는 고스란히 국민들에게 돌아간다.

2 | 임진왜란 때 왜군 절반이 조선 백성이었다?

류성룡의 개혁과 병역 면제

임진왜란 발발 나흘 만인 선조 25년(1592) 4월 17일. 삼도순변사(三道巡邊使) 신립(申砬)은 탄금대에서 배수진을 쳤으나 패배했다. 이 소식이 전해지자 선조는 도성(都城) 한양을 버리고 도망칠 궁리부터 했다. 선조 일행은 4월 30일 새벽 한양을 떠나 5월 1일 저녁 개성에 도착했다. 선조의 최종 목적지는 요동(遼東), 즉 만주였다. 조선을 버리고 요동으로 건너가 명나라의 제후 대접을 받으며 살겠다는 것이다.

이때 류성룡(1542~1607)이 "안 됩니다. 대가(大駕)가 동토(東土, 조선)에서 한 발짝만 떠나면 조선은 우리 땅이 아니게 됩니다."라고 반대했다. 선조는 "내부(內附, 요동에 가서 붙는 것)하는 것이 본래 나의 뜻이다."라고 거듭 만주로 도망갈 의사를 밝혔다.

류성룡 등이 반대하고 명나라에서도 달갑지 않다는 반응을 보이자 만주로 가려는 계획은 접었지만, 이때 선조가 요동으로 들어갔다면 조선은 완전히 망하고 일본 천하가 되었을 개연성이 크다. 생각만 해도 모골이 송연해지는데 선조는 왜 조선을 버리고 도주하려 했을까. 물론 용렬한 국왕인 탓도 있지만 개인적인 성향만으로 돌릴 수는 없다. 5월 4일 선조는 개성에서 다시 평양으로 도주하려고 하면서 윤두수(尹斗壽)에게 이렇게 물었다. "적병의 숫자가 얼마나 되는가? 절반은 우리나라 사람이라는데 사실인가?"

조선 백성, 일본군이 되다

이것이 선조가 조선을 버리고 도주하려 했던 근본 원인이었다. 조선 백성들이 우르르 일본군에 가담했던 것이다. 그리고 그 숫자도 선조가 듣기에는 일본군의 절반이나 된다고 할 정도로 많았다. 이렇게 된 이유는 조선의 병역제도와 조세제도 때문이었다.

조선은 16세부터 60세까지 모든 백성에게 병역 의무를 지웠다. 병역은 두 종류로 나눠서 수행했는데, 직접 병역 의무를 수행하는 정군(正軍)이 있었고, 정군의 생계를 책임지는 봉족(奉足)들이 있었다. 그런데 전쟁이 없다 보니 정군들은 성 쌓기나 길 닦기 같은 각종 요역(徭役)에 자주 동원되었다. 그래서 당시 돈 역할을 대신하던 포(布)를 납부하는 것으로 병역을 때우는 수포대립(收布代立) 현상이 발생했다. 보인(保人), 즉 봉족에게 받은 베로 다른 사람을 고용해 병역을 수행하게 하는 것이었다.

각 관아에서도 농민들에게 병역 의무를 지우는 것보다 포를 받고 군역을 면제시켜주는 것을 이익으로 생각했다. 관아에서도 정군

선조 25년(1592) 4월 13, 14일 이틀 동안 부산진에서 벌어진 왜병과의 전투를 묘사한 「부산진순절도(釜山鎭殉節圖)」. 임진왜란 당시의 격전 장면을 영조 36년에 당시 동래부 화원이었던 변박이 그린 기록화다.

에게 포를 받아서 그보다 싼 가격으로 다른 사람을 고용하고 중간 차액을 사용했다. 이를 '군역에서 해방시켜주는 대신 포를 받는다'는 뜻에서 '방군수포제(放軍收布制)'라고 한다. 조정에서는 금했지만 병역 의무자와 관아의 이익이 서로 맞아떨어진 탓에 없어지기는커녕 더욱 확대되었다.

중종 36년(1541)에는 조정도 군적수포제(軍籍收布制)를 시행할 수밖에 없었다. 1년에 두 필씩의 군포를 내는 것이 병역 의무를 수행하는 것으로 바뀌었다. 병역 의무가 조세의 일종으로 변질된 것이다. 매년 두 필씩의 군포만 내면 되므로 재산이 있는 일부 양인들은 이를 환영했다. 오늘날로 치면 군대에 가는 대신에 일정한 금액의 돈을 내면 병역 면제가 되는 것이었다.

양반 사대부들은 군포 부과 면제되고

군적수포제의 가장 큰 문제는 양반 사대부들을 군포 부과 대상에서 제외했다는 점이다. 가난한 양민들은 1년에 두 필씩의 군포, 즉 병역세를 납부해야 하는 반면 상대적으로 부유한 양반들에겐 납세 의무가 없었다. 양인들이 기를 쓰고 양반이 되려고 했던 이유가 군포 납부 대상에서 면제될 수 있다는 점 때문이었다. 더구나 군적수포제가 실시된 후에는 군포를 내느냐 내지 않느냐가 양반과 이른바 '상놈'을 가르는 기준이 되었다. 가난한 농민들에게 군포의 부담은 과중했다. 게다가 갓난아이에게도 군포를 거두는 황구첨정(黃口簽丁)이나 죽은 사람에게 군포를 부과하는 백골징포(白骨徵布)까지 횡행했다. 자기 한 몸 건사하기도 힘든 가난한 농민이 세 명분의 군포를 내야 했다. 이를 견디지 못한 백성들은 정든 고향을 등지고 떠돌이의 삶을 택하지 않을 수 없었다.

임진왜란이 일어나기 9년 전인 선조 16년(1583)에 황해도에 순무(巡撫)어사로 나갔던 김성일(金誠一)은 군포, 즉 병역세 때문에 도망가는 백성들이 전국에 걸쳐 광범위하게 퍼져 있다는 사실을 확인하고 개선을 요구하는 상소문을 올렸다.

> "신이 삼가 생각하건대, 제왕이 나라를 위하는 것은 그 길이 하나가 아니지만 그 근본은 안민(安民)에 있을 뿐입니다. 안민의 길에 이르는 정치는 하나가 아니지만 그 요체는 해(害)를 제거하는 데 있을 뿐입니다."
>
> _『학봉속집』 제2권

조명 연합군의 평양성 탈환 모습을 묘사한 병풍.

임금의 정치는 백성들을 괴롭게 하는 해악을 제거하는 것이 요체
라는 말이다. 김성일은 "백성 한 사람이 제 살 곳을 잃어도 왕정(王
政)이 잘못되었음을 알 수 있는데 하물며 한 도가 모두 살 곳을 잃
었으니 어찌 말하겠습니까? …… 하물며 온 나라가 모두 같지 않습
니까?"라고 한탄했다. 김성일이 보기에 가장 큰 해악은 족징(族徵), 즉
가난한 백성들이 도망가면 그 군포를 가족에게 대신 부담시키는 것
이었다. 일종의 '병역 연좌제'였던 것이다.

"신이 이 도에 이르자 군민(軍民) 중에 원통함을 호소하는 자
들이 이르는 곳곳마다 뜰에 가득 찼는데, 일족이라는 이유로
추징당한 자가 열에 아홉이었으며, 일족 중에는 일족이 아닌
데도 이웃이라는 이유로 추징을 당한 자가 또 절반이었습니

25

다…… 한 사람이 도망가면 그 역(役)이 구족(九族)에게까지 미
치는데, 구족이 내지 못하면 인보(隣保)에게까지 미치며, 인보들
이 내지 못하니 마침내 일족은 죽고 마을은 텅 비게 됩니다."
_ 김성일, '황해도를 순무할 때 올린 상소'

한 사람이 도망가면 구족까지 찾아내서 군포를 씌우다가 그것도
안 되면 이웃에게 대신 씌웠다. 이를 '이웃 린(隣)' 자를 써서 인징(隣徵)
이라고 불렀다.

앞서 말했듯이 이때가 임진왜란 발발 9년 전이었다. 김성일은 "전
지(田地)에는 풀과 쑥대만이 자라고 있는데도 그 부세(賦稅. 군포)는 아
직도 남아 있고, 군적(軍籍)은 이미 빈 장부가 되었는데도 방수(防守)는
그대로 남아 있습니다."라고 말했다. 김성일은 대책으로 도망친 지 7
년 이상 되었으면 군역을 면제할 것과 도망친 군사가 60세가 넘었을
경우 군역을 면제하자는 대책 등을 내놓았지만 유야무야되고 말았
다. 이런 상황에서 일본군이 침범해오자 백성들은 형조(刑曹)와 장예
원(掌隸院)을 불태우고 일본군에 대거 가담해버렸던 것이고, 그래서 선
조는 조선이 망했다고 생각하고 요동으로 도주하려 했던 것이다.

짧았던 류성룡의 개혁, 임란 직후 다시 폐기

선조의 요동행을 저지한 류성룡은 영의정 겸 전군을 지휘하는 삼
도 도체찰사(都體察使)가 되자 병역 문제 해결에 나섰다. 사실 해결책
은 간단했다. 양반 사대부들도 병역 의무를 지면 되는 것이었다. 그

래서 류성룡은 임란 때 속오군(束伍軍)을 조직했다. 양반과 양인들을 모아서 조직한 군대였다. 또한 류성룡은 중앙에 훈련도감(訓練都監)도 만들어 군사 1인당 1개월에 쌀 6말을 주었는데, 양반뿐만 아니라 공사 노비들까지 함께 근무하게 했다. 즉 그동안 병역 의무에서 면제되었던 양반들과 사노(私奴)들을 유급을 조건으로 같은 부대에 편성한 것이다. 여기에다 그동안 가난하든 부유하든 같은 액수의 세금을 내던 공납(貢納)을 농토의 많고 적음에 따라 부과하는 작미법(作米法)으로 바꾸었다. 모두가 같은 액수를 내던 간접세를 부자가 더 많이 부담하는 직접세로 바꾼 것이다. 오늘날로 치면 '부자 증세'였다.

류성룡의 이런 개혁 정책들이 성과를 거두면서 떠났던 백성들의 마음이 돌아왔고, 조선은 백척간두의 위기에서 벗어날 수 있었다. 그러나 전쟁이 끝날 조짐이 보이자 양반 사대부들은 류성룡을 낙마시켜 이런 개혁 입법들을 무효화시키려 했다. 『연려실기술(燃藜室記述)』에 이런 현상이 잘 나타나 있다.

> '남이공(南以恭) 등이 두 번째 상소를 올렸는데 대략, "(류성룡이) 국정을 담당한 6, 7년 동안에…… 훈련도감과 체찰군문(體察軍門)에서 속오, 작미법을 만들고…… 서예(庶隸, 서자들과 노비)의 천한 신분을 발탁하여……'
>
> _『연려실기술』 '선조조 고사본말'

류성룡이 부자 증세인 작미법을 제정하고, 양반에게도 병역 의무를 부과한 속오군을 만들고, 서자들과 노비들을 발탁했다는 비판이었다. 이런 공세에 밀려 류성룡은 전란이 끝나면서 쫓겨나는 신세가 되었고, 류성룡이 실시했던 개혁 조치들도 대부분 폐기되었다. 농민들은 배신감에 치를 떨었다. 요즘으로 말하자면 선거 때 온갖 달콤한 공약을 남발하고는 막상 집권한 후 대부분의 공약을 팽개친 셈이었다. 임진왜란이 종결(1598)된 지 불과 29년 후에 북방의 후금(後金)이 쳐내려오는 정묘호란(1627)이 발생했을 때 양반 사대부들이 의병을 모집해도 농민들은 꿈쩍도 하지 않았다. 그래서 인조는 강화도로 도주해야 했고, 소현세자는 전주로 피란을 가야 했다. 병자호란 때도 농민들은 움직이지 않았다. 이 모든 것이 지배층이 더 많은 의무를 지고, 부자가 더 많은 세금을 납부해야 하는 평범한 상식과 반대로 가서 발생한 인과응보였다.

21세기 대한민국의 조세정책은 어떤가? 소득세나 법인세 인상 등의 부자 증세를 통해 재원을 마련할 생각은 안 하고 담뱃값 인상, 주민세 인상, 자동차세 인상 등 서민의 호주머니만 털어가는 행태는 양반 사대부들을 군역 의무에서 면제시켰던 과거 군적수포제와 얼마나 다른가.

경제협력개발기구(OECD)는 한국의 조세 체계가 이대로 가면 50년 후에는 한국이 세계에서 세 번째로 소득 불균형이 심한 국가가 될 것이라고 경고하는 보고서를 발표했다. 정부는 이렇게 해도 국민들의 계속된 지지를 받을 것이라고 생각하는지 모르겠지만, 조선의 농민들이 우매하지 않았듯이 대한민국 국민도 우매하지 않다. 아직 임계점에 이르지 않았을 뿐이다.

3 | 노비들의 분노, "양반들이나 나가 싸워라"
노비와 비정규직을 생각한다

재일교포 학자인 윤학준 호세이대학 교수는 『나의 양반문화 탐방기』(지산. 1994)란 책에서 "재일 한국인 중 99%가 양반이고 99%가 상놈"이라고 했다. 실제로 대한민국 국민 99%는 스스로를 양반의 후예라고 생각하고 있다. 그러나 이는 사실과 다르다. 조선 숙종 16년(1690) 대구부의 신분 구성에서 양반은 9.2%, 양인(良人. 평민) 53.7%, 노비 37%였다. 임진왜란과 병자호란을 거치면서 양반 숫자가 크게 증가했음에도 양반 비율이 10%를 넘지 못했다. 선조 39년(1606)에 단성(丹城. 경남 산청) 지역에서는 64%가 노비였고, 광해군 1년(1609) 울산 지역에선 47%가 노비였다는 연구 결과도 있다.

조선 후기로 갈수록 양반 비율이 크게 올라가는데, 앞의 대구부는 영조 5년(1729) 양반이 18.7%로 10% 정도 급증했다. 양인은 54.6%로 별로 변화가 없었지만 노비는 26.6%로 10% 정도 줄었다. 노비 숫자가 줄어든 만큼 양반 숫자가 늘어난 것이다. 부를 축적한 백성들은 공명첩(空名帖. 이름을 비워놓은 관직 임명장)을 산다든지, 양반들에게 직첩(職牒. 벼슬 임명장)을 산다든지, 향리에게 돈을 주고 호적을 바꾼다든지 하는 방법들을 통해 양반 신분을 샀다. 이렇게 양반 숫자는 고종 31년(1894) 갑오개혁으로 반상(班常)제도가 폐지될 때까지 지속적으로 늘어났고, 이것이 현재 모든 한국인으로 하여금 양반의 후예라는 허위의식을 갖게 하는 큰 요인이 되었다. 그 많던 평민, 노비는 모두 어디로 갔을까.

양인과 천인 혼인하면 자식은 천인

홍문관 부제학을 역임했던 이맹현이 성종 25년(1494) 자식들에게 상속한 노비는 무려 757명이다. 그가 청백리에 녹선된 것은 굳이 부패하지 않아도 충분히 부유했기 때문이다. 퇴계 이황이 5명의 손자녀들에게 상속한 노비도 무려 367명이었다. 의정부 좌찬성을 역임한 권벌도 317명의 노비를 갖고 있었다. 노비를 부리는 양반의 관점에서 보면 좋을지 모르지만 반대의 관점, 즉 노비의 관점으로 보면 이 많은 숫자의 노비는 존재 자체로 사회 불안 요소였다.

노비는 크게 공노비(관청에 소속된 노비)와 사노비(개인에게 소속된 노비)로 나뉘는데 사노비의 처지가 훨씬 열악했다. 노비제도는 여러 문제점을 갖고 있는데, 재산처럼 거래되는 것은 물론 자식들까지 자자손손 천인(賤人)이 된다는 점이 가장 큰 문제였다. 부모의 신분이 서로 다를 경우 자식의 신분은 어떻게 되는가도 문제였다. 양인과 천인이 혼인

작자 미상의 「경직도(耕織圖)」. 노비들이 일하는 모습을 주인이 손자를 데리고 구경하고 있다. 양인과 천인이 혼인을 하면 어미의 신분을 따르는 종모법은 국가 재정보다는 노비를 소유한 양반 사대부의 이익에 복무하는 법이었고, 신분제에 따른 온갖 불이익으로 백성을 옭아맸던 조선은 위기 앞에 무기력할 수밖에 없었다.

하면 자식들은 누구의 신분을 따라야 하는가. 모친의 신분을 따르는 것을 종모법(從母法) 또는 수모법(隨母法)이라고 하고, 부친의 신분을 따르는 것을 종부법(從父法)이라고 했다. 종부법을 채택하면 노비 숫자가 차차 줄어드는 반면, 종모법을 실시하면 노비 숫자가 크게 늘어나게 돼 있었다.

고려시대의 제도를 계승한 조선은 개국 이래 종모법을 실시했다. 종부법으로 바꿔야 한다는 의견이 있었지만 양반 사대부의 반발 때문에 쉽지 않았다. 이런 상황에서 황희와 태종이 이 문제 해결에 나섰다. 태종 14년(1414) 6월 예조판서 황희가 "아비가 양인이면 아들도 양인이니 종부법이 옳습니다."라고 개정을 건의했다. 그러자 태종은 "경의 말이 대단히 옳다. 재상(宰相)의 골육(骨肉)을 종모법에 따라 역사(役使)시키는 것은 심히 미편(未便)하다."라고 찬동했다. 태종이 '재상의 골육'을 언급한 것은 의도적이었다. 양반 사대부들의 첩에게서 난 자식들도 혜택을 입는 법이니 양반들에게 나쁘기만 한 법은 아니라는 뜻이 담겨 있었다. 태종은 직접 윤음을 내려 종모법을 종부법으로 바꿨다.

> "하늘이 백성을 낼 때는 본래 천인이 없었다. 전조(前朝, 고려)의 노비법은 양인과 천인이 서로 혼인하면 천한 것을 우선해 어미를 따라 천인으로 삼았으므로 천인의 숫자가 날로 증가하고 양민의 숫자는 날로 감소했다. 영락(永樂) 12년(1414) 6월 28일 이후에는 공사(公私) 여종이 양인(良人)에게 시집가서 낳은 소생은 모두 종부법에 의거해 양인으로 만들라."
>
> _「태종실록」 14년 6월 27일

태종의 종부법, 세종의 종모법으로 개악

종부법 개정은 신분제의 획기적인 진전으로서 이후 모친의 신분 때문에 눈물 흘리던 수많은 천인이 구제받은 것은 물론이고 양인의 숫자가 대폭 증가해 국가 재정이 튼튼해졌다. 여종을 소유한 양반 사대부들은 종부법에 큰 불만을 가졌으나 태종의 위세에 눌려 감히 이의를 제기하지 못했다.

그런데 세종이 즉위하자 상황이 달라졌다. 세종은 사대부와 일반 백성들의 이해가 충돌할 경우 대부분 양반 사대부의 손을 들어주었던 임금이었다. 그래서 맹사성, 권진, 허조 등 대신들은 종모법 환원을 계속 주장했다. 그러자 세종은 태종이 종부법으로 개정할 때 담당 승지였던 조말생을 불러 종부법 제정 경위를 물었다. 조말생은 태종이 강력한 의지로 종부법으로 개정했으며 "이숙번이 옳지 않다고 극력 말했으나 태종이 듣지 않으시고 신에게 법령 집필을 명하셨으며 친히 하교(下敎)하여 법을 세우셨습니다."라고 보고했다.

이로써 종부법은 태종의 강력한 의지로 제정된 법임이 명백해졌다. 이때 세종이 '조종의 성헌(成憲)은 고칠 수 없다'고 못 박았으면 이후 조선 역사는 신분보다 능력을 우대하는 바람직한 방향으로 흘러갔을 것이다. 그러나 세종은 대신들의 요구에 밀려 종모법으로 환원하는 개악(改惡)의 길을 선택했다. 이후 노비들은 평시에는 도망가거나 전시에는 적국에 가담하는 형태로 사회의 화약고 역할을 했다. 임진왜란 때 선조가 도성을 버리고 북상길에 올랐는데,『선조수정실록』은 선조의 어가(御駕)가 떠나자 백성들이 난입해서 "먼저 장예원과 형조를 불태웠다."고 전한다. 형조와 장예원은 모두 노비 문서와 노비에 대한 소송을 관장하는 부서였다. 장예원과 형조에 불을 지른 이유에 대해『선조수정실록』은 "두 곳의 관서에 공사 노비의 문적(文籍)이 있기 때문이었다."고 적고 있다.

평소 신분제의 질곡에 시달리던 노비들은 임금 일행이 도주하자 대궐에 난입해 노비 문서에 불을 지른 것이다. 나아가 노비들은 일본군에 적극 가담했다. 이 문제를 해결하지 않으면 조선은 망한 것이나 마찬가지였다. 그래서 영의정 겸 도체찰사 류성룡은 노비들이 군공(軍功)을 세우면 양인으로 신분 상승을 시켜주고, 공이 클 경우 양반 벼슬까지 주는 면천법(免賤法)을 제정했다.

공사 노비가 일본군의 머리 1급을 베어오면 면천(免賤, 천인에서 벗어남)시키고, 2급이면 우림위(羽林衛, 국왕 호위무사)에 제수하고, 3급이면 허통(許通, 벼슬 시키는 것)시키고, 4급이면 수문장(守門將)에 제수하는 것이었다. 류성룡이 "이와 같이 하면 비록 끓는 물에 들어가고 불길을 밟더라도 전력을 다해 적을 무찔러 열흘도 채 못 가서 적의 수급이 쌓여 경관(京觀, 적의 시신을 쌓아놓은 탑)이 될 것입니다."라고 예견한 것처럼 노비들이 의병으로 몰려들기 시작했다. 이렇게 조선은 신분제를 완화시키는 면천법을 제정해 국망(國亡)의 위기에서 벗어났다.

양반 천국, 백성 지옥으로 회귀하다

그러나 일본에서 도요토미 히데요시가 죽고 전쟁이 끝날 때가 되자 선조와 사대부들의 생각이 달라졌다. 면천법을 비롯해 류성룡이 전시에 시행했던 개혁 정책들을 무효로 돌리고 전쟁 전의 사회로 되돌아가려 한 것이다. 그래서 전쟁이 끝나기 직전 남이공 등이 상소를 올려 "(류성룡이) 국정을 담당한 6~7년 동안에…… 훈련도감과 체찰군문에서 속오군을 만들고…… 서예의 천한 신분을 발탁하여……."라며 류성룡이 전시에 신분제의 틀을 흔들었다고 격렬하게 비난했다.

결국 임진왜란과 정유재란이라는 7년 전쟁을 진두지휘한 류성룡은 전쟁이 끝남과 동시에 포상은커녕 파직당했다. 류성룡은 쫓겨나고 그가 주도했던 각종 개혁 입법은 폐기되고, 다시 '양반 천국, 백성 지옥'의 구 체제로 돌아갔다.

정유재란이 끝난 지 불과 30년 만에 북방의 만주족이 남침하는 정묘호란(1627)이 발생했다. 숙종 때 신분제 완화와 북벌을 주창했던 백호 윤휴는 정묘호란 때 평안도 안주성에서 발생한 사건에 대해 이렇게 설명했다. 감사 윤훤이 성을 지킬 계책을 내자 "군사들이 호패를 풀어서 성 위에 쌓아놓고서 떠들썩하게 '호패가 적의 침략을 막을 수 있는데 우리들이 어찌 싸우겠느냐'라고 말했고 군사가 드디어 크게 궤멸하고 윤훤은 달아나서 서로(西路, 평안도와 황해도)가 파멸되었습니다."라는 것이다. 감사 윤훤이 병사들에게 나가서 싸우자고 말하자 병사들은 거꾸로 서얼, 상민, 노비라고 써놓은 호패를 성 위에 쌓아놓고 '양반들이나 나가서 싸우라'고 거부했다는 것이다. 안주성이 무너진 것은 당연지사였다. 병자호란 때도 마찬가지였다. 각종 신분제로 백성을 옭아맸던 나라가 위기에 무너지는 것은 너무나 당연하다.

오늘날은 그때와 다를까. 똑같은 일을 하고도 온갖 차별에 시달리는 비정규직은 과거의 서얼, 상민, 노비와 얼마나 다른가. 그래서 '헬조선', '흙수저' 같은 자기비하적인 유행어까지 난무하지 않은가. 온갖 차별대우를 받아온 비정규직 노동자가 막상 회사에 위기가 닥쳤을 때 응원을 하거나 힘을 보태주겠는가. 하물며 사옥 부지 매입에는 10조 원이 넘는 천문학적인 액수를 베팅하는 기업이 비정규직을 정규직으로 봐야 한다는 법원의 결정에 불복해 항소하는 행태로는 진정한 회사 안정과 사회 안정을 이룰 수 없다. 구성원 대다수가 자신과 회사, 사회에 대한 자존감을 가질 때 개인과 회사, 사회가 동시에 발전할 수 있다. 조선이 끝내 총 한 방 제대로 쏴보지도 못하고 망했던 근본적 이유가 구성원들에게 '내 나라'라는 귀속감을 주지 못한 데 있다고 해도 과언이 아니다.

4 | 고종의 아버지는 왜 쫓겨났는가
흥선대원군의 개혁과 외교 정책의 방향성

황현의 『매천야록』에는 대원군이 어느 공회(公會)에서 재상들에게 "내가 천리를 지척으로 압축시키고, 태산을 깎아 평지로 만들고, 남대문을 3층으로 높이려고 한다."고 말했다고 전한다. 그러자 김병기(金炳冀)가 "대감의 지금 권세로 천리를 지척으로 만들 수도 있고, 남대문을 3층으로 만들 수도 있겠지만, 태산은 태산인데 어찌 쉽게 평지를 만들 수 있겠습니까."라고 반발했다는 것이다. 천리 지척은 종친(宗親)을 높인다는 뜻이고, 남대문 3층은 남인을 기용하겠다는 뜻이고, 태산 평지는 노론(老論)을 평지로 만들겠다는 뜻인데, 이는 쉽지 않으리라는 노론의 반발이었다.

조선 역사에서 국왕의 생부인 대원군 이하응(李昰應)의 등장은 극적이었다. 정조의 이복동생인 은신군(恩信君)의 후손인 흥선군 이하응은 세도정치 하에서의 두 외척 가문의 대립을 자신의 기회로 삼았다.

당시 익종(翼宗, 순조의 아들인 효명세자)의 부인 신정왕후(神貞王后)의 친정인 풍양 조씨와 순조비 순원왕후 및 철종비 철인왕후(哲仁王后)의 친정 안동 김씨가 크게 대립하고 있었다. 헌종 12년(1846) 신정왕후의 친정아버지인 조만영의 사망을 계기로 풍양 조씨의 세력은 '장김(壯金)'이라 불렸던 안동 김씨 세력에 밀리고 있었다. 『매천야록』에서는 "그들(안동 김씨)이 오랫동안 국권을 장악해 세상에서는 안동 김씨만 알고 나라가 있는 줄을 몰랐다."고 기록했을 정도다.

권력은 강한 권력 의지가 있는 사람이 잡기 마련인데 흥선군도 마찬가지였다. 풍수가로부터 충청도 덕산 대덕사의 고탑(古塔)이 '큰 길지(吉地)'라는 말을 듣고 재산을 팔아 2만 냥의 거액을 마련해 경기도 연천에 있던 부친 남연군 묘를 이장하려 했다. 그런데 탑신(塔神)이 나타나 '이곳에 묘를 쓰면 너희 4형제가 폭사할 것'이라고 위협하는 꿈을 형제들이 동시에 꾸었다. 이장을 두려워하는 형들에게 막내 흥선군은 "장김의 문전을 다니며 구차하게 사는 것보다 차라리 한때 잘 사는 것이 쾌하지 않겠습니까?"라면서 이장을 단행했다. 그러면서 안동 김씨 세력에게 불만을 가진 대비 조씨와 비밀리에 연결한 끝에 재위 14년의 철종이 사망한 당일인 1863년 12월 8일 대왕대비 조씨로부터 "흥선군의 둘째 아들 이명복(李命福)으로 익종대왕의 대통(大統)을 잇게 하기로 작정했다."는 결단을 얻어내는 데 성공했다.

비변사 해체, 서원 철폐로 개혁 깃발 올리다

대비 조씨와 흥선군 사이에 묵계가 있었다는 이야기가 파다했으나 이미 대세는 결정난 것이었다. 만 열한 살의 명복을 대신해서 대비 조씨의 수렴청정 절목(節目. 법령)이 반포되었지만 조씨는 "사왕(嗣王. 왕위를 이은 새 임금)이 나이가 어리고 국사가 다난(多難)하니 대원군이 대정(大政)을 협찬하고…… (중략) 백관은 대원군의 지휘를 청(聽)하라."면서 대원군에게 섭정의 지위를 넘겼다.

이렇게 무관(無冠)의 제왕 대원군 시대가 열렸다. 대원군의 명령인 대원위분부(大院位分付)는 조선 후기 어느 국왕의 명보다 강력한 권위와 힘을 가졌다. 대원군의 개혁 목표는 노론 벌열 가문의 약화와 왕실 강화였다.

대원군은 가장 먼저 왕권을 제약하던 비변사(備邊司)를 해체해버림으로써 노론의 반발을 비웃었다. 중종 5년(1510) 삼포왜란 때 임시로 설치했던 비변사는 인조반정 이후 서인들이 후금(後金. 청)과 항쟁한다는 명목으로 상설 관청화되었다. 안동 김씨를 중심으로 풍양 조씨, 달성(대구) 서씨, 연안 이씨, 풍산 홍씨, 반남 박씨 등 6대 가문이 비변사 제조당상을 독점하면서 중앙과 지방의 벼슬아치에 대한 인사권과 군사권은 물론 비빈(妃嬪)의 간택까지 관장하는 국정 최고 기관이 되었다. 비변사의 주청은 국왕이 거부하지 않는 것이 관례가 되면서 왕권은 크게 약화되었다.

그러나 대원군은 고종 1년(1864) 2월 의정부를 비변사에서 독립시키고 고종 2년(1865) 3월에는 "서울과 지방의 사무를 모두 비변사에 위임한 것이 언제 시작되었는지 모르겠지만 사체로 보아 그럴 수 없다."는 대왕대비의 전교로 비변사를 의정부에 흡수시켰다. 비변사는 대신들의 대기실로 격하되고 비변사에 내렸던 '묘당(廟堂)'이란 현판은 의정부 대청으로 옮겨 달았고 비변사의 인장(印章)은 녹여서 영원히

없애버렸다. 전격적인 비변사 해체에 노론뿐만 아니라 전 조정이 경악한 것은 당연했다.

경복궁 중건과 당백전 발행이라는 패착

고종 2년(1865), 노론이 숨 돌릴 틈도 주지 않고 대원군은 이번에는 노론의 정신적 지주였던 만동묘(萬東廟)를 철폐했다. 만동묘는 송시열의 제자들이 스승의 뜻에 따라 송시열의 고향인 충청도 괴산군 화양리에 세운 명나라 신종(神宗)과 의종(毅宗)의 사당이었다. 만동묘를 세운 노론의 명분은 숭명반청(崇明反淸)이었지만 실제 목적은 황제의 권위를 빙자해 제후(조선 임금)를 압박하기 위한 것이었다. 만동묘 철폐에 노론은 경악했다. 대원군은 노론 권력의 원천인 서원 개혁에도 나서 고종 8년(1871) 47개 소만 남기고 전국의 모든 서원을 철폐했다. 전국의 노론 계통 유생들이 '통유(通儒)'라는 격문을 돌리며 격렬하게 항의했으나 대원군은 "백성을 해치는 자라면 공자가 다시 살아난다 해도 용서하지 않겠다."고 한 발짝도 물러서지 않았다.

대원군은 고종 즉위 1년 전인 철종 13년(1862) 영남과 호남, 충청을 휩쓴 농민들의 삼남민란이 삼정(三政)의 문란에 있다는 사실을 잘 알고 있었다. 삼정이란, 농지에 대한 세금인 전정(田政), 병무 행정인 군정(軍政), 빈민 구제 행정인 환정(還政)인데, 모두 부호들에게는 한없이 관대한 반면 가난한 백성들의 등골을 빼먹고 있던 제도였다.

부호들은 지방관 및 아전들과 결탁해 막대한 농지를 세금 부과 대상에서 제외시키는 은결(隱結, 탈세전)로 만들었다. 대신 땅 한 평 없

흥선대원군 이하응의 초상. 집권 초반에는 호포제 실시와 서원 철폐 등 진보적인 개혁을 시행했으나 경복궁 중건과 환곡제 부활 등 퇴행적인 개혁을 시도함으로써 민심을 잃고 권좌에서 밀려났다.

는 농민들에게는 '없는 땅에 징수'하는 백지징세(白地徵稅)를 남발했다. 대원군은 전국적인 농지 조사 사업을 전개해서 감춰진 은결에 세금을 부과했다. 환곡은 춘궁기(春窮期)에 가난한 백성들에게 관곡(官穀)을 빌려주었다가 가을에 1할의 이자를 덧붙여 되돌려받던 빈민 구제책이었다. 그러나 이 무렵에는 이자만 7~8할에 이르는 악성 고리대로 변질되었다. 대원군은 고종 4년(1867) 환곡제를 사창제로 바꾸어 백성들이 자율적으로 운영하게 개혁했다.

가장 큰 문제는 양반 사대부들은 군포 납부의 의무에서 면제되고

경복궁 근정전에 세웠던 척화비. 개국의 시대에 쇄국을 고집했던 대원군 정권의 몰락은 역사상 퇴행적인 개혁이 성공했던 적이 단 한 번도 없었음을 증명한다.

가난한 백성들만 군포를 납부하는 군정(軍政)이었다. 양반들에게도 군포를 받아야 했으나, 역대 여러 국왕들은 양반들의 반발 때문에 시행하지 못했다. 대원군은 고종 8년(1871) 모든 양반들에게도 군포를 받는 호포법을 강행했다.

　대원군의 개혁 정치는 백척간두의 위기에서 조선을 구하기 위한 정면승부였다. 그러나 대원군식 개혁의 문제는 성리학적 질서의 회복이라는 '복고'를 목표로 삼았다는 점이다. 청나라까지 강제로 문호를 개방당하는 서세동점(西勢東漸)은 중화(中華)를 중심으로 하는 성리학적 세계질서가 수명을 다했음을 말해주는 증거였다. 그러나 대원군은 이런 시대적 변화를 읽지 못하고 왕권 강화와 성리학적 질서 회복이라는 봉건적 틀 속에서 문제에 접근했다. 경복궁 중건 사업이 그중 하나였다. 고종 2년(1865) 4월 영건도감(營建都監)을 설치해 경복궁 중건 사업에 나섰는데, 공사 자금이 부족하자 '자진해서 납부한다'는 원납전(願納錢)을 징수했다. 원납전은 곧 '원망하며 납부한다'는 원납전(怨納錢)으로 변질되었다. 고종 3년(1866)에 유통시킨 당백전(當百錢)도 경제 질서를 크게 왜곡시켰다.

그러나 이런 내정의 실책보다 더 큰 문제는 대외 정책이었다. 정조 사후 노론 벽파가 남인들을 제거하기 위해 자행했던 천주교 박해를 더 심하게 자행한 것은 '노론 약화'를 내걸었던 대원군의 자기부정이었다. 이 때문에 발생한 국난이 고종 3년(1866) 프랑스 함대가 강화도와 문수산성에 쳐들어왔던 병인양요였다. 양헌수(梁憲洙)가 이끄는 결사대가 프랑스군을 가까스로 물리쳤지만 이는 일시적인 조치에 불과했다. 고종 8년(1871)에는 미국의 로저스 제독이 이끄는 미군이 강화도를 공격하는 신미양요가 발생했다. 미군이 퇴각하기는 했지만 강화도 광성보(廣城堡) 전투에서 미군은 전사자 3명이었던 데 비해 조선군 전사자는 350여 명이었을 정도로 큰 피해를 보았다. 형식은 조선의 승리였지만 내용은 조선의 패배였다.

대원군의 실패, 개혁 방향의 교훈

대원군이 이때 시대 흐름에 맞춰 자주적 개국을 단행했다면 조선은 서구 열강과 평등한 조약을 맺은 최초의 동아시아 국가가 되었을 것이다. 그러나 대원군은 그해 8월 '화친을 주장하는 것은 나라를 팔아먹는 것'이란 내용의 척화비(斥和碑)를 전국 각지에 세웠다. 대원군은 군사력으로 쇄국을 유지할 수 있다는 망상 속에서 막대한 군사비를 조달하기 위해 무리수를 뒀다. 호포제와 서원 철폐로 양반 사대부들의 지지를 잃은 데다 경복궁 중건, 환곡제 부활 등으로 상민들의 지지까지 상실하면서 권력 기반이 크게 약화되었다. 드디어 고종 10년(1873) 10월 쇄국론자 동부승지 최익현(崔益鉉)의 대원군 비판 상소로 대원군은 '권불십년(權不十年)'이란 말을 증명하듯 권좌에서 물러나고 말았다.

대원군의 실패는 개혁에서 방향성이 얼마나 중요한지를 잘 말해준다. 역사상 퇴행적인 개혁이 성공했던 적은 단 한 번도 없다. 이명박 정부가 실패한 정권이 되었던 핵심 이유는 과거 지향적이었다는 데 있다. 그나마 대원군은 집권 초 민중의 환호를 받으며 강력한 개혁을 실천했지만 집권 5년 동안 과거만 쳐다봤던 정권이 성공할 수는 없었다. 불행히도 현 정부 역시 그런 움직임을 보이고 있다. 형식적 민주주의를 달성한 현 사회에서 성공한 정권이 되기 위한 길은 '갑(甲)질'이 성행하는 한국의 사회 구조를 을(乙) 중심으로 바꾸는 내용적 민주주의를 달성하는 일일 것이다.

5 | 이 무기는 동포의 피와 땀이다

독립군의 무기 전쟁과 방산 비리

빼앗긴 나라를 되찾는 데 가장 좋은 방법은 무기를 들고 적을 몰아내는 것이다. 그래서 일제 강점기 나라가 망하자 너도나도 만주로 망명해 독립군이 되었다. 그런데 독립군의 가장 큰 문제는 무기 조달이었다. 1920년 무렵까지 독립군은 다양한 무기를 갖고 있었는데, 주요 무기 중 하나가 체코제였다. 독립군이 체코제 무기를 갖게 된 데는 국제정치학적으로 복잡한 사연이 있었다.

1917년 10월 볼셰비키 혁명에 성공한 레닌은 이듬해 3월 독일과 브레스트리토프스크 강화조약을 맺고 제1차 세계대전에서 발을 뺐다. 그해 7월 미국, 영국, 프랑스 등이 시베리아에 있던 체코군을 구원한다는 명분으로 출전하는데, 속셈은 볼셰비키 혁명 세력을 무너뜨리는 것이었다. 이른바 간섭국으로서 모두 14개국으로 구성되어 있었는데, 일본도 영일동맹을 명분 삼아 시베리아로 출전했다. 미·

영·프·일 4개국이 모두 2만 8,000명의 군대를 파병하기로 합의했지만, 일본은 무려 7만 3,000명의 대군을 보냈다. 일본은 블라디보스토크까지만 진격하기로 한 연합국과의 약속을 깨고 바이칼 호수 서쪽의 이르쿠츠크까지 점령했다.

그러나 이 광대한 대지를 통치할 만한 역량은 부족해서 교통 요지만을 지키는 데 급급하다가 붉은 군대와 이에 동조하는 파르티잔들의 게릴라 전법에 속수무책으로 당했다. 결국 1920년 제정 러시아를 지지하는 반(反)혁명 세력이 시베리아에 수립한 알렉산드르 콜차크 정부가 붉은 군대에 무너지면서 일본군도 3,000~5,000여 명의 전사자와 무수한 동사자(凍死者)만 남긴 채 철수할 수밖에 없었다. 일본군의 시베리아 출전을 주장한 인물이 1923년 중국 상해에서 의열단 단원인 오성륜, 김익상 등에게 저격당했으나 살아남은 다나카 기이치(田中義一) 육군대신이었다. 이때 체코군이 시베리아에서 철수하면서 몰래 팔고 간 무기들이 독립군 소유가 된 것이다.

독립군, 총 한 정을 목숨처럼 소중히 다뤄

그런데 이 무기들은 가격이 대단히 비쌌다. 일제가 입수한 독립군의 한 문서에는 소총 1정 당 총대와 탄환 100발을 포함해 35원이라고 적혀 있는데, 상해 임시정부에서 발행하던 「독립신문」에는 100원 내외라고 전하고 있다. 밀매 시장이다 보니 정해진 가격이 없었던 것이다. 이 무기들을 러시아 연해주에서 북간도나 서간도의 독립군 군영까지 운반하는 것도 무기 구입 못지않게 어려운 일이었다. 중·소국경을 통과할 때는 관헌을 매수하거나 칠흑같이 어두운 밤에 인적이 드문 산길을 힘겹게 넘어갈 수밖에 없었다. 보통 1명 당 2~3정의 무기와 탄약을 져서 날랐는데, 이런 과정을 거쳐서 무기가 전달되는 것을 알았기 때문에 독립군은 무기를 목숨처럼 소중하게 다루면서 탄약 한 발도 아꼈다. 정의부 중대장이었던 정이형(1897~1956)은 자신의 짤막한 자서전에 이런 글을 남겼다.

> "(총) 한 자루 가격은 100원 내지 300원이요, 탄환은 한 발에 1원까지 한다고 했다. 총은 상해나 천진(톈진) 같은 외국인 조계지(租界地)에서 독일인이나 유대인 상인들을 통하여 구입하고, 탄환은 중국 군인을 통하면 어렵지 않게 살 수 있다고 했다. 외국 상인들이 이러한 밀수를 하기 때문에 중국에는 마적이 생기고 군벌이 있는 것이요, 군인들에게 봉급을 잘 주지 않기 때문에 마적을 토벌하러 간다든지 무슨 행사를 한다든지 하여 탄환을 사용한 것으로 보고하고 팔아먹는다는 것이다. 중국 군인들은 모여 앉으면 투전인데 돈이 없으면 총이나 탄환을 돈 대신에 사용한다고 한다. 그 덕분에 우리는 무기 공장도 가지지 않고 독립운동을 할 수 있는 것이라고 설명해 재미있게 들었다."
>
> _ 정이형, 「나의 망명 추억기」

독립군의 무기는 여러 군데서 구입했기 때문에 종류가 아주 다양했다. 일반 장총류는 러시아제 5연발총과 단발총이 주종이었고, 권총류는 루가식 권총이 제일 흔했다. 기관총과 폭탄이라 칭하던 수

류탄도 보유했다. 「간도 지방 불령선인단(不逞鮮人團)의 무기 이입(移入) 상황의 건」이란 일제의 정보 보고는 1920년 8월께 독립군의 무장 상황에 대해 "현재 각 불령선인단이 소유한 무기는 기관총 9정, 군총 약 3,300정, 권총 약 730정, 탄약 약 19만 5,300발, 수류탄 약 1,550개를 셀 수 있다."라고 적고 있다. 무려 4,000명 이상을 무장시킬 수 있는 전력이었다.

무기 구입 자금은 만주와 연해주, 국내 한인들에게서 모았는데, 군자금을 모으다가 투옥되거나 목숨을 잃는 경우가 부지기수였다. 1920년의 봉오동·청산리 전투 이후 일본군이 대거 국경을 건너 한인들을 학살하는 경신참변을 일으킨 후에는 연해주에서 무기를 구입하기가 힘들어졌다. 그래서 독립군들은 상해나 천진의 외국인 조계지로 시선을 돌렸다. 나중에 참의부 참의장(參議長)이 되는 김승학은 1920년 상해에서 무기를 구입해 남만주까지 운반했던 경험을 기록으로 남겼다. 그 드라마 같은 여정을 따라가보자.

그는 1920년 2월 보름 무렵 압록강 대안의 안동(安東. 오늘날 단동)에서 이륭양행 소속 기선을 타고 상해로 향했다. 이륭양행은 영국의 식민 지배를 받고 있던 아일랜드인 조지 쇼가 운영했는데, 그는 한국의 독립운동을 물심양면으로 후원했다. 김승학은 1920년 7월 말까지 권총과 소총 240여 정을 구입했는데, 문제는 이를 남만주까지 가지고 가는 일이었다. 김승학은 철궤(鐵櫃) 4개의 내부를 변조해서 무기를 넣은 후 칠을 다시 하고 나무 상자로 겉을 포장했다.

김승학은 한국인보다 감시가 덜했던 중국인 장해봉(張海峯)에게 운반 임무를 맡겼다. 물론 무기라는 말은 하지 않고 만주에서 생산되는 누에를 사다 팔면 많은 이익을 볼 수 있을 것이라면서, 철궤를

독립군에게 한 자루의 총은 목숨보다 소중한 무기였다. 비싸기도 했고, 구하기도 힘들고, 운반도 힘들다는 사실을 익히 알고 있었기 때문이다. 사진은 1945년 8월 20일 광복군 시절의 노능서, 김준엽, 장준하(왼쪽부터).

관전현 장음자(長陰子)의 조 아무개에게 전해주면 그가 누에를 사줄 것이라고 말했다.

김승학은 장해봉과 함께 다시 이륭양행 소속의 기선을 타고 안동으로 되돌아왔는데 정보가 새나갔는지 평소처럼 삼도랑두(三道浪頭)가 아니라 신의주와 안동현을 연결하는 철교 밑에 멈춰서 하선하지 못하게 했다. 다음 날 배가 상해로 되돌아간다는 소식이 들리자 김승학은 권총을 휴대하고 소형선 한 척을 빌려 하선했다. 육도구(六道溝) 강안까지 3분의 2쯤 갔을 때 일제 경비선이 쫓아와서 수중에 뛰어내려야 했다. 가까스로 언덕에 올라왔으나 하반신은 흙투성이가 되고 신발도 벗겨졌다. 김승학은 "그때 왜선(倭船)은 벌써 우리가 타고 온 배에 올라가서 선부를 구타하여 소리 지르며 괴로워하는 소리가 들렸다."고 회고하고 있다.

이것으로 끝이 아니었다. 왜경 4명이 상륙해서 쫓아오는 바람에 김승학은 만주의 광활한 옥수수밭으로 기어들어가 숨었다. 경찰이 정찰견을 풀어서 수색하는데, 개가 다가오면 쏠 작정을 하고 누웠으나, 다행히 개는 다른 곳으로 갔다. 일본 경찰은 한 시간씩 교대하면서 이틀 밤낮을 지키는데 목은 마르고 모기까지 달려들었다. 포위된 채 꼬박 이틀을 새운 김승학은 사흘째 되던 날 옥수수밭을 빠져나가다가 그만 발각되고 말았다. 형제봉으로 달아나던 김승학이 위에서 바위를 굴려 대항하자 왜경들이 다가오지 못했다.

이런 우여곡절 끝에 겨우 포위망을 벗어나 안동현의 비현정미소를 찾아가자 주인 김재엽은 경찰이 10여 일 동안 매일같이 찾아왔다며 빨리 피하라고 했다. 게다가 중간에 팔도구(八道溝) 중국음식점에서 일제의 밀정 김효선을 만나 겨우 뒷문으로 도주해 중국인 친지의 집에 숨었다가 중국옷으로 바꾸어 입고 이튿날 새벽에 마차를 타고 목적지로 향했다. 관전현 장음자의 광복군 참리부(參理部) 참리부장 조병준의 집이었다. 안동현 방면에서 물건이 온 것 없느냐고 물으니 "7~8일 전에 장해봉이 철궤 4개를 가져왔기에 받아두었다."고 말했다. 무기가 무사히 도착했으니 항일 무장투쟁에 새로운 전기가 마련된 셈이었다. 이 소식을 들은 독립군은 흥분했다.

"1탄에 왜적 1명씩 잡기로 결심해야 한다"

"몇 날 후에 조(병준) 선생과 광복군 사령부 간부 일동이 내
방하였다. 그날 밤에 청년들에게 외부를 파수케 하고 철궤

를 해부하니 그 속에서 대·소 무기 240정과 탄환 수만 발이
나왔다. 좌중은 의외라며 감탄하고 청년들은 사기가 격분하
고……"

_ 김승학, 『망명객 행적록』

그토록 소원하던 무기를 손에 쥔 독립군은 흥분했다. 김승학은
이 무기를 관전현 수혈립자(水穴砬子)로 운반해 무기 수여식을 거행하
면서 청년 독립군들에게 이렇게 말했다.

"우리 광복군 사령부는 대한민국 임시정부 군무부 직속 군단
으로서 임정 군무부를 대표해 우리의 원수 왜노(倭奴)와 혈전
하는 기관이요, 제군에게 주는 무기는 국내의 동포들이 피와
땀을 모아서 마련한 것이며, …… 이 무기는 국내 동포들이
주는 것이며, 임시정부 군무부에서 주는 것이니 제군은 그렇
게 알고 무기를 생명과 같이 사랑하여 일 발의 탄환이라도 헛
되게 쓰지 말고, 1탄에 왜적 1명씩 잡기로 결심해야 한다."

_ 김승학, 『망명객 행적록』

김승학은 "그 후부터는 국내에 들어가서 적의 기관을 파괴하는
일에 전력하였는데, 3~4개월 동안 막대한 성과를 거두게 되어……
왜적의 기관에서 발표한 것만으로도, '교전 78회, 주재소 피습 56곳,
면사무소 및 영림창(營林廠) 소훼(燒燬. 불사름) 20곳, 적경(敵警) 사살 95명'
의 전과를 얻었고, 우리 측에도 전사 13인, 부상 9명이 생겼는데, 압
록강 연안 일대와 평북 지방은 일시 전장화(戰場化)하여 적측에서는

상당히 당황했었다."라고 회고했다.

방위산업 비리에 대한 국민의 분노가 높다 못해 배신감까지 느끼고 있다. 한국 사회의 여러 문제는 그 뿌리를 캐보면 친일 청산이 제대로 되지 않은 것에서 기인하는 경우가 많다. 현재의 한국군이 독립군의 정신을 계승했다면 군수 비리 따위는 저지를 꿈도 꾸지 못했을 것이다. 또한 독립군들 사이에서는 훈련 강도는 셌지만 구타 따위는 꿈에도 생각지 못했다. 일본군의 폐습이 남아서 이런 일이 발생하는 것이다. 지금이라도 독립군의 정신으로 군을 재무장하지 않으면 이런 문제는 앞으로도 계속 터질 것이다.

6 | 이유 있는 삼전도 굴욕

병자호란 자초한 인조 정권과 국제 정세

광해군 10년(1618) 윤4월 27일, 명나라 요계(遼薊, 베이징과 만주) 총독인 왕가수(汪可受)가 조선 임금 광해군에게 보낸 글이 정국에 큰 파란을 몰고 왔다. 왕가수가 "전에 왕(광해군)의 나라에서 왜노(倭奴)의 변란을 겪자 본조(本朝, 명)에서 즉각 10만 군사를 파견하여 쓸어버렸다."면서 조명(朝明)동맹 차원에서 후금(後金, 청)과 싸울 군대 파견을 요청했던 것이다. 왕가수는 "(조선에서) 수만 군사를 일으켜 누르하치를 협공하면 반드시 이길 것인데, 이는 왕이 본조에 보답하는 길이자 무궁한 복을 잇는 길이다."라며 적극 참전을 권유했다. 임진왜란 때 명이 군사를 파견해주었으니 그 대가로 조선도 파병하라는 것이었다.

선조는 임란 직후 명나라에 대해 '재조의 은혜[再造之恩]'라는 표현을 사용했다. 임란 때 명나라가 망할 뻔한 조선을 재건해준 은혜라는 뜻이다. 선조가 이런 표현까지 쓴 것은, 전쟁 초부터 도망가기 바빼던 자신의 행적을 합리화하기 위해서였다. 조선이 되살아난 것은 명나라 군사 덕분이지 류성룡 같은 문신들과 이순신 같은 장수들이 열심히 싸운 덕분이 아니라는 논리다.

광해, 명 파병을 거부하다

그러나 당시 명나라의 파병은 자국의 이익을 위한 것이었다. 일본은 임란 전부터 명나라를 칠 테니 조선에 길을 빌려달라는 '정명가도(征明假道)'를 여러 차례 요구했다. 조선이 무너지면 일본의 전선이 명나라로 이동할 것이 확실했다. 그래서 명나라는 자국을 전쟁터로 만드는 것보다는 조선을 전쟁터로 묶어두는 것이 낫겠다는 판단에서 파병한 것이었다. 그럼에도 국왕 선조를 필두로 일부 사대주의 벼슬아치들이 명을 천조(天朝)라며 떠받들자 명나라의 태도는 임란 전과 180도 달라졌다.

명나라는 심지어 왕위 계승 문제까지 개입하려 들었다. 명의 사신들도 임란 전에는 최소한 대국의 체통을 지킨다고 국왕이 주는 선물도 사양하는 경우가 더러 있었으나, 임란 후에는 노골적으로 뇌물을 요구했다. 그 대표적 인물이 선조 35년(1602) 명의 황태자 책봉을 알리러 온 고천준(顧天埈)이었다. 『선조실록』은 고천준에 대해 "의주에서 서울까지 수천 리 동안 이리같이 탐욕스럽고 산골짜기 같은 무한한 욕심으로 마음껏 약탈하면서 인삼, 은, 보물을 남김없이 가져가 조선 전역이 병화(兵火)를 겪은 것 같았다."고 비난하고 있다. 조선 중기 문신 윤국형은 『갑진만록(甲辰漫錄)』에서 고천준의 약탈 행위에 대

강홍립이 이끄는 조선군과 후금군의 전투를 그린 「사진검격도」(위)와 조선군의 투항 장면을 그린 「양수투항도」(아래).

해 "말하면 입만 더러워진다[言之浼口]."고 비판할 정도였다.

고천준이 사신으로 왔을 때는 훗날 청 태조가 되는 누르하치가 여진족 건주위(建州衛)를 통일하고 해서여진(海西女眞)까지 대부분 통일하는 등 북방이 재편되고 있을 때였다. 드디어 광해군 8년(1616), 누르하치는 스스로를 영명칸(英明汗. 영명한 황제)이라 칭하면서 금(金)나라의 재건을 뜻하는 후금(後金)을 건국하고 연호로 천명(天命)을 선포했다. 그러자 다급해진 명의 왕가수가 부랴부랴 광해군에게 군사 파견을 요청한 것이었다.

광해군은 이것이 중원의 패권을 둘러싼 청(후금)과 명 사이의 충돌이란 사실을 잘 알고 있었다. 조선이 중원의 패자가 되는 것이 아닌이상 군이 가담해야 할 필요는 없다고 판단했다. 중원 패권 전쟁에서 이긴 쪽과 외교 관계를 맺으면 된다는 생각이었다. 그래서 광해군은 조명군(助明軍)을 파견하지 않기로 결정했다. 광해군은 그해 5월 1일 전교를 내려 군사 파견은 거부하는 대신 "급히 수천 군병을 뽑아 의주(義州) 등지에 대기시켜놓고 기각(掎角, 앞뒤로 적을 견제함)처럼 성원하는 것이 지금의 상황에 적합할 듯하다."라는 전략을 제시했다.

중원 패권 싸움에서 조선은 한 발짝 떨어져 관망하겠다는 전략이었다. 후금은 조선이 외교적으로는 친명 노선을 견지해도 군사만 파병하지 않으면 조선을 공격할 생각은 없었으므로 광해군의 결정은 조선을 전화에서 벗어나게 하는 탁월한 전략이었다.

그러나 조정은 발칵 뒤집혔다. 친명 사대주의자들인 서인들은 말할 것도 없고 집권 대북(大北)의 실세였던 이이첨과 광해군의 처남 유희분까지 조명군 파견을 강력히 주장했다. 불과 5개월 전인 광해군 10년(1618) 정월, 집권당 대북과 야당인 서인, 남인은 인목대비 폐위 문제로 격렬하게 충돌했다. 폐모(廢母)라는 소모적 정쟁에는 목숨 걸고 싸우던 당파들이었지만 국익에 반할 뿐더러 자칫 조선을 전화의 위기로 몰고 갈 조명군 파견에는 모든 당파가 찬성했다. 대제학 이이첨은 승문원 관원을 통해 "중국에 난리가 났을 때 제후가 들어가 구원하는 것이 『춘추(春秋)』의 대의이자 변방을 지키는 자의 직분입니다. 더구나 우리나라는 재조의 은혜로 오늘에 이른 것이니 추호라도 황제의 힘에 보답할 길을 모를 수 있겠습니까?"라고 조명군 파병을 주장했다.

지는 해 명나라, 뜨는 해 청나라

여야 모두에게 고립된 광해군은 파병을 피할 방법이 없었다. 그래서 도원수 강홍립(姜弘立)은 광해군 11년(1619) 2월, 1만 3,000명의 군사를 거느리고 압록강을 건너야 했다. 명나라 군사들과 합류한 강홍립이 "명군 진영에 나가보니 기계가 허술하고 대포와 대기(大器)도 없었으며, 오직 우리 군사들을 믿고 있을 뿐"이라고 광해군에게 보고한 것처럼 명나라는 이미 청나라의 상대가 되지 않았다.

이런 상황에서 조선군은 3월 2일 심하의 첫 전투에서 후금군 600여 명을 격퇴했으나 3월 4일 후금의 주력 부대를 만나 패배한 후 포위당하고 말았다. 함께 종군했던 이민환(李民奧)의 『책중일록(柵中日錄)』에 따르면, 후금은 "우리가 명과는 원한이 있으나 너희 나라와는 그렇지 않다. 그런데 왜 우리를 치러 왔느냐."라고 비판하면서도 화약을 맺자고 청했다고 한다.

더 이상 싸울 방도가 없었던 강홍립은 3월 5일 흥경(興京)으로 들어가 후금 국왕 누르하치에게 항복한 후 억류되었고, 나머지 군사들은 조선으로 송환되었다. 그러자 군량 수송 임무는 등한시했던 평안 감사 박엽은 강홍립의 가족들을 잡아 가두었으며, 조정의 신하들은 그 가족들을 주살해야 한다고 주장했다. 강홍립의 가족들을 희생양으로 삼으려는 이런 주장에 대해 광해군은 "경들은 이 적을 어떻게 보는가? 우리나라의 병력을 가지고 추호라도 막을 형세가 있다고 여기는가."라고 일갈했다. 억류된 강홍립은 청나라에 광해군이 전쟁을 원치 않는다는 뜻을 전하는 한편 광해군에게도 '화친을 맺어 병화를 늦추자'는 비밀 장계를 종이 노끈 등에 써서 몰래 보내왔다. 광해군과 강홍립의 견해가 일치한 결과 조선은 전쟁의 재앙에서 벗어날 수 있었다.

그러나 광해군 15년(1623), 선조의 손자 능양군(綾陽君. 인조)이 친명 사대주의자들인 서인들과 손잡고 인조반정이라는 쿠데타로 집권하면서 상황은 일변했다. 조명(朝明)동맹이란 이념에 사로잡힌 서인들은 광해군의 국익 우선 외교정책을 상국(上國)인 명에 대한 배신이라고 규탄하면서 후금과 관계를 단절했고, 그 결과는 인조 5년(1627)의 정묘호란으로 나타났다.

이때 인조가 "군병의 숫자를 아는가?"라고 묻자 병조판서 이정구가 "모릅니다."라고 답변했다. 인조는 "판서가 군병의 숫자를 몰라서야 되겠는가?"라고 힐난했으나, 이것이 숭명반청(崇明反淸) 이데올로기를 앞세워 쿠데타를 일으킨 인조 정권의 현실이었다.

그나마 정묘호란은 강홍립의 주선으로 형제 관계를 맺는 선에서 끝을 맺고 청군은 더 이상 남하하지 않고 물러갔다. 강홍립은 그해 7월 세상을 떠났는데, 이후에도 서인들은 계속 청나라와 결전해야 한다고 목소리를 높였다. 조선의 주전(主戰) 소식을 들은 청나라 장수 마부대(馬夫大)는 "황제께서는 여러 왕자들과 매번 '조선은 아녀자의 나라인데 무엇을 믿고 저러는가?'라고 늘 웃으신다."라고 조롱할 정도로 조선 사대부들의 숭명 노선은 현실 정세와는 동떨어진 것이었다. 조선이 숭명반청 정책을 고수하며 결전의 의지를 드러내자 청나라는 인조 14년(1636) 12월 재차 남하했고, 결국 인조는 삼전도에 나가서 머리를 조아리며 군신 관계를 맺어야 했다. 광해군의 국익 우선 외교를 조명동맹에 대한 배신으로 규정하며 쿠데타를 일으킨 사대주의자들이 자초한 국난이었다.

광해의 길이냐, 인조의 길이냐

미국의 사드 배치가 문제가 되었다. 특히 중국의 반대가 심하다. 탐지 거리가 북한 전역에 달하는 500~600킬로미터를 넘어 2,000킬로미터에 이르는 사드를 남한에 배치하겠다는 것은 결국 자신들을 겨냥한 것이라고 중국은 의심하고 있다. 400년 전, 후금이 산해관을 돌파해 명나라로 들어가기 전에 조선을 먼저 침공한 것처럼 중국이 미국과 군사적으로 충돌하는 최악의 경우 한국이 먼저 타깃이 될 개연성이 높다.

사드가 북한의 미사일이 아니라 중국의 미사일을 겨냥한 것이라면, 한국이 아니라 괌이나 하와이 같은 미국 영토에 배치하는 것이 맞다. 게다가 한국군의 전시작전 지휘권을 미국이 갖고 있는 상황에서 중국을 겨냥한 사드가 한국에 배치될 경우, 지금의 중국은 과거 후금이 인조 정권을 바라봤던 시각과 비슷한 시각을 가질지도 모를 일이다. 국익이 아니라 이념이 잣대가 되어 우리 국토가 초토화되는 비극이 재연될 일말의 가능성도 있어서는 안 될 것이다. 오히려 북핵 문제를 전향적으로 해결하는 데 더 노력하라는 메시지를 중국에 주는 계기로 삼을 수도 있다. 대한민국은 광해군의 길을 걸을 것인가, 인조의 길을 걸을 것인가.

7 | 속 좁은 정치의 말로

광해군과 불통

　중국에서 가장 높은 평가를 받는 군주는 당 태종 이세민인데, 그는 여러 면에서 조선의 태종 이방원과 닮았다. '현무문의 변'이라 불리는 왕자의 난을 일으켜 태자였던 친형 이건성과 동생 이원길을 죽였다. 태조 이성계가 왕자의 난에 의해 상왕(上王)으로 물러난 것처럼 당나라 개국 시조인 고조 이연도 이 난으로 제위에서 쫓겨나야 했다. 그러나 당 태종 재위 기간인 '정관(貞觀)의 치(治)'는 역사상 최고의 태평성대로 평가받는다. 형제들을 죽이고 부친을 내쫓은 이세민은 어떻게 중국 최고의 군주가 될 수 있었을까. 한마디로 쓴소리가 주특기인 정적(政敵)들을 포용했기 때문이다.

　쓴소리의 대명사였던 위징(魏徵)은 한때 당 태종을 죽이려던 인물이었다. 위징은 태자 이건성을 위해 일했던 참모다. 위징은 태자에게 동생 이세민을 제거해야 한다고 여러 번 권고했지만 태자는 주저했

당 태종과 정치적으로 적대적인 관계였다가 중용된 '쓴소리의 대명사' 위징.

다. 그 사이 이세민이 '현무문의 변'을 일으켜 정권을 장악한 것이다. 『구당서(舊唐書)』「위징열전」은 정권을 잡은 태종(이세민)이 위징을 죽이려고 불러서 "네가 우리 형제들을 이간질한 것은 무슨 까닭이냐."고 꾸짖었다고 전한다. 위징은 "황태자(이건성)께서 만약 저의 말을 들었다면 오늘의 화는 없었을 것입니다."라고 당당하게 답했다. 태종은 죽음의 위협 앞에서도 굴하지 않는 그의 솔직함을 높이 사 황제나 재상들의 잘못을 논박하는 간의대부(諫議大夫)에 임명했다.

위대한 왕 세종 곁에 황희 있었다

예나 지금이나 말 잘 듣는 측근만 중용하다가 패망한 군주는 셀 수 없이 많아도, 정적을 중용해 큰 업적을 남긴 군주를 찾기는 쉽지 않다. 건국 전 '상승(常勝)장군'이라고도 불렸던 당 태종의 유일한 패배는 고구려를 침략했다가 연개소문에게 패한 것인데, 이때는 위징이 사망한 후였다. 『신당서』「위징열전」은 고구려에서 돌아온 당 태종이 크게 탄식하면서 "위징이 살아 있었으면 내가 어찌 이 행차를 했겠는가."라면서 그의 묘지를 다시 수리하고 가족들을 후하게 대접했다고 전한다.

조선에서 정적을 중용해 많은 업적을 남긴 인물이 세종이다. 세종과 황희가 그런 관계인데, 황희는 태종이 세자 양녕대군을 폐위시키려는 뜻을 알고도 세자 폐위를 반대한 인물이었다. 세자 폐위를 반대했다는 것은 곧 세종의 즉위를 반대했다는 뜻이다. 양녕대군이 태종 18년(1418) 전 중추(中樞) 곽선의 첩 어리를 납치하는 사건까지 일으키자 태종은 세자 교체 의사를 대신들에게 알렸다. 대신들은 즉각 폐위를 요청하는 공동상소를 올려 왕의 뜻에 동조했다. 그러나 태종이 이 문제를 먼저 황희에게 상의했을 때 황희는 "세자의 실덕은 나이가 어리기 때문입니다."라고 두 번씩이나 양녕대군을 옹호하며 교체에 반대했다.

태종이 황희의 반대 사실을 알리자, 황희가 태종의 눈 밖에 났다고 판단한 대신들과 대간에서는 연일 황희를 성토하고 나섰다. 태종은 황희를 서인(庶人)으로 강등시켜 고향인 경기도 교하로 쫓아냈다가 다시 전라도 남원으로 내쳤다. 황희의 처형을 주청하는 상소문이 계속 올라오는 와중에 태종은 재위 18년(1418) 6월, 양녕대군을 세자에서 폐하고 8월에는 왕위까지 충녕대군(세종)에게 물려주었다.

객관적으로 보았을 때 황희는 끝난 인생이었다. 세종이 즉위하자

세종에서 문종까지. 무려 29년 동안 '직업이 정승'이었던 황희. 세종은 자신이 세자가 되는 데에 반대했던 황희를 수많은 반대를 물리치고 중용하여 조선의 부국강병을 일구어냈다.

대간에서는 "즉위 초에 부왕(父王)을 위해서 불충한 자를 베어야 한다."고 황희의 사형을 거듭 주청했다. 그러나 세종은 황희를 처벌하지 않았다. 그러기는커녕 황희를 경시서 제조(京市署 提調)에 임명했다가 가뭄이 든 강원도에 관찰사로 보내 능력을 시험했는데, 적극적인 구황(救荒) 정책으로 백성들을 살려내자 의정부 찬성으로 승진시켰다.

당시 세종이 황희를 다시 불러들인 것은 부왕인 태종의 뜻이었다고 볼 수도 있었지만, 태종이 세상을 떠난 재위 4년(1422) 이후에도 계속 중용한 것은 오로지 세종의 의지였다. 세종은 재위 8년(1426) 5월에 황희를 우의정으로 승진시켰는데, 이때부터 황희는 만 89세의 나이로 세상을 떠나던 문종 2년(1452)까지 26년 동안 '직업이 정승'이었다. 세종이 자신의 즉위를 반대했던 황희를 얼마나 중용했는지는 재위 18년(1436) 4월 '육조직계제(六曹直啓制)'를 '의정부서사제(議政府署事制)'로 바꾼 데서도 알 수 있다. 태종이 22년 전인 재위 14년(1414)에 단행했던 육조직계제는 집행 부서인 육조에서 국왕에게 직접 업무를 보고하는 제도였다. 반면 의정부서사제는 육조에서 의정부에 먼저 보고해서 1차 심의를 받은 후 국왕에게 보고하도록 한 제도였다.

광해군의 연합정권, 포용은 힘이 셌다

육조직계제 때는 국왕의 권한이 막강한 반면, 의정부서사제 때는 삼정승의 권한이 막강했다. 조선 중·후기 문신 박동량(1569~1635)이 『기재잡기(寄齋雜記)』에서 말한 것처럼 "영의정은, 자리는 높지만 맡은 사무는 없는" 일종의 명예직이기도 했지만, 세종은 의정부서사제를 실시하면서 영의정도 정사에 참여하게 했다. 한마디로 세종은 영의정 황희가 있었기 때문에 육조직계제를 의정부서사제로 바꾼 것이었다. 『세종실록』 31년 10월 5일자에서 황희에 대해 "당시 사람들이 진정한 재상이라고 불렀다."고 평가하고 있는 것처럼 세종이 재위 기간 동안 4군 6진을 개척하고 훈민정음을 창제하는 등 많은 업적을 남길 수 있었던 것은 자신의 즉위를 반대했던 황희 같은 인물을 중용해서 내정의 안정을 기했기 때문이었다.

광해군의 즉위 초반도 마찬가지였다. 선조는 계비(繼妃) 인목왕후가 영창대군을 낳자 내심 세자 광해군을 내쫓고 영창대군에게 왕위를 물려주려 했다. 그러자 영창대군을 지지하는 '소북(小北)'의 영수 영의정 유영경이 광해군을 압박했다. 이때 세자 광해군을 지지하는 '대북(大北)' 영수 정인홍이 "전하의 부자(父子)를 해칠 자도 유영경이고, 전

광해군이 중용한 남인 영의정 이원익. 집권 초기에 광해군은 자신을 지지한 세력인 대북 이외에 남인과 서인도 등용하는 연립정권을 수립하여 포용 정치를 베풀었으나 훗날 대북 세력만의 단독 정권이라는 속 좁은 정치를 함으로써 몰락을 자초했다.

하의 종사(宗社)를 망칠 자도 유영경이고, 전하의 국가와 신민에게 화를 끼칠 자도 유영경"이라며 유영경을 공격했다. 이에 선조는 정인홍을 "무군반역(無君叛逆)의 무리"라고 비난하면서 평안도 영변으로 유배 보냈다. 정인홍과 광해군의 목숨은 그야말로 바람 앞의 등불이었는데 정인홍의 상소 직후 병석의 선조가 사망하면서 광해군이 가까스로 즉위할 수 있었다.

그런데 광해군은 목숨 걸고 자신을 지지한 대북만으로 당파를 꾸려가지 않고 다른 당파도 중용했다. 남인 이원익(1547~1634)을 영의정으로 삼고 서인 이항복을 좌의정으로 삼은 것이다. 그러자 서인이었던 함흥 판관 이귀는 "신과 정인홍이 원래 서로 용납하지 않는 사이라는 것은 국인(國人)들이 다 알고 있다."면서도 "정인홍은 선비[儒]라는 이름이 있고 나이도 70세인데 만 리나 먼 유배지로 가다가 길에서 죽는다면 성세(聖世)의 아름다운 일이 아닙니다."라면서 석방을 주청했다. 선조의 시신이 식기도 전에 부왕의 결정을 뒤집는 것에 부담을 느끼고 있던 광해군의 짐을 서인인 이귀가 덜어준 것이었다. 광해군의 포용 정치에 서인도 화답한 셈이었다.

남인 영상 이원익은 전란으로 피폐해진 민심을 되돌리기 위해 광해군 즉위년에 대동법을 경기도에 시범 실시했다. 대동법이란 농지 소유의 많고 적음에 따라 세금을 부과하는 세법으로 농토를 다수 소유한 양반 사대부들은 반대했지만 농토가 없는 가난한 소민(小民)들은 적극 찬성했던 법안이다. 나아가 광해군 재위 2년 허준이 『동의보감』을 편찬하고 그간 문란해진 토지제도를 바로잡기 위한 양전(量田) 사업도 추진했다. 내치에서 광해군의 주요 업적은 이처럼 여러 당파들을 아우른 연립내각 시기에 집중돼 있었다.

정치 쇄신 외면으로 몰락 자초한 광해군

그러나 훗날 광해군은 인목대비 폐모라는 이념 논쟁에 휘말리면서 비극을 자초했다. 이를 계기로 다른 모든 당파를 몰아내고 대북한 당파만을 중용하는 협량(狹量)의 정치로 퇴행한 결과, 이귀가 주도한 인조반정을 맞아 쫓겨나게 된 것이다. 인조반정은 신하들의 불충이자 반역 행위지만 광해군이 집권 초기처럼 다른 당파도 등용하는 포용의 정치를 펼쳤다면 일어나지 않았을 가능성이 크다. 폐모 사건 이후 단독 정권을 수립한 대북은 서인들 대다수가 가담한 인조반정의 낌새도 알아채지 못할 정도로 무능했다. 즉위 초기 남인과 서인을 모두 포괄하는 연립정권으로 왕권을 극대화했던 광해군은 폐모 사건으로 대북 일당 체제를 구축했으나 왕권은 크게 약화되고 결국 쫓겨나고 말았다.

당 태종이나 조선의 세종은 한때 자신의 정적이었던 인물들을 중용해 왕권을 극대화하고 국가도 크게 번성케 했다. 반면 광해군은 폐모 같은 소모적인 이념 논쟁으로 다당제를 무너뜨리고 대북 일당 지배 체제를 구축했다가 쿠데타로 쫓겨나고 말았다. 지금도 마찬가지다. 대선 때 공약했던 국민대통합과 정치 쇄신 등을 실천하는 것이 사회 안정과 국가 발전에 도움이 되리라는 사실은 누구나 알고 있지만, 모르쇠로 일관하면서 국정의 동력이 크게 떨어지고 있다. 상대방에 대한 포용은 손해가 아니라 큰 이익으로 돌아온다는 간단한 사실을 방기하는 우(愚)가 반복되고 있는 것이다.

8 | 사생활은 없었다
왕의 시간과 대통령의 시간

요즘 사극을 보면 국왕의 일상이 후궁이나 궁녀들과 희롱하는 것으로 그려지는 드라마들도 있는데, 이는 극히 드문 경우다. 조선 국왕의 하루는 파루(罷漏)와 함께 시작한다.

파루란 도성 내의 통행금지 해제를 알리기 위해 종각(鐘閣)의 종을 33번 치는 것인데, 새벽 4시쯤인 오경삼점(五更三點)이다. 33번 치는 것은 제석천(帝釋天)을 이끄는 하늘의 33천(天)에게 하루 동안 나라가 편안하기를 빈 것이었다. 조선이 비록 유교 국가지만, 나라만 편안하다면야 공자면 어떻고 석가면 어떠냐는 실용적인 선택이었다. 밤 10시쯤 통행금지를 알리는 28번의 종을 치는 것을 인정(人定)이라고 하는데, 28번 치는 것은 28수(宿)의 별에 밤의 안녕을 비는 의미였다.

기침 후 간단한 죽 등으로 요기를 한 국왕이 가장 먼저 시작하는 일과는 대비전에 문안을 드리는 것이었다. 군주는 나라 안 모든 사람의 스승이자 모범이어야 했으므로 효(孝)에서도 모범을 보여야 했다. '효자 집안에서 충신이 난다'는 말처럼 부모에게 효도를 권장하는 것은 나라에 충성을 권장하는 길이기도 했다. 대비전 문안 후 아침 식사를 마치면 조강(朝講)을 해야 했다.

경연(經筵)의 일종인 조강은 학문에 밝은 유신(儒臣)들과 학문, 시사를 논하는 자리로서 오늘날로 치면 학술토론회 겸 정책토론회 자리였다. 아침에 하는 조강, 점심 때의 주강(晝講), 저녁 때의 석강(夕講)에, 때로는 밤중에 하는 야강(夜講)도 있었다. 경연은 1시간 정도 걸리지만 더 걸리는 경우도 적지 않았다.

혹독한 수업, 준비된 임금

조선 12대 임금 인종(仁宗. 재위 1544~1545)의 묘지문에는 "하루에 세 번 경연에 나아갔으며 또 야강이 있었는데, 매서운 추위나 맹렬한 더위에도 종일토록 바로 앉아 배운 것을 익히고 또 익혔으며, 아침이 되면 또 한두 번 읽고 나가는 것을 일과로 삼으셨다."고 말하고 있다. 정조 같은 경우는 사강(射講)도 했는데, 사강이란 문무관들과 함께 활쏘기를 하는 것이었다. 문약(文弱)을 극복하고 상무(尙武) 정신을 기르기 위한 것이었다.

조강이 끝나면 아침 10시쯤부터 조회(朝會)를 하는데, 조참(朝參)과 상참(常參)이 있었다. 조참은 한 달에 네 번 정전(正殿)에서 열리는 정식 조회고, 상참은 매일 열리는 약식 조회다. 상참이 끝나면 윤대(輪對)를 하는데 각 부서에서 정해진 순서에 따라 임금에게 직접 현안을

조선 시대 임금의 업무 공간이었던 경복궁 근정전.

보고하고 지시를 받는 것이었다.

　임금은 정승이나 판서 같은 고위직만 만나는 것이 아니었다. 『경국대전(經國大典)』 '예전(禮典)'은 '동반(東班, 문관) 6품 이상과 서반(西班, 무관) 4품 이상은 각각 관아의 차례에 따라 매일 윤대한다'라고 규정하고 있으니 지금으로 치면 각 부서의 과장 정도나 그 이하 직급의 실무자들이었다. 윤대는 상당히 세밀한 내용을 다루기 때문에 국왕의 건강을 우려해서 매일 보고하는 인원은 5명 이하로 제한했다. 이처럼 실무자들과도 매일 얼굴을 맞대니 모든 국정 현안을 손바닥 들여다보듯 꿰뚫을 수 있었던 것이다.

　점심 식사를 마치면 다시 주강에 나가는데, 재미있는 것은 세종, 성종, 정조 등 경연에 열심이었던 임금들이 대부분 성공한 임금이란 점이다. 그만큼 성공한 국왕의 필수 조건이 '지식경영'이라는 방증이다. 성종은 대비와 공신들 덕분에 친형인 월산대군을 제치고 왕이 되었으므로, 부족한 자신의 정통성을 경연으로 메우려 했다. 성종 재위 1년(1470) 6월 5일의 일이다. 날이 매우 무덥자 원상(院相) 김질이 "때가 혹독하게 더운데 하루에 세 번이나 경연에 나가는 것은 성체(聖體)가 피로할까 염려되니 주강은 정지하시고, 석강은 편복(便服. 일상복)으로 하시라."고 제안했다. 성종은 "내가 촌음(寸陰)도 아까워하는데 어찌 주강을 정지하겠는가? 또 조신(朝臣)을 어찌 편복을 입고 접견하겠는가?"라고 거절했다. 이때 성종의 나이 겨우 만 13살이었다.

주강 이후에는 다시 관료들을 접견하는 자리가 이어진다. 지방으로 가는 관원들과 중앙으로 올라오는 지방관을 만나 해당 지방의 현안을 묻거나 지방 사정을 들었다. 이처럼 숨 돌릴 틈 없이 이어지는 격무를 소화하기 위해서는 준비가 되어 있어야 했다. 준비란 세자 시절부터 익히는 것이었다. 정조는 세자 시절의 일상에 대해 이렇게 말했다.

> "내가 춘궁(春宮. 동궁)에 있을 적에 교유했던 빈료(賓僚. 시강원 관료) 중에는 경학(經學)으로 이름난 선비가 많았다. 매번 선왕의 침수(寢睡. 잠자리)를 여쭙고 수라상을 살피는 틈틈이 이들과 아침저녁으로 만나서 토론했다. 또 방 하나를 깨끗이 청소한 다음 차분히 궁리격물(窮理格物)의 학문을 공부했는데, 어떤 때는 종일토록 꿇어앉아 공부했다. 그 때문에 입고 있던 바지가 닳아 헐기까지 했는데 이 일이 지금까지 궁중에 전해져오고 있다. 내가 처음에 기대했던 바는 반드시 요순(堯舜)과 같은 경지에 도달하는 것이었다."
>
> _『홍재전서』163권 「일득록(日得錄)」

왕도를 익히는 이유는 최고의 성군으로 추앙받는 요순 같은 임금이 되기 위해서였다. 이 정도로 노력해야 '준비된 임금' 소리를 들을 수 있었다. 요즘처럼 아무에게나 '준비된 대통령' 따위의 말들을 붙이는 것을 보면 한숨이 절로 난다.

조회 늦을까 침실 근처에 닭 기른 정조대왕

신료 접견이 끝나고 나면 군사 업무가 기다리고 있었다. 그날 궐내에서 숙직하는 신료들의 명단과 대궐을 호위하는 군관들의 명단을 확인하는 일이다. 매일의 암호는 국왕이 직접 결정했다. 언적(言的) 또는 군호(軍號)라고도 하는 암호는 군사 쿠데타를 방지하기 위한 장치였다. 암호는 매일 신시(申時. 오후 3~5시)에 입직한 병조(兵曹)의 참의(參議)나 참지(參知)가 석 자 이내로 밀봉해서 올리면 임금이 가부를 결정했다.

숙종 10년(1684) 10월 24일 병조에서 군호를 올렸는데, 숙종은 필체가 예전과 다르다고 느꼈는지 병조참의가 직접 쓴 것인지 물었다. 참의가 늙고 병들어서 승정원에서 대서(代書)했다고 보고하자 숙종이 화를 냈다. "군중(軍中)의 모든 일은 엄중하게 비밀을 지키는 데 힘써야 하므로 군호 두 글자는 기성(騎省. 병조) 당상(堂上)이 반드시 직접 쓰고, 후사(喉司. 승정원)에서도 떼어 보지 못하게 했는데, 이는 간사함을 막기 위한 것이다."

숙종은 병조참의 유거(柳椐)가 군호를 대서시킨 것은 사태가 심히 해괴하다면서 파직하고 군호를 다시 써서 올리라고 명했다. 이렇게 그날 밤의 암호까지 결정하고 나면 대략 오후 5시 정도가 되는데 이때가 새벽에 출근한 승지들의 퇴근 시간이기도 하다. 정조는 "승지들이 새벽에 출근해 신시(申時)에 퇴근하는 것도 힘든 노고지만 나와 비교할 수는 없을 것이다."라고 말했다. 숙직하는 승지를 제외한 나머지 승지들은 퇴근길에 주막에 들러 한잔할 수도 있지만 국왕에게는 또 다른 일정이 있었다. 바로 석강이었다. 석강이 끝나면 저녁 식사를 하고 다시 한 번 대비전에 나가서 잠자리 문안 인사를 드려야 했다. 이것으로 끝이 아니었다. 이때부터 을람(乙覽)을 했다. 국왕의 독서를 을람이라고 하는데, 을야(乙夜. 밤 9~11시)에야 제왕에게 독서할 시간이 난다는 뜻이다.

정조 때의 문신 윤행임(尹行恁)이 '임금께서는 행여라도 조회에 늦으실까 봐 / 침실 동쪽에 장닭을 기르시네[宸心或恐朝儀晏 燕寢東頭養報鷄]'라는 춘첩(春帖)을 지어 올렸듯이 정조는 침실 근처에 횃대를 설치하고 닭을 길렀다. 조회에 늦을 것을 염려해서다. 정조는 이 시를 보고 "나는 촛불 아래에서 상소나 장계, 혹은 옛사람의 글을 읽다가 밤늦게 자리에 들어 날이 새는지를 모를 때가 있으므로 횃대를 설치해 새벽닭이 우는 소리를 듣고 일어나니 그대 말이 사실이다."라고 시인하면서도 "근래 시종신(侍從臣. 측근 신하)들이 옛사람처럼 붓을 들어 규간(規諫. 간쟁)하지는 못할지언정 도리어 아첨하는 뜻이 있으니 내 어찌 이를 좋아하겠는가."라고 훈계했다. 시종신이라면 쓴소리를 해야지 왜 아첨하는 뜻을 보이느냐는 말이었다.

정조는 쓴소리가 국정 운영에 좋은 약이란 사실을 잘 알고 있었다. 쓴소리를 국정의 동력으로 삼을 줄 아는 국왕이나 대통령에게 '성공한'이란 수식어가 붙는 것이다.

이처럼 초인적 의지로 국정을 수행하던 정조가 정작 강조한 것은 자기반성이었다. 정조와 규장각 신하들이 편찬한 국왕의 일기가 『일성록(日省錄)』이다. 정조는 『일성록』을 편찬하는 이유에 대해 "증자(曾子)가 매일 세 가지로 자신을 반성했다는 교훈은 학자의 실천 공부에 가장 긴요하다. 나는 어릴 때부터 이 교훈을 가슴에 담아왔다."라고 말했다. 공자의 제자 증자의 '일일삼성(一日三省)'은 "남을 위해서 일하는 데 정성을 다했는가? 벗들과 사귀는 데 신의를 다했는가? 배운 가르침을 실천했는가?[爲人謀而不忠乎, 與朋友交而不信乎, 傳不習乎]"라는 것이다. 그러나 정조는 여기에 더해 "밤에는 하루의 일을 점검하고, 한 달이 끝날 때면 한 달 동안 한 일을 점검하고, 한 해가 끝날 때면 한 해 동안 한 일을 점검한다. 이렇게 여러 해 동안 실천하니 정령(政令)과 일처리 과정에서 잘한 것과 잘못한 것, 편리한 것과 그렇지 못한 것을 마음속에 깨닫게 된다. 이 역시 날마다 반성하는 한 가지 방도다."라고 말했다.

승지와 사관은 국왕의 그림자

중요한 것은 이런 국왕의 일과가 모두 공개된다는 점이다. 국왕의 일상에는 늘 승지와 사관이 함께했다. 정조는 "옛날 임금들은 외조(外朝)에는 국사(國史)를 두고 내조(內朝)에는 여사(女史)를 두었고, 거동은 좌사(左史)가 쓰고 말은 우사(右史)가 썼는데, 임금은 숨기는 것이 없음을 보이고 모범과 감계를 밝히려는 이유에서였다."라고 말했다. 국왕의 모든 행적은 공개되고 기록으로 남아야 한다는 뜻이다.

조선 국왕에게 사생활이 없었듯이 21세기 대통령에게도 근무 시간에는 사생활이 없어야 한다. 정조는 임금의 역할에 대해 하늘의 일을 대신하는 것이기 때문에 경건한 것이라고 말했다. 〈세월호〉 사태로 온 나라가 충격에 빠져 있던 때, 전시(戰時)보다 그 중요성이 조금도 덜하지 않았던 그 시각 대통령의 행적을 국민은 알 권리가 있다. 조선 같으면 이런 논란 자체가 벌어지지 않았다. 국왕의 동정은 공개가 원칙이었기 때문이다.

9 | 류성룡 내쫓은 양반들, 병역 면제 성역 되다
균역법과 병역 면제

조선은 우리가 생각하는 것 이상으로 법치국가였다. 왕도 선조들이 만든 법이란 뜻의 '조종(祖宗)의 성헌(成憲)' 아래 있는 존재였다. 연산군이 쫓겨난 이유도 자신을 법 위의 존재로 착각하고 무소불위의 권력을 휘둘렀기 때문이다. 조선이 법치국가였음을 알 수 있게 하는 사례 중 하나가 노비도 재산을 소유할 수 있었다는 점이다.

성종 16년(1485)에 큰 가뭄이 들었는데, 충청도 진천에 사는 사노(私奴) 임복이 곡식 2,000석을 바쳤다. 감동한 성종이 노비 신분에서 면제해줌으로써 보상하려 하자 승지들이 "면천하여 양민이 되려고 곡식을 바친 것"이라며 반대했다. 임금이 소원을 묻게 하자 임복은 "4명의 아들이 면천되는 것이 소원입니다."라고 말했다.

성종이 임복의 면천 문제를 논의하게 하자 찬반이 잇따랐다. 임복은 1,000석을 더 기부해 물의를 잠재우고 양인 신분을 얻었다. 그러자 같은 해 8월 30일, 이번에는 전라도 남평의 사노 가동이 곡식 2,000석을 바쳤다. 그러나 이번에는 양인 신분을 얻기 위해 바쳤다는 이유로 종량(從良. 양인 신분으로 바뀜)을 거부했다. 성종은 "종량이 불가하면 곡식을 바치는 것도 허락하지 않는 것이 옳다."며 곡식을 받지 않았다.

태종의 '종부법' 개혁 계승 못한 세종의 한계

조선 중기, 조헌이 『중봉집(重峯集)』에서 "우리나라는 천얼(賤孼. 천인과 서얼)의 무리들이 혹 사노 100여 명을 가진 자가 있다."라고 말한 것처럼 노비가 노비를 소유할 수도 있었다. 노비들의 재산을 보호하는 법적인 장치가 없었다면 있을 수 없는 일이었다. 그러나 더 큰 문제는 2,000~3,000석이라는 큰 재산을 바쳐서라도 양인이 되고 싶을 정도로 노비 신분에서 벗어나고 싶어 했다는 점이다. 노비제도는 조선의 발전을 가로막은 가장 큰 주범이라고 해도 과언이 아닐 정도로 문제가 많았다.

조선은 토지 문제 해결을 왕조 개창의 정당성으로 삼았던 나라였다. 『고려사』의 '식화지(食貨志)'에는 한 집안이 가진 토지의 크기가 '산천(山川)'으로 경계를 삼는다'는 말이 여러 번 나올 정도로 소수 권세가들이 토지를 독식했다. 그 결과 가난한 백성들은 새벽부터 밤중까지 들판에 달라붙어 일해도 부모나 자식을 봉양할 수 없었다. 토지 문제 해결이 왕조 개창의 길이라는 정도전의 설명을 이성계가 받아들이면서 고려는 멸망의 길에 접어든다. 역성혁명파는 위화도 회

고려 시대의 문서인 송광사 노비 문서. 조선은 토지 문제 해결을 왕조 개창의 명분으로 삼았으나 노비 문제 해결에는 소극적이었다.

군 2년 후인 공양왕 2년(1390) 관청 소유의 토지문서와 개인 소유의 토지문서를 개경의 궁 앞에 쌓아놓고 불을 질러 기존의 토지 소유를 무효화했다. 이런 토대 위에서 이듬해에 새로운 토지제도인 과전법(科田法)을 공포함으로써 이성계는 백성들의 민심을 얻었고, 그 이듬해 드디어 조선을 개창할 수 있었다.

그러나 그런 역성혁명파들도 노비 문제 해결에는 소극적이었다. 조선이 개창하던 1392년 인물추변도감(人物推辨都監, 노비 관련 일을 맡아보던 관아)에서 양인과 천인이 혼인하지 못하게 하고, 자신의 노비를 권세가의 집에 주거나 사찰에 바치는 것을 금지하고, 노비 매매를 금지한 것 정도가 대책이었다. 노비 문제 해결에 적극 나선 인물은 태종이었다. 노비 문제의 핵심은 신분이 다른 부모 사이에서 태어난 자식은 부모 중 누구의 신분을 따를 것인가 하는 문제였다. 부모의 신분이 다를 경우, 대부분 부친의 신분이 높고 모친은 노비일 가능성이 많았다. 그래서 모친의 신분을 따르는 종모법(從母法)을 실시하면 노비 숫자가 지속적으로 늘고, 부친의 신분을 따르는 종부법(從父法)을 실시하면 줄어들게 되어 있었다. 조선도 고려를 이어서 종모법을 실시했는데,

이는 대다수 양반 사대부들의 이해를 반영한 것이었다.

그러나 태종은 종부법 개정을 단행했다. 이로써 조선의 노비 문제는 상당 부분 해결되었는데, 과전법 이후 23년 만에 종부법 시행으로 조선 개창의 당위성은 비로소 완성되었다고 볼 수 있다. 그런데 세종이 즉위하자 양반 사대부들은 일제히 "종모법으로 환원해야 한다."고 주장하기 시작했다. 세종은 "조종의 성헌을 고치기 어렵다." 며 논의를 꺼리다가 종모법 환원 요구가 계속되자 법 개정 당시 담당 승지였던 조말생을 불러 경위를 물었다. 조말생은 "지난 갑오년(太宗 14)에 신이 대언(代言. 승지)으로 있었는데, 하루는 태종께서 편전에서 '아비를 따라 양민으로 삼는 법(종부법)을 세우고자 한다'고 말씀하셨습니다. 이숙번이 옳지 않다고 극력 말했으나 태종이 듣지 않으시고 신에게 법령 집필을 명하셨으며 친히 하교(下敎)하여 법을 세우셨습니다."라고 답변했다.

거대한 악법, 종모법과 군적수포제

이숙번은 두 차례에 걸친 '왕자의 난' 때 칼을 들고 싸웠던 태종의 측근이자 공신으로서 이른바 혁명 동지였다. 태종이 그런 혁명 동지의 강한 반대까지 무릅쓰고 종부법으로 개정했다는 사실이 명백하게 밝혀졌다. 만약 이때 세종이 "선왕께서 굳센 의지를 갖고 만드신 성헌을 고칠 수 없다."고 버티며 종부법을 유지했다면 조선은 개인 대신 국가에 세금을 내는 양인이 지속적으로 증가해 강한 나라, 강한 사회가 되었을 것이다. 그러나 세종이 양반 사대부들의 강압에 못 이겨 종모법으로 개악하는 바람에 조선의 신분제는 결정적으로 악화되었다. 태종은 일반 백성들의 이익, 즉 국가의 이익과 양반 사대부의 이익이 충돌할 경우 국가의 이익을 우선했다. 그러나 세종이 양반 사대부들의 손을 들어 종모법으로 환원하면서 노비 숫자가 대폭 늘어났고, 이것이 사회 불안의 중요한 요소가 되었다.

종모법과 함께 조선을 위기에 몰아넣은 또 하나의 악법이 중종 36년(1541)의 '군적수포제(軍籍收布制)'였다. 군적수포제란 지금의 병역법에 해당한다. 조선은 정도전이 개국 프로그램을 짤 때는 양반, 상민 할 것 없이 모두 병역 의무가 있는 '개병제(皆兵制)'를 채택했다. 양반은 양반대로, 상민은 상민대로 모두 병역의 의무가 있었다. 그런데 수양대군, 즉 세조가 계유정난이라는 쿠데타를 일으킨 후 양반들의 지지가 필요하다 보니 양반들이 점차 병역 의무에서 벗어나는 것을 용인하기 시작했다. 또한 개국 후 100년 이상 큰 전쟁이 없다 보니 각 관아에서도 백성들에게 병역의 의무를 지우는 대신 화폐 역할을 하는 포(布)를 받고 군역을 면제시켜주는 '방군수포(放軍收布)'를 음성적으로 실시했다.

병역 의무자에게 포를 받아서 그보다 낮은 가격에 군역을 지는 대역자(代役者)를 고용하고는 그 차액을 관아에서 사용하거나 지방관이나 아전들이 착복하는 것이었다. 조정에서 여러 차례 금했지만 각 관아에서 광범위하게 시행했으므로 피할 수 없는 추세가 되었다. 그래서 중종 36년(1541), 1년에 두 필의 군포를 납부하면 병역 의무를 수행한 것으로 인정하는 방군수포제를 입법했다. 문제는 이때 양반 사대부들은 군포 납부 대상에서 면제한 것이었다. 상대적으로 부유한 양반 사대부들은 병역 의무가 면제되고, 가난한 백성들만 병역

임진왜란 때 북관(오늘날 함경도)에 들어온 왜군을 격퇴한 북평사 정문부의 활약상을 그린 「창의토왜도(倡義討倭圖)」.

의무를 져야 하는 가치관의 전도 현상이 발생한 것이다. 임진왜란 때 조선이 제대로 한 번 싸워보지도 못하고 붕괴 직전까지 갔던 이유에는 종모법과 군적수포제라는 두 개의 거대한 악법이 자리하고 있었다.

기득권 앞세우기 급급했던 양반 사대부, 망국을 부르다

임진왜란이 발발하자 백성들은 궁궐과 관청을 불태우고 일본군에 가담하는 것으로 체제에 저항했다. 도주하기 바빴던 선조를 대신해 영의정 겸 도체찰사 자격으로 전란을 총지휘했던 류성룡이 속오법을 만들어 양반들에게도 군역의 의무를 지운 것은 이런 반성에서 나온 것이었다. 그러나 선조와 양반 사대부들은 전란이 끝남과 동시에 류성룡을 파직시키고, 양반들은 다시 병역 면제라는 성역으로 되돌아갔다. 숙종 때 개혁파였던 '청남(淸南)'의 영수 윤휴가 양반 사대부들에게도 예외 없이 군포를 납부받자는 '호포제(戶布制)'를 주장한 것은 류성룡의 이런 개혁 정책을 계승한 것이었다.

그러나 숙종 6년(1680) 정권이 남인에서 서인으로 넘어가자마자 서인들이 윤휴를 사형시켰는데, 주 요인 중 하나가 바로 호포제 실시를 주장한 데 있었다. 이후 영조가 이 문제에 손을 댔지만, 양반 사대부들에게는 군포를 걷지 못하고 백성들의 군포를 2필에서 1필로 감해주는 '균역법(均役法)'을 실시하는 데 그쳤다. 하지만 이조차도 큰 효과를 거두지는 못했다. 결국 조선 말 흥선대원군이 고종 8년(1871) 양반들에게도 군포를 걷는 호포법을 단행했다. 호포법 실시는 서원 철폐와 함께 흥선대원군 실각의 중요한 요인이 되었다. 서세동점(西勢 東漸. 외세가 밀려들어오는 것)이라는 엄혹한 상황에서도 자신들의 기득권 챙 기기만 급급했던 양반 사대부들이 지배층으로 있는 한, 그 나라가 망하지 않을 도리는 없었던 것이다.

오늘날 '김영란법'이라고도 불리는 '부정 청탁 및 금품 등 수수의 금지에 관한 법률'이 국회를 통과한 데 대해 비판적인 목소리가 나온 다. '돈이 발언하면 다른 모든 것은 침묵한다'는 말이 있다. 그간 한 국 사회는 돈이 지배했다고 해도 과언이 아닐 정도로 부패가 일상 화되었다. 공직자들의 부정부패에 대한 국민들의 따가운 시선은 분 명히 존재하고, 그런 취지에서 당초 김영란법은 많은 지지를 얻었다. 다만 법안을 만든 당사자인 국회의원들은 정작 이 대상에서 빠져나 가 비판을 자초하고 있다. 법 자체에 대한 발목 잡기 대신 이 법이 행여 '비판 언론 재갈 물리기' 등 정권에 악용될 우려가 있는 부분에 대한 대책 마련에 나서는 것은 필요하다. 각종 카르텔을 해체하는 새로운 법 제정에 나서는 것이 좀 더 정의로운 사회로 가는 지름길 일 것이다.

10 | 쿠데타 정권, 살육이 판치는 세상
인조반정과 공포정치

서인들은 선조 22년(1589, 기축)의 '기축옥사', 즉 정여립 옥사 사건으로 동인들을 대거 살육하고 정권을 잡았지만 오래가지 못했다. 2년 후인 선조 24년(1591) 서인 영수였던 좌의정 정철은 동인 계열이었던 영의정 이산해와 함께 광해군을 세자로 주청하기로 약속했다. 그러나 약속한 날 이산해는 대궐에 나오지 않았고, 정철은 선조의 속마음이 인빈 김씨 소생인 신성군에게 있는 것을 모르고 광해군을 세자로 세우자고 주청했다가 선조의 미움을 샀다. 이를 계기로 정철에 대한 탄핵 상소가 쏟아지면서 서인들이 쫓겨나고 동인들이 다시 집권했다.

이후 동인은 서인에 대한 강경 처벌을 주장하는 이산해 중심의 북인과 온건 처벌을 주장하는 류성룡 중심의 남인으로 분당되었다. 남인은 대체로 퇴계 이황의 제자들이 주축인 반면, 북인은 화담 서경덕(徐敬德)과 남명 조식(曺植)의 제자들이 주류를 이뤘다. 조식은 정치에 나서기보다는 학문에 몰두하면서 제자들을 길렀다. 제자들도 이런 스승을 따랐다.

31살 세자와 2살 대군

북인들이 현실 정치에 나선 것은 임진왜란 때문이었다. 선조가 도주한 상황에서 대거 의병을 일으킨 인물들은 대부분 북인이었다. 조식의 수제자 정인홍(鄭仁弘)을 필두로 곽재우(郭再祐), 김면(金沔), 조종도(趙宗道), 이노(李魯) 등이 대표적 인물이다. 정인홍은 서인의 영수였던 율곡 이이가 『석담일기(石潭日記)』에서 "청명(淸名)이 있어서 세상에서 중히 여겼는데 장령(掌令)에 제수되니 사람들이 다 그 풍채를 보고 싶다고 생각했다."고 말한 것처럼, 당파를 막론하고 존경을 받던 선비였다. 정인홍은 임란이 발생하자 57세의 고령으로 의병을 일으켰는데, 『선조실록』 26년(1593) 1월자에서 그 숫자를 3,000명이라고 적고 있을 정도로 세력이 컸다. 북인들은 이런 선명성과 실천성으로 임진왜란 때 정권을 장악할 수 있었다.

그러나 집권한 북인들은 선조의 후사 문제를 둘러싸고 다시 '대북(大北)'과 '소북(小北)'으로 갈라진다. 선조는 재위 33년(1600) 의인왕후 박씨가 사망한 후 1602년 인목왕후 김씨와 재혼했는데, 4년 후 영창대군을 낳았다. 선조가 후궁 소생의 세자 광해군보다 정비(正妃) 소생의 영창대군에게 마음을 두자 북인들 중에서 유영경(柳永慶)처럼 선조의 뜻을 좇은 인물들은 소북이 되고, 광해군을 지지하는 정인홍 등은 대북이 된 것이다.

광해군은 임란 직후에 세자로 책봉돼 전쟁 기간 동안 전선을 누비고 다니면서 많은 공을 세운 만 31살의 장년이었다. 이런 세자를 두고 강보에 싸인 젖먹이 아기에게 마음을 둔 자체가 선조와 소북의 실책이었다. 선조는 재위 41년(1608) 만 2살짜리 영창대군을 후사로 세울 수는 없다는 생각에 광해군에게 전위(傳位)한다는 전교를 내리고 사망했고, 광해군은 우여곡절 끝에 즉위할 수 있었다.

광해군은 자신의 즉위를 방해한 소북 영수 유영경 등 일부는 처벌했지만 소북을 모두 제거하지는 않았다. 광해군은 또한 즉위 직후 남인 이원익을 영의정으로 삼아 대북의 단독 정권보다는 각 당파가 연합하는 연립정권 수립에 뜻을 두었다. 광해군은 즉위년 2월 25일 내린 비망기(備忘記)에서 "근래 국가가 불행히도 사론(士論)이 갈라져서 각기 명목(名目. 당파)을 만들어 서로 배척하고 싸우니 국가의 복이 아니다."며 "지금은 이 당과 저 당을 막론하고 오직 인재를 천거하고 오직 현자를 등용해 다 함께 어려움을 구제해나가야 한다."고 강조했다.

대북, 인목대비 폐비로 서인에 역습 당해

나아가 광해군은 즉위년 5월에는 서인 이항복(李恒福)을 좌의정으로 삼았다. 광해군 즉위년 이원익의 건의로 경기도에 대동법을 실시하고, 재위 2년에는 허준(許浚)이 『동의보감(東醫寶鑑)』을 편찬했으며, 문란해진 토지제도를 바로잡기 위해 양전(量田) 사업을 추진했던 광해군의 주요 업적은 연립정권 시기에 집중되었다.

그러나 연립정권은 전란 극복과는 관련 없는 이념 문제로 갈라지기 시작했다. 광해군 즉위년 7월 경상도 유생(儒生) 이전(李瑔) 등이 제창한 '오현(五賢)의 문묘종사'가 그 시발이었다. 공자를 모시는 성균관 문묘에 '김굉필, 정여창(鄭汝昌), 조광조, 이언적(李彦迪), 이황' 등 조선의 어진 선비 다섯을 제향하자는 주장이 '오현 문묘종사 운동'이었다.

이 문제가 정쟁으로 흐른 것은, 남인의 정신적 지주인 이황과 이언적이 5인에 들어간 반면 북인의 정신적 지주인 서경덕, 조식 등은 누락되었기 때문이다. 조식의 수제자 정인홍은 광해군 3년(1611) 상소를 올려 "이언적과 이황이 지난 을사년(1545)과 정미년(1547) 사이에 벼슬이 극도로 높거나 청요직(淸要職)을 역임했는데 그 뜻이 과연 벼슬할 만한 때라고 여겨서입니까?"라고 명종 때의 이언적과 이황의 처신을 비판하고 나섰다. 명종 즉위년의 '양재역 벽서 사건'과 명종 2년의 '정미옥사'로 사림들이 주륙을 당할 때 이언적과 이황이 조정에 있었다는 비판이었다.

전란 극복이라는 시대적 과제와는 아무런 상관없는 '오현 문묘종사 운동'은 북인과 남인을 갈라서게 했다. 여기에 대북이 인목대비 폐비 기도 사건을 주도하면서 대북은 점차 고립되어갔다. 광해군 추대에 명운을 걸었던 대북으로선 영창대군을 추대하려던 소북 유영경 일파를 처벌한 것은 불가피했다고 볼 수 있다. 그러나 광해군 5년(1613) 영창대군을 강화도로 유배 보내 이듬해에 죽여버리고, 나아가 인목대비의 부친 김제남(金悌男)도 사사시킨 것은 지나친 일이었다. 게다가 광해군 10년(1618) 인목대비를 서궁(西宮. 오늘날 덕수궁)에 유폐시킨 것은 큰 논란을 불러일으킬 수밖에 없었다.

광해군 즉위 초 영의정에 제수되었던 남인 이원익이 홍천을 거쳐 여주로 유배 간 것이나, 좌의정에 제수되었던 서인 이항복이 함경도 북청으로 유배 가서 죽게 된 것도 모두 폐비를 반대했기 때문이었다. 이 사건으로 대북은 정권을 독차지하게 되었지만 유교 국가에서 자식이 어머니를 폐할 수 있느냐는 윤리 논쟁을 불러일으키면서 큰 반발을 샀다. 이에 대한 서인들의 집단행동이 인조반정이라는 쿠데 타였다.

광해군 15년(1623) 4월, 이서(李曙), 이귀(李貴), 김류(金瑬) 등 서인이 광해 군을 몰아내고 선조의 손자인 능양군(綾陽君) 이종(李倧)을 왕으로 추대 하는 인조반정을 일으켰다.

인조반정의 명분은 크게 두 가지였다. 하나는 명나라를 숭배하는 숭명사대(崇明事大)였다. 명과 청 사이에서 균형을 잡았던 광해군의 중 립 외교는 명나라에 대한 불충(不忠)이란 주장이었다. 다른 하나는 인 목대비 폐비 기도였다. 그러나 인조반정은 서인들을 제외한 다른 당 파는 물론 백성들의 지지를 받지 못했다. 폐모는 칭찬받을 행위는 아니지만 그 본질은 궁내에 늘상 벌어지던 권력 다툼의 하나였다.

정권 잡은 후 다른 당파 '살육 정치'

반정의 일등공신 이서가 "성패가 확실히 정해지지 않은 터에 위세 로써 진압할 수도 없었다."고 회고했을 정도로 인조반정에 대한 반 발은 엄청났다. 이때 서인들이 난국 타개책으로 제시한 카드가 남 인 이원익의 영의정 제수였다. 『인조실록』 1년(1623) 3월 16일자는 인조가 여주까지 "승지를 보내 재촉해 불러왔다."면서 "그가 도성으로 들어오는 날 도성 백성들은 모두 머리를 조아리며 맞이하였다."고 적고 있다. 쿠데타에 대한 지지가 많지 않자 서인이 남인을 끌어들여 '서·남(西南) 연립정권'을 수립하는 것으로 위기를 극복한 것이다.

서·남 연립정권으로 정국이 안정되자 서인들은 대북에 대한 대대적인 정치 보복에 나섰다. 대북 영수 정인홍과 이이첨 및 그의 네 아들 이대엽, 이익엽 등도 처형했다. 쿠데타 세력이 작성한 『계해정사록(癸亥靖社錄)』은 백관이 지켜보는 가운데 능지처참한 16명의 이름을 적고 있는데, 사실상 폐모를 명분으로 내세운 정적 제거에 불과했다. 『계해정사록』은 능지처참당한 16명 외에 복주(伏誅. 사형)당한 64명의 명단도 싣고 있다. 한 당파가 쿠데타 등의 비정상적인 방법으로 정권을 잡아 다른 당파의 씨를 말린 살육 정치의 시작이었다. 게다가 쿠데타 아홉 달 만인 인조 2년(1624) 정월, 반정의 주역이면서도 평안북병사 겸 부원수로 좌천된 이괄(李适)이 선조의 10남 흥안군(興安君) 이제(李瑅)를 추대하면서 군사를 일으켰는데, 이 사건 역시 북인들에 대한 정치 보복으로 이어졌다.

이괄의 군사가 파죽지세로 남하하자 인조는 서울을 버리고 도주할 수밖에 없었는데, 그 직전 옥에 갇힌 전 영의정 기자헌(奇自獻)을 비롯해 이시언(李時言), 유공량(柳公亮) 등 37명을 죽인 것이었다. 기자헌은 북인이었지만 폐모를 반대하다 귀양까지 간 인물인데, 그런 이를 죽였다는 사실만으로도 폐모란 정권 탈취를 위한 허울 좋은 구실에 불과했음이 입증된다.

인조반정의 본질은 숭명사대와 폐모를 구실 삼아 정권을 탈취한 서인의 대북에 대한 무자비한 정치 보복, 그 이상도 그 이하도 아니었다. 이후 서인들은 숭명사대라는 시대착오적인 사대주의로 정묘호란과 병자호란을 초래하면서 나라와 백성들을 큰 고통에 빠뜨렸다. 아직도 극도의 사대주의와 자신들과 생각이 다른 정당에 대한 가혹한 공격과 탄압이 끊이지 않고 있는 이 땅의 정치 현실에 인조반정은 큰 교훈을 준다.

11 | '세'가 날아든다, 온갖 '잡세'가 날아든다
군적수포제와 담뱃값 인상

가혹한 세금이 백성들에게 얼마나 큰 고통이었는지를 말해주는 이야기가 있다. 당나라 시인 유종원(773~819)이 쓴 '포사자설(捕蛇者說, 뱀을 잡는 사람의 이야기)'이란 글이다.

호남성(湖南省) 영주(永州)에 산다는 뱀과 세금에 얽힌 이야기로, '영주 들판에 검은 바탕에 흰 무늬가 있는 이상한 뱀이 나타났는데 초목이 닿으면 다 말라 죽었고, 사람을 물면 치료할 방법이 없었다'로 시작한다. 그런데 이 뱀을 잡아 말려 약으로 쓰면 중풍과 경련, 피부병, 나병 등 모든 병을 다 고칠 수 있다는 것이다. 태의(太醫, 황제의 어의)가 이 뱀을 두 마리 잡아 바치면 1년 동안 세금을 면제해준다는 왕명이 내려 사람을 구하자 영주 사람들이 다투어 달려들었는데 장씨(蔣氏)라는 사람이 3대째 이익을 독점했다. 그 비결을 묻자 뜻밖에도 "나의 할아버지도, 아버지도 이 때문에 돌아가셨고, 내가 이를 이어

받은 지 12년째인데 몇 번이나 죽을 뻔했는지 모릅니다."라면서 크게 근심했다. "차라리 세금을 내는 것이 어떠냐."고 하자 "이 일은 불행한 일이지만 이 일 대신 세금을 낸다면 불행은 더 심해질 것입니다."라고 답했다는 것이다.

조세 형평성과 세금 징수 관리의 부패

동양 사회의 전통적인 조세제도는 조·용·조(租庸調)였다. 조(租)는 농토에 부과하는 토지세이고, 용(庸)은 부역으로서 노동력을 제공하는 것이다. 조(調)는 지방 특산물을 납부하는 것으로 공납(貢納)이라고 한다. 조용조라는 세법은 토지제도인 균전제(均田制)와 뗄 수 없는 관계였다. 균전제는 '균등할 균(均)' 자를 쓰는 데서 알 수 있는 것처럼 백성들에게 토지를 균등하게 나누어주는 제도였다.

균전제를 가장 먼저 시작한 왕조는 북위(北魏)였다. 삼국시대 조조(曹操)가 세운 위(魏)나라와 구분하기 위해서 북위라고 표기하는데 북위는 고구려와 같은 동이(東夷), 동호(東胡) 계통인 선비족이 세운 나라로, 만주 북부의 대흥안령 산맥에서 시작해 산서성(山西省) 대동(大同)을 거쳐 하남성(河南省) 낙양(洛陽)까지 장악했던 강력한 제국이었다.

북위에서 시작한 균전제는 수나라를 거쳐 당나라에도 계승되는데, 이는 수나라와 당나라 건국을 주도한 세력이 모두 북위 왕실의 후예들, 즉 선비족의 후예들이란 뜻이기도 했다. 당나라 개국 시조인 고조 이연은 619년 균전제와 조용조 제도를 함께 실시했는데 18세 이상의 장정에게 100무(畝)의 토지를 나누어주고 그 대가로 조용

당나라 개국 시조인 이연. 이연은 균전제와 조용조 제도를 연동해서 실시했는데 18세 이상의 장정에게 일정한 토지를 나누어주고 그 대가로 조용조를 받는 '쌍무적 관계'였다. 그러나 이런 납세 제도는 100여 년이 흐른 뒤에는 원래의 취지를 상실하고 국가가 절대적 우위에 있는 일방적 관계로 전락했다.

조를 받는 제도였다. 나라에서 토지를 나누어주었으니 그 대가로 세금을 납부하라는 것으로, '백성이니 무조건 세금을 내라'는 일방적인 관계가 아니라 국가와 백성 사이의 쌍무적인 관계였다. 유종원의 '포사자설'은 당나라 개국 당시의 쌍무적인 관계가 150~200여 년 후의 인물인 유종원 때에 이르면 국가가 절대적 우위에 있는 일방적 관계로 전락했음을 말해준다.

국가가 백성들 위에 군림하게 되면서 생기는 중요한 문제는 크게 두 가지다. 조세 형평성의 문제와 세금 징수 관리들의 부패 문제다. 조세 형평성 문제란 부자와 빈자 사이의 세금 부과가 형평에 어긋난다는 뜻이다. 즉 부자는 많이 내고 빈자는 적게 내는 조세 정의와는 달리 부자나 빈자가 비슷한 액수의 세금을 내거나, 심지어 부자는 내지 않고 빈자에게만 부과하는 경우를 뜻한다.

조선의 부자 증세, 대동법

조선의 세법도 조용조가 기본이었는데 일종의 농지세인 조(租)에는 큰 문제가 없었다. 농지 소유 면적을 기준으로 부과했기 때문에 농지를 많이 소유한 전주(田主)는 소유 면적만큼 세금을 납부하는 반면 농토가 없는 소작인들은 세금을 납부하지 않아도 되기 때문이다. 지방 특산물을 납부하는 조(調), 즉 공납에서부터 큰 문제가 발생했다. 공납은 종류가 무수히 많았지만 부과 단위가 재산이 아니라 가호(家戶)였기 때문이다. 잘사는 집이든 못사는 집이든 비슷한 액수의 세금을 부과한, 요즘으로 치면 부자나 빈자나 똑같은 액수의 세금을 내는 간접세와 마찬가지였다. 그래서 공납 부과 단위를 가호가 아니라 농지 면적 단위로 바꾸자는 해결책이 대두되었는데, 이것이 바로 대동법(大同法)이다. 농지 면적으로 부과 단위를 바꾸고 쌀로 통일해서 내게 하자는 것이 대동법이었다. 조세 정의에 부합했지만 농지를 많이 가진 양반 사대부들이 극렬하게 반대했다. 대동법을 주장한 정치가들은 조광조, 이이, 류성룡, 김육 등 개혁 정치가였다.

임진왜란 때 작미법이란 이름으로 이 법을 실시했던 류성룡은 남인이었다. 그러나 임란이 끝나자 선조와 양반 사대부들은 류성룡을 실각시키고 이 법을 폐지했다. 그 후 대동법 논쟁이 가장 치열했던 때는 효종 연간이었다. 이때 집권 서인은 대동법을 둘러싸고 분당하는데 이 법의 확대 실시를 주장했던 김육, 조익 등은 '한당(漢黨)'이 되고 대동법을 결사반대했던 김집, 송시열 등은 '산당(山黨)'이 되었다. 인조반정을 일으킨 서인들이 대동법의 확대 실시를 둘러싸고 분당까지 된다는 것은 진정한 보수주의의 모습이 어떠해야 하는가를 말해주는 사례이기도 하다.

두 당의 갈등이 첨예해지자 효종은 "대동법을 시행하면 대호(大戶, 부호)들이 원망하고, 시행하지 않으면 소민(小民, 가난한 백성)들이 원망한다고 하는데 그 원망의 크기가 어떠한가."라고 물었다. 여러 신하들은 "소민들의 원망이 더 큽니다."라고 답했다. 그러자 효종은 "그 대소를 참작해서 시행하라."고 사실상 한당 김육의 편을 들어주었다. 그러나 조정에 가득 찬 벼슬아치 대다수가 광대한 농지를 소유한 양반 사대부들이었기 때문에 대동법의 확대 실시는 쉽지 않았다.

군적수포제 폐해로 임진왜란 자초

노동력을 제공하는 용(庸)도 문제였다. 용 중에서 가장 큰 것은 군역(軍役), 즉 병역 의무였다. 조선은 개국 초 정도전이 입안한 양인개병제(良人皆兵制) 원칙에 따라 16~60세의 정남(丁男)은 모두 병역 의무를 졌다. 『경국대전』 '병전(兵典)'의 '군역 면제' 조항에는 '60세 이상과 불치병자, 장애인, 병든 부모와 70세 이상 된 부모를 모시는 아들 한 사람, 90세 이상 된 부모를 모시는 아들들만 군역에서 면제한다'고 나와 있다.

양반 사대부들에게도 당연히 군역의 의무가 있었다. 그러나 양반 사대부들은 갖가지 방법을 동원해 군역을 회피했다. 관직에 종사하는 벼슬아치나 2품 이상을 역임한 고위 관직자는 퇴직 후에도 면제되었다. 그래서 조상들의 음덕으로 벼슬하는 음서(蔭敍)가 병역 회피 수단으로 악용되었다. 고위 관직자의 자손들이 종9품에 지나지 않는 능참봉(陵參奉)을 마다하지 않은 이유가 여기에 있었다. 성균관(成均館), 사학(四學), 향교(鄕校)의 학생들을 면제해준 것도 학문 진작을 위한 것이었지만 병역 회피 수단으로 악용되면서 사회 문제가 되었다. 양반 사대부는 물론 돈 많은 백성들도 담당 아전들과 결탁하거나 사내 종에게 대신 시키는 식으로 빠져나갔다. 합법, 불법이 뒤섞인 이런 현상들이 광범위하게 퍼진 결과 양반 사대부 중에서 병역 의무를 수행하는 사람을 찾기 어려운 지경에 이르렀다.

급기야 중종 36년(1541) 군적수포제(軍籍收布制)를 제정해 병역제도를 크게 바꾸었는데, 실제 병역 의무를 수행하는 대신 병역 의무 대상자들에게 1년에 2필씩의 군포(軍布)를 받는 것이 이 법의 골자였다. 각 지방에서 군포를 징수해 중앙으로 올리면 병조에서 다시 필요한 군사의 숫자에 따라 군포를 지방에 내려보내 군사를 고용하게 하는 제도였다. 군적수포제는 몸으로 수행하던 병역 의무가 세금으로 전환되었음을 뜻하는 것인데, 문제는 양반 사대부들은 군포 납부 대상에서 합법적으로 면제되었다는 점이다. 수많은 특혜를 누리는 양반 사대부들은 세금에서 면제되고 가난한 백성들만 세금을 부과받는 조세불의(租稅不義)가 합법이 된 것이다. 그만큼 조선이란 나라의 도덕성은 타락했고, 이런 조세불의에 시달리던 백성들은 군적수포제가 제정된 지 50여 년 후에 발생한 임란에서 일본군에 대거 가담함으로써 저항했다.

『맹자(孟子)』 '고자(告子)' 편에는 백규(白圭)가 맹자에게 "나는 세금을 20분의 1만 받으려 하는데 어떻겠습니까."라고 묻자 맹자가 "그것은 맥(貊)의 방법이오."라고 답하는 이야기가 나온다. 맹자가 말한 맥은 고조선을 뜻한다. 고조선의 전통 세법은 20분의 1로 중국보다 크게 낮았다는 것이다. 또한 『춘추공양전(春秋公羊傳)』 '선공(宣公) 14년조' 주석에는 "14~15분의 1의 세금은 대맥(大貊)의 도(道)이고, 12~13분의 1은 소맥(小貊)의 도"란 구절도 있다. 대맥, 소맥 등은 모두 고조선의 제후국들인데, 이 역시 중국에 비해 아주 가벼운 세금이었다.

부자 증세, 빈자 감세는 요원한가

오늘날에도 조세 문제는 여전히 시끄럽다. 시끄러운 이유는 간단하다. 조세 정의와 거꾸로 가는 '부자 감세, 빈자 증세'에 대한 반발이 심하기 때문이다. 국회예산정책처에 따르면, 이명박 정부가 기업의 법인세 25%를 22%로 깎아준 결과 2009~2013년까지 5년 간 기업들이 감면받은 세금이 37조 원으로 추산된다고 한다. 이 액수의 재원만 있으면 현재 숱한 논란이 이는 세금 문제를 잠재우고 늘어난 복지 수요를 감당할 수 있다는 이야기다. 그런데 '증세 없는 복지' 같은 말장난으로 현실을 호도하면서 '부자 감세, 빈자 증세'를 추진하려니 어찌 국민들의 반발이 없겠는가.

현재 한국 사회에서 증세 여력이 있는 부분은 기업의 법인세와 부자들에 대한 직접세인 재산세, 그리고 고액 연봉의 직장인들밖에 없다. 이를 외면하고 가난한 서민들에게 증세하려니 SNS에 '세가 날아든다. 온갖 잡세가 날아든다'는 '세금별곡'이 떠돌고 있는 것이다.

12 | 을사오적은 모두 노론이었다
사대주의의 긴 역사

    영조 38년(1762) 5월 22일 나경언이 형조에 반역을 고변(告變)했다. 그런데 그 고변 대상이 놀랍게도 사도세자였다. 『영조실록』은 나경언에 대해 "액정별감 나상언의 형으로 사람됨이 불량하고 남을 잘 꾀어냈다."고 전하고 있고, 또 정조가 편찬한 부친 사도세자의 일대기인 『어제장헌대왕지문』에는 "대궐에 하인으로 있던 자"라고 기록하고 있다. 양반 사대부가 아닌 상민(常民)이란 뜻이다. 세자를 반역 혐의로 고변한 사건은 유사 이래 없었다. 게다가 당시 사도세자는 영조를 대신해 대리청정을 실시하고 있었다.

    나경언의 고변을 접수한 당사자는 형조참의 이해중이었는데, 『영조실록』은 "이해중이 영의정 홍봉한에게 달려가서 고하니 홍봉한이 '이는 임금께 청대해서 계품(啓稟, 임금에게 아룀)하지 않을 수 없다'고 말했고 이해중이 세 차례나 청대했다."고 전하고 있다. 문제는 홍봉한이 사도세자의 장인이라는 점이었다.

정상적인 상황이면 일개 상민이 차기 임금이 될 자신의 사위를 역적으로 몰았다면, 즉각 그 상민을 조사해 역적으로 처단해야 했음에도 오히려 홍봉한은 왕에게 보고하라고 지시했다. 그런데 이해중은 홍봉한의 처남으로서 사도세자는 조카사위였다. 결국 사도세자는 장인 홍봉한과 처삼촌 이해중에 의해 죽음으로 밀려들어갔던 것이다. 왜 이런 일이 벌어진 것일까. 홍봉한이 사도세자의 반대파였던 노론의 영수였기 때문이다.

사도세자 죽인 노론, 세손까지 노려

사도세자를 죽음으로 몬 주범이 사도세자의 처가이자 노론 영수였던 홍봉한 일가라는 말이 광범위하게 유포되었다. 혜경궁 홍씨가 훗날 친정을 변명하기 위해 『한중록』을 쓴 이유가 여기에 있다. 고변 소식을 들은 사도세자는 즉시 시민당 뜰에 거적을 깔고 대죄했으나, 홍봉한이 이 사실을 영조에게 보고한 것은 대죄 7일째인 5월 29일이었다. 영조가 "나는 세자가 대명(待命, 처분 명령을 기다림)하고 있는지 몰랐다."고 답할 정도로 사도세자는 고립되어 있었다.

사도세자는 집권 노론에서 자신을 제거하려는 음모를 잘 알고 있었다. 그래서 뒤주에 갇히던 날 세자궁의 관원 조유진을 시켜 춘천에 가 있는 소론 출신의 전 우의정 조재호를 급하게 불렀다. 그러나 이 사실은 혜경궁 홍씨에 의해 홍봉한에게 전해졌고 홍봉한은 조재호를 집중적으로 감시했다. 세자가 음력 윤5월 중순의 뙤약볕 아래 여드레 동안이나 신음하며 죽어가는 동안 영조나 홍봉한은 아무 일 없다는 듯이 일상적으로 행동했다. 그리고 홍봉한은 세자가 죽은 다음 달, 소론 영수 조재호가 "한쪽 사람들(노론)이 모두 소조(小朝, 세자)에게 불충했지만 나는 동궁(세자)을 보호하고 있다."고 말했다는 사실을 영조에게 보고해서 그를 사형에 처하게 했다. '노론은 세자를 제거하려 했으나 소론은 보호하고 있다'는 조재호의 이 말이야말로 사도세자 사건의 본질을 압축적으로 표현하는 것이다.

사도세자 제거에 성공한 노론은 다음 표적으로 세손(世孫, 정조)을 겨냥했다. 자신들이 죽인 세자의 아들이 즉위했을 경우의 후과가 두려웠기 때문이다. 노론은 '죄인의 아들은 임금이 될 수 없다(罪人之子, 不爲君王)'는 '8자흉언(八字凶言)'을 만들어 유포시켰다. 그러나 사도세자 제거에 앞장섰던 영조와 혜경궁 홍씨가 세손 제거에 반대하면서 노론이 벽파와 시파로 갈리고 세손은 겨우 숨 쉴 공간이 마련됐다. 사도세자 제거에 앞장선 노론 벽파는 그 아들까지 죽여야 한다고 주장하는 정파였고, 시파는 그 아들까지 제거하는 것에는 반대하는 정파였다.

영조는 세손이 사도세자 3년 상을 마친 재위 40년(1764)에 세손의 호적을 효장세자(孝章世子, 영조의 맏아들로 사도세자의 형, 10세 때 일찍 죽음)에게 입적시켜 일종의 '호적 세탁'을 시켜줌으로써 세손을 보호하려 했다. 그러나 노론 벽파는 세손을 제거하려는 계획을 그치지 않았다. 정조는 세손 시절 일기인 『존현각일기(尊賢閣日記)』에 "흉도(凶徒)들이 내 거처를 엿보아 말과 동정(動靜)을 탐지하고 살피지 않는 게 없었기 때문에 옷을 벗고 편안히 잠을 자지도 못했다."라고 토로할 정도로 극도의 공포 속에서 세손 시절을 보내야 했다. 그나마 영조가 재위 51년(1775)

12월 세손에게 대리청정을 시키고 이듬해 3월 세상을 떠남으로써 기적적으로 즉위할 수 있었다.

정조는 즉위 일성으로 "아! 과인은 사도세자의 아들이다. 선대왕께서 종통(宗統)의 중요함을 위하여 나에게 효장세자를 이어받도록 명하신 것이다."라고 선언했다. 그간 효장세자의 법적인 아들로 지내왔지만 자신은 본래 사도세자의 아들이란 선언이었다.

사도세자를 죽음으로 내몬 노론 벽파는 잔뜩 긴장했지만 정조는 보복의 칼날을 휘두르지는 않았다. 대신 정조는 부친을 죽인 적당(敵黨)인 노론 벽파도 포용하면서 함께 미래로 가자고 설득했다. 정조는 대리청정 하는 세자를 뒤주 속에 가두어 죽이는 비정상적인 노론 일당 독재 체제로는 미래로 갈 수 없다는 생각에서 대개혁을 주도했다. 이렇게 실시된 정조의 개혁 정치는 크게 세 가지로 대별된다.

정조 제거 둘러싸고 벽파, 시파로 분열

첫째는 노론 일당 독재를 다당제로 전환하는 것이었다. 그래서 그동안 정권에서 소외되었던 성호(星湖) 이익(李瀷. 1681~1763)의 종손인 이가환, 정약용과 형 정약전, 매형 이승훈 같은 남인들이 중용되었다. 둘째, 노론에서 유일사상으로 신봉하는 성리학(주자학)뿐만 아니라 양명학은 물론 천주학까지도 용인하는 것으로 사상의 다원화를 꾀했다. 셋째는 서자들도 벼슬길에 진출시키는 것으로 극심한 신분제를 완화하려고 노력했다. 정조는 재위 1년(1777) "아! 저 서류(庶流, 서자)들도 나의 신자(臣子)인데, 그들로 하여금 제자리를 얻지 못하게 하고 또한

「규장각도」. 1776년에 단원 김홍도가 정조대왕의 명을 받아 규장각을 그린 그림이다. 국립중앙박
물관 소장.

그들의 포부도 펴보지 못하게 한다면 이는 또한 과인의 허물인 것이다."라면서 이조와 병조에 '서류소통절목(庶類疏通節目)'을 작성하라고 명했다. '서자 벼슬 진출법'이라고 할 수 있는 '서류소통절목' 덕분에 그동안 차별에 신음하던 서자들도 벼슬길에 나갈 수 있게 됐다.

재위 3년(1779)에는 이덕무, 박제가, 유득공, 서리수 등 4명의 서자를 규장각 검서관(檢書官)으로 특채했다. 이렇게 발탁된 4명의 검서관은 '규장각 사검서(四檢書)'라는 보통명사로 불리며 조선의 지식계를 뒤흔들었다. 그동안 신분제의 질곡에 얽매여 있던 머릿속의 지식이 규장각 검서관이란 날개를 달자 하늘 높이 날아올랐던 것이다.

노론 벽파는 정조의 이런 개혁 정치를 좌절시키기 위해 천주교를 사학(邪學)으로 모는 사상 검증을 펼쳤다. 이승훈, 정약용 등 남인들이 한때 천주교를 신봉했던 것을 빌미로 이들을 제거하려 한 정치공작이었다. 정조는 노론 벽파의 사상 검증을 막아내는 한편 조선의 경제 체질을 바꾸는 실용 정책을 실시했다.

당시 조선에는 관청 및 노론 벌열과 결탁한 시전(市廛) 상인들이 일반 상인들의 상행위를 금지시킬 수 있는 금난전권을 갖고 있었다. 독점 상인인 이들은 물가를 마음대로 좌지우지하면서 부를 독점하고 정치자금을 헌납했다. 정조는 재위 15년(1791) 남인 출신 좌의정 채제공의 건의로 금난전권을 철폐하는 신해통공을 반포했다. 신해통공하루 만에 물가가 반으로 뚝 떨어졌다는 기록이 있을 정도로 조선의 상업 질서에 큰 변화를 불러일으킨 혁명적인 조치였다.

정조는 사도세자와 모친 혜경궁 홍씨가 칠순이 되는 1804년을 기점으로 대대적인 정치 개혁을 단행할 생각이었다. 그러나 그 4년 전인 1800년 재위 24년을 끝으로 독살설 속에 생을 마감했다. 정조의 의문스러운 죽음과 동시에 정권은 영조의 계비(繼妃) 정순왕후와 심환지를 중심으로 한 노론 벽파의 수중으로 되돌아갔다.

노론 일당 독재, 매국으로 치닫다

정조가 세상을 떠난 이듬해인 순조 1년(1801) 1월 대왕대비인 정순왕후는 "지금 듣건대 이른바 사학(邪學, 천주교)이 옛날과 다름이 없어서 서울에서부터 기호(畿湖)에 이르기까지 날로 더욱 성해지고 있다고 한다."는 '사학 엄금 하교'를 내려 천주교도에 대한 대살육의 서막을 열었다. 표면상 명분은 정학(正學, 성리학)을 보호하고 사학을 종식시킨다는 것이었지만, 정조 때 성장한 남인들을 천주교도로 몰아 제거하려는 정치공작이었다. 전 공조판서 이가환, 전 평택현감 이승훈, 권철신, 정약종 등이 아무 죄도 없이 사형당하고 정약용과 정약전 등 수많은 남인은 기약 없는 유배 생활에 처해졌다.

이렇게 노론은 남인들을 절멸시키고 다시 일당 독재 체제를 구축했다. 노론 일당 독재는 정조 사후 노론 소수 벌열이 정권을 독차지하는 세도 정치로 퇴행했고, 더 이상 정상적인 정치 시스템으로 자신들의 문제를 해결할 수 없다고 판단한 농민들은 순조 11년(1811) 홍경래의 난으로 불리는 서북 농민항쟁을 비롯해 철종 13년(1862) 진주민란으로 불리는 삼남 농민항쟁으로 체제에 저항했다. 고종 31년(1894)에는 전봉준이 주도하는 동학농민봉기가 일어나자 노론은 이를 진압한다는 명분으로 청나라 군사의 파병을 요청했는데, 이는 갑신정변 이듬해인 고종 22년(1885) 청일 양국이 체결한 톈진(天津)조약에

나라를 팔아먹은 을사오적은 모두 노론이었다. 왼쪽부터 권중현, 박제순, 이근택, 이완용, 이지용.

의거해 일본군의 파병으로 이어졌다. 1905년 외교권을 넘긴 을사오적(이완용, 박제순, 이지용, 이근택, 권중현)이 모두 노론이고, 이완용이 마지막 노론 당수인 데서 알 수 있는 것처럼 노론은 당론으로 나라까지 팔아먹었다. 정치공작으로 다른 당을 절멸시킨 노론 일당 독재가 결국은 나라까지 팔아먹는 극단으로 치달은 것이다.

13 | 외교독립이냐, 무장투쟁이냐
상해 임시정부 노선 차이와 자주적 외교

　정치는 노선이 중요하다. 한 나라가 어느 길로 가야 할 것인가를
결정하기 때문이다. 1910년 망국 후 만주로 망명한 독립운동가들의
국가 건설 노선은 공화주의였다. 여기에 바로 한국 독립운동의 가치
가 있다. 복벽(復辟)주의로 불렸던 왕정 복고주의자들도 없지는 않았
지만, 해방 후 세울 새 나라는 대한제국의 부활이 아니라 민(民)이 주
인이 되는 공화국으로 만들자고 설정한 것이다. 이런 공화국을 건설
하기 위한 노선을 두고 둘로 갈렸다. 하나는 '외교독립론'이었고, 다
른 하나는 '무장투쟁론'이었다.

　외교독립론은 미국, 영국 등의 외교적 후원에 힘입어 독립을 이루
자는 노선이었고, 무장투쟁론은 군사를 양성해 결정적 시기에 독립
전쟁을 벌여 해방을 이루자는 노선이었다. 일도양단(一刀兩斷)으로 단정
할 수는 없지만 외교독립론은 결국 우호적인 외세의 힘으로 나라를

되찾자는 노선이고, 무장투쟁론은 내부 역량으로 나라를 되찾자는 노선이었다.

　1919년 3·1운동의 결과물로 탄생한 대한민국 임시정부가 수립 직후부터 내분에 휩싸인 것도 노선 차이 때문이었다. 이승만과 정한경이 미국의 윌슨 대통령에게 '조선 위임통치 청원서'를 보낸 것이 문제였다. 이승만과 정한경은 3·1운동 직전인 1919년 2월 25일 파리강화회의에 참석하는 미국의 윌슨에게 "우리는 자유를 사랑하는 2,000만의 이름으로 각하께 청원하나니…… 먼저 한국을 일본의 학정 하에서 벗어나게 하여 장래 완전 독립을 보증하시고 아직 한국을 국제연맹 통치 하에 두게 하시옵소서."라고 요청했다.

무장투쟁론자, "상해서 무슨 독립운동을……"

　당시 미국에 사는 친구의 편지를 통해 이 소식을 들은 신채호는 박은식, 김창숙과 함께 펑펑 울었다. 김창숙은 "왜인의 한국 침략이 분하기도 하지만, 그렇다고 조국을 미국의 위임 통치 하에 넣겠다고 하므로…… 우리 3인이 통곡을 했던 것이다. 여기서 우리 3인은 이승만 씨를 임정에서 제거하지 않으면 안 되겠다는 결론을 내리고……"(『경향신문』 1962년 3월 2일자)라고 회고하고 있다. 신채호는 임시의정원 회의에서 "이승만은 이완용보다 더 큰 역적이다. 이완용은 있는 나라를 팔아먹었지만 이승만은 아직 나라를 찾기 전에 팔아먹은 놈이다."라고 이승만을 절대로 인정할 수 없다고 주장했다.

　이처럼 당시 외교독립론은 임정의 단합을 가로막는 요인 중 하나였다. 임시정부의 소재지가 상해였던 것도 문제였다. 무장투쟁론자들은 일제와 무장투쟁이 가능하고 압록강과 두만강을 건너 국내 진공 작전이 가능한 만주나 러시아령 연해주에 임시정부를 두어야 한다고 주장했다. 실제로 만주에서는 3·1운동 직후 만주 자치운동과 무장투쟁의 대부라고 할 수 있는 이상룡(1858~1932)을 총재로 추대해 군정부(軍政府)를 설치했다. 이상룡의 '행장'은 이렇게 설명하고 있다.

> "만주에 주재하던 한인들이 일제히 유하현의 고산자에 모여서 혈전 준비를 의논하고 남정섭과 송종근을 공(이상룡)에게 보내서 이 일에 대해서 아뢰었다. 이에 군정부를 설립하고서 공을 총재로 추대하였다. 공은 사양할 수 없어서 드디어 부임해서는 여준을 부총재로 삼고 이탁을 참모장관으로 삼았다. 밖으로는 한족회를 설립하여 총관(總管)·검독(檢督) 등의 직(職)을 두어 지방자치를 관리하게 하였다. 청년을 대규모로 모집하여 속성으로 (군사)훈련시켰다."

이런 상황에서 상해의 임시정부는 여운형을 만주에 파견해 군정부의 임정 합류를 요청했다. 만주 인사들 사이에 큰 거부감이 일었다. 만주 무장투쟁론자들 사이에는 상해에서 무슨 독립운동을 하느냐는 의견이 대세였다. 하지만 이상룡이 "(상해에 정부를) 이미 세웠으니 한 민족에게 어찌 두 정부가 있을 수 있으리오."라면서 "정부를 상해에 양보하고 군정부를 군정서(軍政署)라 하여 독판제를 채용했다."고 전하는 것처럼 상해에 정부를 양보했다. 그래서 군정부를 서로군정서로 개편해서 최고 책임자인 독판에 이상룡을 선임했다.

"외교와 내정보다는 군사와 재정"

이 무렵 임정 내무총장 안창호가 서로군정서 독판 이상룡에게 편지를 보내왔다. 안창호는 '외교와 내정(內政), 재무와 군사가 임정의 4가지 대단(大端)'이라면서 의견을 구했다. 즉 임정의 정책 우선순위는 ① 외교 ② 내정 ③ 재정 ④ 군사라는 것이었다.

안창호는 임정의 첫 번째 노선인 외교독립론에 대해 이렇게 설명했다. "첫째, 외교 상황입니다. 이것은 가장 순조롭게 진행되는 것으로 현재 구미(歐美) 지역에는 여론이 하나가 되어 우리를 지지하고 일본을 배척하고 있는데, 공리(公理)와의 싸움에서는 여론이 승패를 좌우하기 때문에 곧 개최될 국제연맹 대회에서 우리나라가 승기를 잡아 칼자루를 쥘 수가 있을 것입니다. 그러나 이것은 개괄적인 말이고, 구체적인 교섭은 이미 영국·미국과 상당한 양해를 얻어놓았으니 머지않아 어떤 성과를 볼 수 있을 것입니다."('안창호의 편지를 부치다')

그러나 이는 외교독립론자들이 국제 상황을 오판하고 있음을 말해주는 것이다. 국제연맹은 창설 당시부터 일본이 영국, 프랑스, 이탈리아와 함께 상임이사국이었고, 게다가 일본은 제1차 세계대전의 승전국이었다. 미국은 1905년 일본과 가쓰라-태프트 밀약을 맺어서 일본의 한국 점령을 비밀리에 승인했고, 영국은 이보다 이른 1902년 일본과 영일동맹을 체결했다. 영일동맹 제1조는 '영국은 청(淸)에, 일본은 한국에 각각 특수한 이익을 갖고 있으며, 제3국으로부터 그 이익이 침해될 때에는 필요한 조치를 취한다'는 것이었다. 이런 미국과 영국이 일본과 싸워서 한국을 독립시켜줄 것이라는 생각은 그야말로 순진한 것이었다.

독립운동의 정책 우선순위에서 군사와 재정
보다 외교와 내정을 중시하는 외교독립론을
폈던 임시정부의 내무총장 안창호.

두 번째의 '내정' 또한 교민들이 극소수인 상해에서의 내정이란 있을 수가 없었다. 그래서 안창호도 "지금 당장은 말씀드릴 만한 행정이 없습니다만"이라고 말할 수밖에 없었다. 안창호는 이 편지에서 연통제를 통해 국내에 파견한 특파원 등의 보고에 고무된 듯 "두세 곳의 보고에 의하면 국민들의 마음이 갈수록 고양된다고 하니 곧 다시 모종의 형식의 제3차 표시가 있게 될 것 같으나 그 역시 아직은 알 수 없다고 합니다."라고 설명했다. 상해에 정부 소재지를 두고서 국내에서 다시 만세 시위 같은 것이 발생하기를 기다리는 것이었다. '재정' 문제도 교민이 없는 상해에서는 해결하기가 쉽지 않았다. 안창호는 네 번째로 '군사'에 대해서 설명했지만, 무장투쟁 현장에서 멀리 떨어진 상해에서 군사 계획이 있을 수가 없었다. 다만 훗날 '대한민국 임시정부 육군주만참의부(陸軍駐滿參議府)'가 정식 명칭이었던 만주의 참의부(參議府)가 스스로 임시정부 직할이 되어 국내 진공 작전을 활

임시정부의 외교와 내정 중시를 비판하고 군사와 재정을 우선시했던 '무장투쟁의 대부' 이상룡.

발하게 펼친 적은 있었다. 그러나 이것도 만주 참의부의 독자적 역량이었지 상해 임정의 역량은 아니었다.

이상룡은 답변에서 "제 생각으로는 이 일은 외교로 시작해서 혈전으로 마치는 것으로서 이는 특별히 지혜로운 사람이 아니더라도 미루어 짐작할 수 있는 일입니다."라고 답했다. 외교독립론을 선택한 임정의 노선을 직접 비판하지 않으면서도 독립은 '혈전으로 마친다'는 무장투쟁론의 방침을 천명한 것이었다.

이상룡은 안창호에게 이렇게 권고했다. "삼가 합하께서는 지금부터 앞에서 정하신 네 가지 대단(大端) 중에서 조금 순서를 바꾸어 제4항을 제1항으로 하고 제3항을 제2항으로 삼아서 이 일에 전력을 경주하시기를 바랍니다. 그렇게 되면 이른바 제1항과 제2항은 크게 신경을 쓰지 않아도 저절로 잘 성취되리라고 봅니다."('안도산 창호에게 드리다') 즉 임정의 ① 외교 ② 내정 ③ 재정 ④ 군사의 순서를 ① 군사

② 재정의 순서로 바꾸면 외교와 내정은 '저절로 잘 성취'되리라는 권고였다.

아직도 외교정책에서 강대국 눈치

임정의 어려워진 재정 문제는 당시 미주에 머물고 있던 임정 대통령 이승만의 탓도 있었다. 이승만은 임정 대통령에 선임된 직후인 1919년 5월 미국에 구미위원부를 만들었는데, 이는 임시정부 외교위원부와는 별도의 조직으로, 임정 직제에 없는 사조직이었다. 이승만이 구미위원부를 둔 목적은 미주 교포들이 내는 애국 후원금을 상해 임정에 보내지 않고 자신이 착복하기 위해서였다. 이는 그렇지 않아도 재정이 부족한 임정의 재정 상황을 더욱 악화시켰다. 『독립운동사』(독립운동사편찬위원회. 1975)에서 "구미위원부가 미주에서 정부 재정을 관장하면서, 임시정부가 가장 크게 의존하고 있던 미주 동포 사회로부터의 재정 수입에 차질을 가져와 재정상의 타격이 컸기 때문에 임시정부는 항상 구미위원부의 폐지를 요구했다."고 전하는 것처럼 구미위원부는 임정의 재정을 크게 위축시켰다.

그래서 1920년 5월 임시정부 국무차장 회의에서 대통령에 대한 불신임을 결의하기도 했다. "상해에서 무슨 독립운동을 하느냐."고 여기는 무장투쟁론자들이 당시 상해와 미주의 재정 다툼을 어떤 시선으로 바라봤을지는 충분히 짐작할 수 있다. 게다가 이승만은 상해로 부임하지 않다가 임정의 거듭된 촉구를 받고 1920년 12월에야 상해에 도착했다. 그러나 1921년 5월까지 불과 6개월 동안 있다가 다시 미국으로 돌아가버렸다. 1919년 4월 대통령에 선출된 후 1925년 3월 의정원에서 탄핵돼 해임될 때까지 6년 동안 상해에는 고작 6개월 있었던 것이다.

대한민국은 해방 후 산업화와 민주화를 모두 달성하고 경제협력개발기구 회원국이 되는 성취를 이뤄냈다. 그럼에도 아직도 외교정책에서는 강대국의 눈치를 심하게 보는 '약소국'의 입장에서 벗어나지 못하고 있다. 대한민국이 이만큼 성장했으면 그에 따른 옷을 입어야 할 것이다. 어린 시절 입었던 사대주의라는 작은 옷을 성인이 되어서도 입고 있으니 우스꽝스러운 모양새가 되는 것이다. 일본과 위안부 문제 등을 놓고 대립하다가, 정작 일본은 큰 태도의 변화가 없는데도 한국은 '미래' 운운하면서 유화적으로 돌아서서, 한국 외교가 웃음거리가 되지나 않을까 우려스럽다. 이제 사대주의를 물리치고 대한민국을 주인으로 놓는 자주적 시각으로 외교 문제의 질적 전환을 이뤄야 할 때다.

14 | 혁명 공신 처남 4명을 사형시키다
태종과 친인척 비리

자식 관리 실패한 선조, 왕비 관리 실패한 영조

조선 스물일곱 임금 중에서 친인척 관리를 가장 잘못한 임금을 꼽으라면 조선 중기 선조(宣祖, 재위 1567~1608)와 조선 후기 영조(英祖, 재위 1724~1776)를 꼽을 수 있다. 선조는 아들들 관리에 실패했다. 영조는 어린 왕비 관리에 실패한 결과 사도세자 죽음의 비극을 초래했다. 영조의 사례는 잘 알려져 있지만 선조는 그렇지 못하다. 방계승통(傍系承統, 왕의 적자가 아닌 혈통)으로 왕위를 계승한 선조는 8명의 부인에게서 14명의 아들과 11명의 딸을 낳았다. 그래서 친인척 관리가 중요한 국사 중 하나였지만 선조는 공적 개념이 부족했다. 인빈(仁嬪) 김씨 소생인 정원군(定遠君), 임해군(臨海君), 순화군(順和君) 등 세 왕자는 백성들 사이에서 악명이 높았다.

임해군과 순화군은 임진왜란 때 백성들을 위로하고 근왕병을 모집하러 함경도에 갔다가 현지 백성들에게 체포돼 왜군에게 넘겨질 정도로 백성들에게 많은 행패를 부렸던 인물이다. 임해군은 여러 차례에 걸친 교섭 끝에 석방되었지만 전혀 반성하지 않았다. 임해군은 정원군과 함께 사노(私奴)를 잠상(潛商)으로 삼아 왜군과 내통하며 이익까지 취했다.

그래서 포도청은 선조 30년(1597) 1월 정원군의 사노 희남(希男)을 간첩 혐의로 체포했는데, 정원군은 임해군과 함께 포도대장에게 서신을 보내 석방을 요구했다. 이를 안 사헌부에서 임해군, 정원군의 파직을 요청했으나 선조는 들어주지 않았다. 선조는 전쟁 중에 간첩질까지 한 왕자들을 시종 옹호했다. 간첩질에 면죄부를 준 것은 계속 비리를 저지르라는 면허장이나 마찬가지였다.

그해 6월에는 정원군의 하인들이 길을 다투던 좌의정 김응남(金應南)의 하인을 집단 폭행하여 피투성이가 되어 실려가는 사건이 일어났다. 9월에는 지방으로 행차한 정원군을 수행하던 하인들이 쇄마(刷馬, 지방 관아의 말) 200필에 실을 정도의 금품을 갈취한 사건까지 발생했다. 사헌부에서 수사를 요청하자 선조는 "주인이라고 하인들이 한 일을 다 안다고 할 수 없다."면서 거부했다.

『선조실록』 35년(1602) 6월조의 사관은 "여러 왕자들 중 임해군과 정원군이 일으키는 폐단이 한이 없어 남의 농토를 빼앗고 남의 노비를 빼앗았다."면서 "가난한 사족(士族)과 궁한 백성들이 토지를 잃고도 항의할 수도 없어 중외가 시끄러웠다."고 비난하고 있다.

태종, 백성 억압해 노비로 만든 처남들을 사형시키다

반면에 조선에서 친인척 관리를 가장 잘한 임금은 태종(太宗, 재위 1400~1418) 이방원이다. 그에게는 대개 '피도 눈물도 없는 냉혈한 군주'라는 이미지가 붙어 있다. 그러나 이런 이미지는 대부분 양반 사대부들이 만든 것이었다. 역사 자료에는 두 종류가 있다. 하나는 문헌 사료로서 대부분 지배층이 만드는 것이다. 또 하나는 입으로 전해지는 구전(口傳) 사료로서 대부분 민중들이 만드는 것인데, 이 중 하나가 태종우(太宗雨) 고사다. 태종이 세상을 떠난 음력 5월 10일에 내리는 비가 태종우다. 조선의 민간 풍습을 기록한 홍석모(洪錫謨, 1781~1850)의 『동국세시기(東國歲時記)』 5월조에는 "태종이 임종할 때 (아들) 세종에게 '가뭄이 극심한데 내가 죽어서도 비록 알게 된다면 이 날에는 반드시 비가 오게 하리라'라고 말했는데, 훗날 과연 그렇게 되었다."고 적고 있다.

필자는 태종이 세상을 떠나던 날의 여러 사료를 살펴봤지만 태종이 이런 말을 남기고 승하했다는 문적(文跡)을 찾지 못했다. 민중들의 구전이라는 이야기다. 『승정원일기』 영조 36년(1760) 5월 10일자에 따르면, 영조는 "오늘은 성조(聖祖, 태종)의 기신(忌辰, 제삿날)이다. 이날은 매년 비가 와서 예부터 태종우라고 불렀다."라고 말하는 기사가 나온다. 조선 후기에는 국왕들도 태종우를 믿고 있었다는 이야기다.

백성들은 왜 태종우라는 구전(口傳)을 만들었을까. 태종이 즉위 후 칼을 휘두른 대상을 살펴보면 답을 알 수 있다. 그 대부분이 친인척과 측근들에게 집중되어 있었다. 태종은 재위 4년(1404) 10월 이거이(李居易)와 그 아들 이저(李佇), 이백강(李伯剛) 등을 서인(庶人)으로 강등시키고 고향인 진주(鎭州. 충청도 진천)에 안치했다. 이거이는 제1차 왕자의 난으로 책봉된 정사공신(定社功臣)과 제2차 왕자의 난으로 책봉된 좌명공신(佐命功臣)에 거듭 든 겹공신이었다. 정사, 좌명공신은 모두 이방원을 보위에 올리기 위해 목숨을 걸고 싸운 이른바 '혁명 동지'들이었다. 게다가 이거이의 아들 이저는 태조 이성계의 장녀 경신(慶愼)공주와 혼인한 부마였고, 이백강은 태종 자신의 장녀 정순(貞順)공주와 혼인한 부마였으니 왕실과 겹사돈이기도 했다.

이들의 죄목은 상왕 정종을 다시 추대하려 했다는 혐의인데, 3년 전의 일을 가지고 왕실의 겹사돈이자 겹공신을 서인으로 폐하고 외방에 안치한 조치에 대해 조야가 놀란 것은 당연했다. 태종이 태상왕 이성계에게 이거이 사건을 보고하자 이성계는 하늘을 쳐다보고 한참 동안 말이 없다가 입을 열었다.

> "회안군(懷安君. 이방간)이 이미 쫓겨나고, 익안군(益安君. 이방의)은 이미 죽었는데, 상왕(上王. 정종)은 출입하지 않으니, 친척 가운데 살아 있는 자가 몇 명이냐? 일이 이루어질 때에는 돕는 자가 많지만, 일이 패할 때는 돕는 자가 적다. 사생지간(死生之間)에 돕는 자는 친척 같은 것이 없다."
>
> _『태종실록』 4년 10월 20일

개국 군주 이성계는 아직 가족주의에서 벗어나지 못한 한계를 갖고 있었다. 그래서 악역은 늘 태종의 몫이었다. 재위 10년(1410)에는 제주도로 유배 보냈던 처남 민무구(閔無咎), 민무질(閔無疾) 형제를 사사(賜死)시켰는데, 이는 이거이, 이저 부자 사건보다 더 큰 충격을 주었다. 민무구, 무질 형제는 왕비 원경왕후 민씨의 친동생들이자 1, 2차 왕자의 난 때 직접 무기를 들고 싸운 혁명 동지들이었기 때문이다. 민무구는 정사, 좌명 1등 공신이었으며 민무질은 정사 2등, 좌명 1등 공신이었다.

태종은 국가가 반석 위에 서기 위해서는 법 위의 존재가 있어서는 안 된다고 생각했다. 법치를 이룩하려면 공신이나 국왕의 친인척 같은 특권 집단을 법 아래의 존재로 만들어야 했다. 민씨 형제는 어린 세자를 끼고 정권을 장악하려 했다는 '협유집권(挾幼執權)' 혐의를 받았는데, 그 구체적 죄상이란 태종 6년(1406) 재변(災變) 때문에 태종이 세자 양녕대군에게 양위를 선언했을 때 "모든 신민들은 애통해했으나 민무구 형제는 희색을 띠었다."는 모호한 것이었다.

『태종실록』 8년(1408) 10월 1일자는 민무구 형제를 지방으로 귀양 보내면서 그 죄상을 열거한 교서를 싣고 있는데, 그중에 '민씨 형제가 양인(良人. 자유민) 수백 구(口)를 억압해서 사천(私賤)으로 만들었다'는 대목이 있다. 양인을 억눌러 사노비로 만드는 것을 '압량위천(壓良爲賤)'이라고 하는데, 개국 20년도 안 되어 노비로 떨어지는 양인들이 생겼다는 것은 조선의 개국 이념에 대한 배신이었다. 고려가 망한 이유가 권세가들이 양인들을 사노비로 만들고, 농지를 빼앗는 겸병(兼併)이 성행했기 때문이었다. 고려 말에는 이런 일을 당해도 하소연할 곳이 없었지만, 태종은 재위 1년(1401) 8월에 신문고(申聞鼓)를 만들어 백성들이 직접 하소연할 수 있게 했다. 억울한 일을 당한 백성이 해당 지방의 관청에 고소했는데도 처리해주지 않으면 직접 대궐 앞의 신문고를 쳐서 임금에게 알릴 수 있게 한 제도였다. 그러면 지금의 검찰 격인 사헌부에서 수사에 나섰다. 민무구, 민무질 형제에 의해 사노비로 전락한 백성이 신문고를 쳐서 이 사실을 알렸다.

신문고를 친 백성들의 처지에서 생각해보자. 임금의 혁명 동지이자 왕비의 친동생에 관한 비위 사실을 알렸을 때 임금이 처리해주지 않으면 어떻게 할 것인가. 계속 그 집의 노비로 살아가야 하는 고초는 말할 수가 없을 것이었다. 오늘날 대통령의 친인척이자 집권 세력을 힘없는 국민이 검찰에 고발했을 때 대한민국 검찰이 어떤 태도를 취할지는 그간의 행적으로 미루어 짐작할 수 있을 것이다.

백성들의 신문고로 불법 사실을 알게 된 태종은 이들을 내쳤고 끝내 사형시켰다. 이른바 혁명 동지들은 경악했겠지만 백성들은 어떻게 생각했겠는가. 백성들이 태종에게 보답한 것이 태종우 고사였다. 태종은 공신들의 이익과 백성들의 이익이 충돌할 때 백성들의 손을 들었다.

총애하던 딸도 궁에서 내쫓아

이뿐만이 아니었다. 5년 후인 태종 15년(1415)에는 남은 두 처남 민무휼, 민무회 형제가 또 대상에 올랐다. 전 황주(黃州) 목사 염치용이 노비 소송에서 패해 노비를 빼앗기자 '태종의 후궁 혜선옹주(惠善翁主) 홍씨와 영의정 하륜 등이 뇌물을 받았기 때문에' 패소했다면서 민무회에게 억울함을 호소했다. 민무회는 충녕대군(세종)에게 이를 알렸고, 아직 세상 물정을 모르던 충녕은 이 이야기를 부왕 태종에게 전했다. 충녕대군에게서 송사 이야기를 들은 태종은 "한낱 노비 소송에 임금을 연루시키는 법이 어디 있는가."라면서 불같이 화를 냈다.

태종의 이 이야기는 공적 문제를 사적 통로로 끌어들이지 말고 공적 시스템으로 해결하라는 이야기였다. 공적 문제가 사적 통로에 의해 처리되면 힘없는 백성들은 설 곳이 없게 되어 있었다. 결국 이 문제는 민무휼, 민무회 두 형제까지 사형당하는 것으로 매듭지어졌다.

　태종 자신은 권력을 이용하려는 문제에서는 칼날같이 대했다. 태종이 상왕으로 있던 세종 3년(1421), 태종이 총애하던 숙공궁주(淑恭宮主)의 부친 김점(金漸)이 평안도관찰사 시절 수많은 재물을 수뢰했다는 혐의를 받았다. 세종이 상왕의 눈치를 보느라 수사에 적극적이지 않자 태종은 "탐오(貪汚)한 사람의 딸을 궁중에 둘 수 없다."면서 출궁시키고 적극적으로 수사하게 한 후 다시는 숙공궁주를 궁궐에 들이지 않았다. 그러니 모든 벼슬아치들이 법을 어기지 않으려고 전전긍긍할 수밖에 없었다.

　제왕의 자질을 알아보는 중요한 잣대 중 하나가 친인척 문제다. 이 문제는 한 제왕이 성공하느냐 실패하느냐의 바로미터라 해도 과언이 아니다. 이는 제왕의 공사(公私) 개념을 말해주는 첩경이기 때문이다. 제왕이 공(公)을 우선하면 친인척들이 발호하지 못하는 반면, 사(私)를 앞세우면 친인척들이 발호하고 세상은 시끄러워지는 간단한 이치다. 이는 지금의 대통령도 마찬가지다. 역대 정권마다 대통령의 친인척들이 국정 농단의 주인공으로 등장하는 사례를 우리는 무수히 보아왔다.

　대통령을 국민의 손으로 뽑는 21세기에 대통령의 측근을 둘러싼 이야기들이 시중의 화제라는 자체가 시대착오적 비극을 말해주고 있다. 대통령 자신이 선조의 사심을 버리고 태종의 공심(公心)으로 돌아가는 길만이 유일한 해결책이다.

15 | 양녕대군, 세자 자리에서 쫓겨나다
태종과 비선 라인

모든 권력은 내부에 다툼이 있기 마련이다. 권력투쟁 자체를 나쁘게 볼 것은 아니다. 조직이 나아갈 방향을 둘러싼 다툼은 필요하다. 바람직한 미래를 둘러싼 다툼이기 때문이다. 하지만 문제는 권력자의 총애를 둘러싸고 벌어지는 다툼이다. 특히 비선(秘線)과 공적 라인이 부딪치면 조직 자체가 망가진다. 조선 3대 왕 태종이 세자 이제(李禔, 양녕대군, 세종의 형)를 교체한 중요한 이유가 바로 이 문제였다.

태종은 일찍이 세자 교육이 중요하다고 생각해 재위 2년(1402) 세자 교육을 전담하는 경승부(敬承府)를 설치하고 엄격한 인물들을 사부로 삼았다. 재위 7년(1407)에는 만 열세 살 세자를 숙빈 김씨와 혼인시키며 그 장인 김한로(金漢老)에게 "경은 멀리는 심효생(沈孝生, 이방석의 장인)을 본받지 말고 가까이는 민씨(원경왕후)를 경계하여 조심하고 또 조심하라."며 "나는 호랑이가 새끼를 키우는 것처럼 세자를 엄하게 키우려

한다."고 당부했다. 태종이 세자 교육을 호랑이 새끼 교육에 비유한 것은 훌륭한 자세였다.

양녕, 잘못 지적하는 스승을 눈엣가시로 여기다

그러나 차기 권력 곁에 권력을 좇는 무리들이 몰려들지 않을 리 없었다. 양녕대군이 이런 인물들을 받아들이면서 문제가 발생했다. 조선 초기 문신 성현(成俔)은 『용재총화(慵齋叢話)』에서 "세자는 성색(聲色. 노래와 여자)에 빠져 학업에 힘쓰지 않았다."고 비판하고 있다. 세자가 학업을 멀리하고 성색에 빠지면서 학업을 담당하는 공적 조직과 성색을 담당하는 비선 조직 간에 갈등 양상이 나타났다.

세자가 거느린 비선은 다양했다. 태종의 처남들인 민무구 형제를 옹호하다 사형당한 이무(李茂)의 인친(姻親) 구종수(具宗秀) 형제처럼 정치적 야심이 있는 인물들도 있었다. 또한 악공(樂工) 이오방(李五方), 박혁인(博奕人. 바둑·장기 명인), 방복생(方福生) 등 세자의 잡기 취향에 따른 인물도 있었고, 초궁장(楚宮粧), 승목단(勝牧丹) 같은 기생도 있었다. 이들은 세자가 좋아하는 것이라면 옳고 그름을 따지지 않고 무엇이든 가져다 바쳤다.

그러나 태종이 심혈을 기울여 선발한 사부들, 즉 공적 조직은 달랐다. 그중에 유명했던 인물이 계성군(鷄城君) 이래(李來)였다. 그는 세자의 스승인 정2품 빈객(賓客)이었는데, 성현은 『용재총화』에서 "양녕에게 잘못이 있으면 이래가 여러 말로 지극하게 간하므로 양녕이 원수처럼 여겼다."고 말하고 있다. 성현은 또 "양녕이 어느 날 옆 사람에게

'계성군만 보면 머리가 아프고 마음이 산란하다. 꿈에서라도 보이면 그날은 반드시 감기가 든다'라고 말했다."고 전하고 있다.

세자는 이래를 싫어한 만큼 비선 사람들을 좋아했다. 심지어 구종수 형제 등이 "저하께서는 길이 저희를 사반(私伴, 사적 수하)으로 삼아주소서." 하고 요청하자 허락의 증표로 옷까지 벗어주었다. 구종수 형제는 양녕이 즉위하면 자기들 세상이 오리라고 여겼을 것이다. 또한 세자가 총애하던 기생 초궁장은 한때 상왕 정종과 관계했던 여인이었는데, 양녕은 이를 알고도 계속 쫓아다닐 정도로 자기 절제가 부족했다.

비선 인물들은 양녕이 좋아하는 일이라면 불법도 서슴지 않았다. 그러다 발생한 일이 '유부녀 어리(於里) 납치' 사건이었다. 어리는 전 중추(中樞) 곽선(郭璇)의 첩이었는데, 조선의 사대부는 '1처 1첩'을 둘 수 있었으므로 어리는 엄연한 유부녀였다. 어리는 전라도 적성(積城, 지금의 순창)현에 살다가 친족을 만나러 상경해서 곽선의 양자인 전 판관(判官) 이승(李昇)의 집에 머물렀다. 이오방으로부터 어리의 미모와 재예(才藝)가 뛰어나다는 말을 들은 양녕은 이승의 집으로 쳐들어가 어리를 세자궁으로 납치했다. 양부(養父)의 첩을 빼앗긴 이승이 고소하려 하자 양녕은 사람을 보내 "내가 한 일을 사헌부에 고할 것인가? 형조에 고할 것인가? 어느 곳에 고할 것인가?"라고 힐난했다. 권력의 공적 개념에 대한 이해 자체가 부족했던 것이다.

이 사건은 태종이 세자 교체를 결심한 결정적 요인이 되었다. 양녕이 공적 라인, 즉 사부들의 왕도 교육을 중시했다면 쫓겨나는 일은 없었을 것이다. 태종은 양녕을 쫓아내기 얼마 전인 재위 15년(1415) 세자전(世子殿)에 잡인들이 들락거린다는 말을 듣고 이래와 변계량(卞季

良) 등을 불러 "경들은 무엇을 꺼려 세자를 바른 길로 보도하지 못하는가."라고 꾸짖었다. 그러자 이래는 양녕에게 가서 "전하의 아들이 저하(邸下)뿐인 줄 아십니까?"라며 흐느꼈다. 양녕은 자신의 부친이 어떤 인물인지 몰랐지만 이래는 자신이 섬기는 국왕이 어떤 인물인지 정확하게 간파하고 있었던 것이다. 권력에 대한 공적 개념이 부족했던 양녕이 쫓겨난 것은 개인적으로는 불행이었지만 국가적으로는 천만다행이었다.

공민왕도 '자제위'로 몰락 자초

고려의 개혁 군주였던 공민왕 역시 '자제위(子弟衛)'라는 일종의 비선 조직을 총애하다가 비참한 최후를 맞았다. 자제위는 공민왕 21년 (1372) 10월에 설치한 것인데, 『고려사』는 "나이 어린 미남을 뽑아 소속시키고, 대언(代言) 김흥경(金興慶)에게 총괄하게 했다."고 전하고 있다. 조선에서 편찬한 『고려사』나 『고려사절요』는 자제위에 대해 극도의 부정적 묘사로 일관하고 있다. 부인 노국대장공주(魯國大長公主)가 세상을 떠난 후 자제력을 상실한 공민왕이 미소년을 뽑아 각종 황음을 저질렀고, 후사를 얻기 위해 이들에게 자신의 비빈(妃嬪)들을 강간케 했다는 식의 기술이었다.

그러나 이는 조선 개국의 정당성을 확보하기 위한 과장이자 왜곡이었다. 조선 후기 실학자 안정복(安鼎福)이 『동사강목(東史綱目)』에서 "공민왕의 성품이 비록 시기하고 강포하기는 했지만 총명하고 결단이 있었으니 한결같이 혼암하고 용렬하고 황음한 군주라고 할 수는 없

고려말의 개혁 군주였으나 자신이 설치한 비선 조직인 자제위 때문에 목숨을 잃고 고려를 망국으로 이끈 공민왕.

다."면서 "자제위를 설치해서 비빈을 난행하게 하였다는 등의 설은 이치에 닿지 않는 말이다."라고 비판한 것이 이를 말해준다.

공민왕이 자제위를 설치한 데는 이유가 있었다. 공민왕은 재위 5년(1356) 원나라 순제(順帝)의 제2황후였던 기황후의 오라비 기철(奇轍) 일당을 전격 주살(誅殺. 죄를 물어 죽임)하고, 북방 강토 수복 운동을 전개해 원나라의 쌍성총관부(雙城摠管府)를 해체시키고 고려 강역으로 편입시켰다. 이때 원나라가 비록 쇠퇴기에 접어들었다고 해도 대제국 원나라와 정면으로 맞선 것은 위험한 일이었다. 더구나 고려 조정 내에는 친원(親元) 부역배들이 득실거리는 상황이었다. 『고려사절요』 '공민왕 19년(1370) 8월'조에 기철의 아들 기새인첩목아(奇賽因帖木兒)가 "아버지 기철의 죽음에 원한을 품고 우리나라의 북쪽 변경을 쳐들어와서 원수를 갚으려 했다."는 기록이 나오는 것처럼 안팎에서 공민왕의 반원정책에 대한 반발이 거셌다.

공민왕은 이런 정정에 불안감을 느끼고 공신과 고위직 자제들로 자제위를 설치해 일종의 국왕 경호 기구를 만들려고 했던 것이다. 성호 이익은 『성호사설』 '홍의초립(紅衣草笠)'조에서 "공민왕 때 자제위를 설치해 미모의 소년을 뽑아 분홍 옷과 검은 석의(裼衣, 검은 예복 겉옷)를 입고 가까이 모시면서 사역(使役)하게 했으니 이것이 오늘날 대전별감(大殿別監)의 시초다."라고 말했다. 대전별감이란 임금이나 세자가 행차할 때 호위하는 일을 한 관직을 말하니 그도 임금의 경호 조직으로 본 것이다.

비선과 공식 조직 사이 전형적인 궁중 암투

그러나 공적 조직으로 창설한 자제위를 공민왕이 비선 조직처럼 관리하면서 문제가 불거졌다. 안정복은 『동사강목』에서 "자제위는 항상 궁궐에 입직(入直)하느라 1년 내내 휴가를 얻지 못해 모두 왕에 대해 원망을 품었다."고 전하고 있다. 공민왕이 자제위 관리에 실패한 결과 시해당한 것은 사실일 것이다. 공민왕의 집권 전반기는 고려시대를 통틀어 가장 훌륭했다고 봐도 과장이 아닐 만큼 뛰어난 군주였는데, 후반기에 자제위 관리에 실패한 결과 자신도 불행하게 되고, 고려도 망국으로 치닫게 되었던 것이다.

태종은 세자를 교체한 후 막내아들 충녕대군(세종)에게 왕위를 물려주었는데, 신하들이 극구 말리자 "18년 동안 호랑이를 탔으니 이미 족하다."며 양위를 강행했다. 권력을 호랑이 등에 탄 것으로 여겼기에 태종은 자신과 집안, 그리고 국가의 미래를 위한 선택을 할 수 있었다.

지난 정권부터 권력의 사유화가 크게 진행되면서 '사자방(4대강·자원외교·방위사업)'으로 대표되는 여러 문제가 불거지고 있는 상황이다. 여기에 시대착오적인 비선 권력에 대한 이야기가 정국을 뒤흔들고 있다. 청와대 전 공직기강비서관이 비선의 조종을 받는 문고리 권력을 견제하다 쫓겨났다는 식의 폭로까지 가세하면서 비선 조직과 공식 조직 사이에 벌어지는 전형적인 궁중 암투의 성격으로 드러나고 있다. 국가권력은 하늘이 내린 것이라는 천명(天命) 개념을 언급하는 것 자체가 무안할 지경이다. 최소한 권력은 개인의 것이 아니라는 권력의 공적 개념 정도는 갖고 운용해야 할 것이다.

16 | 사관 학살한 '무오사화'로 연산군 몰락

연산군과 언론 길들이기

동양 역사학의 기틀을 세운 사마천이 거세형인 궁형(宮刑)을 당한 사실은 잘 알려져 있다. 사마천은 흉노 토벌에 나섰다가 포로로 잡힌 이릉 장군을 옹호하다가 한(漢) 무제(武帝)의 노여움을 사서 궁형을 당했다. 사마천은 임안에게 보낸 편지에서 "남을 도우려다 도리어 벌을 받는 것보다 더 큰 화는 없으며, 마음이 상심한 것보다 더 괴로운 고통은 없으며, 선조를 욕되게 하는 것보다 더 추한 행동은 없으며, 궁형을 받는 것보다 더 큰 치욕은 없습니다."라고 한탄했지만, 살아남아 『사기(史記)』를 썼다.

사마천은 『사기』를 쓸 때 자신을 궁형에 처한 무제의 눈치를 보지 않았다. 사마천은 황제들의 사적인 『사기』「본기(本紀)」에서 한나라의 개국 시조인 고조(高祖)「유방본기」보다 유방과 맞서 싸웠던 「항우본기」를 앞 순서에 두었다. 그리고 무제를 미신이나 좋아하는 용렬한

황제의 눈치를 보지 않고 소신대로 『사기』를 집필한 사마천.

군주로 그렸다. 무제는 크게 화를 냈으나 이것으로 죄를 주지는 않았다. 역사 기술은 사관의 몫이란 상식은 있었기 때문이다.

실록은 제왕 한 사람의 재위 기간에 발생한 일들을 기록한 역사서를 뜻한다. 그래서 상고 시대의 오제(五帝)부터 한 무제 재위(서기전 141~서기전 87) 후반 때까지의 장구한 시기를 기록한 사마천의 『사기』를 실록이라고 부를 수 있느냐에 대해서는 의견이 엇갈린다. 실록이라는 이름이 붙은 최초의 역사서는 중국 남조 양(梁)나라의 주흥사(?~521)가 편찬한 『황제실록(皇帝實錄)』인데, 이때의 황제란 양나라 황제를 뜻한다. 주흥사는 『황덕기(皇德記)』, 『기거주(起居注)』 등 역사서도 편찬했지만, 그의 저서 중에서 지금까지 널리 알려진 것은 뜻밖에도 '하늘 천(天), 따 지(地)'로 시작하는 『천자문(千字文)』이다.

동양 사회에는 각 왕의 실록과 각 왕조 전체의 역사서를 편찬하는 기준이 있었다. 한 제왕이 세상을 떠나면 그다음 제왕이 전 왕의 사적을 정리하고, 새 왕조가 들어서면 앞 왕조의 역사서를 편찬하는 것이 원칙이었다. 조선에서 『고려사』 및 『고려사절요』를 편찬한 것이 이런 원칙에 따른 것이었다. 후대에 앞 왕조의 역사서를 편찬한 것중에는 『구삼국사(舊三國史)』가 가장 오래된 것이다. 『구삼국사』는 지금은 전하지 않지만 고려 후기 이규보의 『동명왕편(東明王篇)』 서문에 "지난 계축년(1193) 4월에 『구삼국사』를 얻어 「동명왕본기(東明王本紀)」를 보았다."는 기록이 있다. 인종 23년(1145) 김부식이 국왕의 명으로 최산보 등 사관과 함께 『삼국사기』를 편찬한 지 50여 년 후에도 『구삼국사』가 존재했다는 뜻이다. 고려는 『삼국사기』는 물론 각 왕의 실록도 편찬했지만 각 왕의 실록은 현재 아쉽게도 전해지지 않는다.

살아 숨 쉬는 역사서, 『조선왕조실록』

필자는 중국 명나라의 정사인 『명사(明史)』나 청나라의 정사인 『청사고(淸史稿)』를 보고 크게 실망한 적이 있다. 예상과 달리 아주 소략했기 때문이다. 『명사』나 『청사고』 등이 극도로 편집된 역사서라면, 『조선왕조실록』은 당대 사람들의 생생한 목소리가 그대로 전해지는 현장중계 같은 역사서라고 할 수 있을 정도였다.

조선의 실록은 3단계를 거쳐 편찬되었다. 한 임금이 세상을 떠나면 춘추관에 실록청이 만들어진다. 실록청은 영의정을 비롯한 삼정승과 판서 같은 고위직들이 겸임하는 자리와 춘추관 소속의 전임으로 나뉘는데, 서술 권한은 겸임 고위직들이 아니라 전임 하위직, 즉 사관들에게 있었다. 실록청은 갓 세상을 떠난 임금과 관련된 사료를 광범위하게 모으는데, 사관들이 매일 기록한 시정기(時政記)가 가장 주된 기초 사료였다.

『조선왕조실록』은 때로 임금과 신하들이 주고받은 말은 물론, 그

동작까지 묘사해 우리를 놀라게 한다. 말과 동작까지 자세하게 적을 수 있었던 데는 까닭이 있다. 『사기』「오제본기」 주석에는 "예(禮)에 말하기를 '움직임은 좌사(左史)가 기록하고, 말은 우사(右史)가 기록한다.'"는 설명이 있다. 두 사관의 역할 분담은 동양 철학 사상에서 나오는 것이었다. 『사기정의(史記正義)』는 "좌는 양(陽)이기 때문에 움직임을 기록하고, 우는 음(陰)이기 때문에 말을 기록한다."고 했다. 양은 살아 생동하는 것이므로 좌사가 기록하는 반면, 음은 좀 더 정체된 것이므로 우사가 기록한다는 것이다.

뿐만 아니라 임금과 경연(經筵)에서 정사를 토론했던 경연관들도 경연 때 나누었던 내용을 기록으로 제출해야 했다. 사관의 시정일기와 경연관 등의 제출 기록 등이 사초(史草)로서 실록 편찬의 기초 사료가 된다.

이런 사초를 기본 사료로 해 만드는 실록은 모두 세 차례의 편찬 과정을 거친다. 사료들을 모아서 1차로 작성한 원고를 초초(初草)라고 한다. 이 초초를 검토한 후 수정, 보완해 다시 작성한 원고를 중초(中草)라고 한다. 이 중초를 다시 한 번 수정, 보완해 작성한 것이 최종본인 정초(正草)다. 정초는 교서관(校書館)에서 인쇄해 서울의 춘추관과 지방의 외사고에 봉안했다. 그리고 초초, 중초, 정초는 물에 씻어 그 내용을 지우는 세초(洗草)를 했다. 세초 때 종이를 만드는 조지서(造紙署)가 있던 세검정 부근의 차일암(遮日巖)에서 세초연(洗草宴)이라는 잔치를 베풀었는데 실록 편찬의 노고를 위로하는 잔치였다.

춘추관과 사고에 보관된 실록은 국왕도 볼 수 없었다. 정사에 필요한 부분은 승정원의 관리 등을 보내서 해당 부분만을 등서(謄書)해서 볼 수 있었다. 사관(史官)으로 하여금 대신들은 물론 국왕도 두려위하지 않고 직필(直筆)할 수 있도록 보장하기 위한 장치였다.

그런데 실록은 완성된 이후의 보관뿐만 아니라 작성 과정에서도 국왕이나 고위 관료들의 간섭을 배제하는 제도적 장치를 갖추고 있었다. 연산군 4년(1498)에 발생했던 무오사화(戊午士禍)는 '선비 사(士)' 자 대신 '역사 사(史)' 자를 써서 사화(史禍)라고도 한다. 역사를 기록하는 담당자들인 사관들이 집중적인 피해를 입었기 때문이다. 무오사화는 시작 자체가 실록에 무엇을 실을 것인가 하는 문제 때문에 발생했다.

그해 7월 1일, 윤필상, 노사신, 한치형, 유자광 등 훈구 대신들이 국왕이 거처하는 편전의 정문인 차비문으로 와서 '비사(秘事)'를 아뢴다는 명분으로 연산군과의 면담을 요청하면서 시작되었다. 연산군의 처남이자 도승지였던 신수근이 이들을 안내했는데, 예문관의 사초 담당자인 검열(檢閱) 이사공이 참석하려 하자 신수근이 "참여해 들을 필요가 없다."고 막았다. 이 무렵 조정은 수양대군(세조)이 일으킨 계유정난 이후 형성된 훈구 계열과 성종 때부터 관직에 진출한 사림 계열이 대립하고 있었다. 연산군의 부친인 성종은 사림을 대간(臺諫)에 배치시켜 훈구 세력을 공격하게 함으로써 왕권을 강화하는 수단으로 삼았는데 정치력이 부족한 연산군은 이런 역학관계에 대한 이해가 부족했다.

사관 이사공을 배제한 채 훈구 대신들과 밀담을 나눈 연산군은 급히 금부도사를 찾았다. 이날자 『연산군일기』의 사관은 "의금부 경력(經歷) 홍사호와 의금부 도사(都事) 신극성이 명령을 받고 경상도로 달려갔으나 외인(外人)들은 무슨 일인지 알지를 못했다."고 기록하고 있다. 의금부 관료들이 달려간 곳은 사관 김일손이 풍질(風疾)을 치료

『연산군일기』. 연산군이 왕위에서 쫓겨났기 때문에 '실록'이 아닌 '일기'라고 부른다.

하고 있던 경상도 청도군이었다.

의금부 도사에게 체포된 김일손은 "지금 내가 잡혀가는 것이 과연 사초(史草)로 인한 것이라면 반드시 큰 옥(獄)이 일어날 것이오."라고 예견했다. 홍사호가 그 이유를 묻자 김일손은 "나의 사초에, 이극돈이 세조 때 전라도관찰사가 된 것은 불경을 잘 외웠기 때문이라고 쓴 것과 정희왕후의 상을 당했을 때 향(香)을 바치지도 않고 장흥의 관기 등을 가까이한 일을 기록하였는데, 이극돈이 이 조항을 삭제하려다가 실패했소. …… 지금 내가 잡혀가는 것이 과연 사초에서 일어났다면 반드시 큰 옥(獄)이 일어날 것이오."라고 예견했다.

공신이기도 했던 이극돈은 종1품인 좌찬성이자 실록청 당상관으로서 정6품 기사관이었던 김일손의 직속상관이었다. 이극돈이 자신에 관한 사항을 빼줄 것을 요구했으나 김일손이 거부하자 유자광 등과 짜고 김일손 등이 '세조에 대한 불미스러운 내용을 적었다'고 연산군에게 폭로하면서 무오사화가 발생한 것이다. 이 때문에 김일손, 권오복, 권경유 등 세 사관이 능지처사를 당한 것을 비롯해 수

많은 사람이 화를 입었는데, 『연산군일기』는 이 과정을 생중계하듯 낱낱이 적어서 후세에 전했다.

대통령 기록물을 대통령만 보는 아이러니

이명박 전 대통령이 회고록을 발간하면서 대통령 지정 기록물을 보고 그 내용을 공개한 것이 불법이 아니냐는 논란이 있었다. '대통령 기록물 관리에 관한 법률'은 열람 공개 수준에 따라 일반 기록물, 비밀 기록물, 지정 기록물로 구분된다. 일반 기록물은 누구나 열람할 수 있고 비밀 기록물은 차기 대통령, 국무총리, 각 부처 장관 등 비밀 취급 인가권자만 열람할 수 있다. 문제는 지정 기록물인데 해당 기록의 당사자인 대통령만 최대 30년 간 열람이 가능하다는 것이다. 지정 기록물 열람은 국회 재적의원 3분의 2 이상의 찬성이나 고등법원장이 발부한 영장이 있어야 가능하다.

더 큰 문제는 지정 기록물 지정 권한이 해당 대통령에게만 있다는 점이다. 노무현 정부가 지정 기록물 지정 권한을 중립성이 보장되는 객관적인 기구를 설치해 맡기지 않고 대통령 자신에게 준 것은 큰 실책이다. 그나마 노무현 전 대통령은 9,700여 건은 비밀 기록으로 분류해 비밀 취급 인가자들이 볼 수 있게 했지만, 이명박 전 대통령은 1,088만 건 모두를 지정 기록물로 지정해 자신만 볼 수 있게 했다.

조선의 실록은 국왕도 보지 못하게 하는 제도적 장치를 두고 있었는데 대한민국의 지정 기록물 제도에서는 30년 동안 대통령 자신만 볼 수 있다는 이야기다. 이 전 대통령처럼 이를 악용할 경우 아무 대책이 없는 이런 법률은 하루빨리 개정해야 한다. 선조들의 실록 편찬 정신을 오늘에 되살릴 때다.

17 | 목숨 걸고 그릇된 지배구조와 싸우다

조광조의 사약과 몸 사리는 야당

임금을 내 어버이처럼 사랑했고 / 나라를 내 집처럼 근심했네

해가 아래 세상을 굽어보니 / 충정을 밝게 비추리

중종이 내린 사약을 앞에 둔 조광조가 마지막으로 쓴 시다. 시를 쓴 조광조는 심부름을 하던 아이에게 "그동안 수고했다."고 위로하고, 또 집주인에게 "보답하려 했지만 보답을 못하고 오히려 네 집을 더럽히고 죽으니 한이 남는다."라고 위로하고 사약을 받았다. 이로써 조광조는 미완의 개혁 과제만 남긴 채 세상을 떠났다.

김굉필(金宏弼)은 연산군 10년(1504) 10월 갑자사화 와중에 사형당했지만 그리 알려지지 않은 인물이다. 『연산군일기』에는 철물 저자에서 효수한 것으로 되어 있는데, 『해동잡록』에는 유배지에서 사형당한 것으로 되어 있는 사실 자체가 그가 무명으로 생을 마쳤다는 사

실을 말해준다. 그런데 그 13년 후인 중종 12년(1517) 8월, 성균관 유생 권전(權專) 등이 "정몽주와 김굉필을 문묘에 종사(從祀)하여 선비들의 풍습을 개신해야 합니다."라는 상소를 올렸다. 공자를 모시는 문묘(文廟)에 정몽주와 김굉필의 위패를 모셔야 한다는 주장이었는데, 이는 두 사람의 사상을 국가 이념으로 채택해야 한다는 뜻이었다. 중종도 그 상소를 조정에서 논의하겠다며 우호적으로 반응했다.

그러나 김굉필의 문묘 종사는 실패하고 정몽주만 종사되었다. 『중종실록』 사신(史臣)이 "이들이 문묘 종사를 주장한 뜻은 김굉필을 종사하고 그것을 빙자하여 당(黨)을 세우자는 데 있었지 처음부터 정몽주를 위하여 계책을 세운 것은 아니다."라고 평가한 것처럼 김굉필을 종주로 하는 사람이 세력을 확장시키려 시도한 것인데, 훈구 세력들이 정몽주와 김굉필을 분리 대응하면서 김굉필의 문묘 종사는 실패한 것이었다. 김종직(金宗直)의 제자였던 김굉필은 『소학(小學)』에 심취해 스스로를 '소학동자(小學童子)'라고 불렀던 인물이다. 그러나 퇴계 이황이 이자발(李子發. 이문건)에게 보낸 편지에서 "선생(김굉필)의 덕행은 높지만 그 논저(論著)가 이에 미치지 못했다."라고 평가한 것처럼 뚜렷한 학문적 업적이 있는 것은 아니었다.

중종, 미래 인재로 주목받은 조광조 중용

이런 김굉필이 유명해진 것은 제자 조광조 때문이었다. 김굉필은 무오사화 때 김종직의 제자란 이유로 평안도 희천에 유배되었는데, 이때 부근 찰방(察訪)으로 부임한 아버지를 따라왔던 17세 소년 조광조에게 성리학을 가르치면서 역사에 큰 족적을 남기게 된 것이다. 조광조는 김굉필에게서 참유학자의 자세, 즉 현란한 말보다 『소학』의 작은 가르침을 따르는 실천의 자세를 봤다. 조광조는 중종 5년(1510) 사마시(司馬試)에 장원급제하면서 성균관에 들어가 이듬해 학행으로 천거되었지만, 사간원 헌납 이언호(李彦浩)가 "갑자기 서용하지 말고, 평생의 뜻을 펴게 해서 입신성명(立身成名)한 후에 쓰더라도 늦지 않습니다."라고 반대했을 정도로 미래의 인재로 주목받았다.

중종 10년(1515) 2월, 중종의 비인 장경왕후 윤씨가 세자(인종)를 낳다가 세상을 떠나면서 왕비 자리가 비었는데, 그 직후 나라에 재변이 있어서 중종이 내외의 의견을 묻는 구언(求言)을 했다. 그해 8월 담양부사 박상과 순창군수 김정이 "(새로 왕비를 간택할 것 없이) 폐비 신씨를 복위시키면 된다."고 주장하는 밀봉 상소를 올려 조정에 큰 파란이 일어났다. 연산군을 쫓아낸 중종반정 당시 연산군의 처남 신수근은 중종이 된 진성대군 이역(李懌)의 장인이기도 했다. 그래서 중종반정을 주도한 '반정 3대장'인 박원종, 유순정, 성희안은 진성대군을 왕으로 추대하면서 신수근의 딸을 내쫓고 장경왕후 윤씨를 새 왕비로 간택했다. 이에 대해 박상과 김정은 "이는 진실로 까닭도 없고 명분도 없는 것"이라고 비판하면서 원래 부인 신씨의 복위를 주장했던 것이다.

야사에서는 쫓겨난 신씨가 인왕산에 치마를 걸었고, 중종이 이를 보고 그리움을 달랬다는 '치마바위' 전설 등을 만들어냈지만 현실은 정반대였다. 중종은 오히려 신씨 복위 주장에 크게 화를 냈다. 여기에 반정 공신들의 눈치를 보는 대간(臺諫)은 오히려 박상과 김정을 처벌해야 한다고 가세했다. 이때 같은 대간인 정언(正言) 조광조가 "그 말이 지나친 듯하더라도 쓰지 않으면 그만이거니와, 어찌하여 다시 죄를 줍니까."라면서 이런 대간들과는 같이 일을 하지 못하겠다고 대간을 공격했다. 결국 조광조의 주장대로 대간들이 파직되면서 조광조는 단숨에 정국의 핵으로 떠올랐다.

조광조는 중종 12년(1517)에 홍문관 교리(校理)가 되는데, 정5품에 불과했지만 신진 사림의 리더로서 훈구 세력에 맞서는 정국의 한 축을 이끌 수 있었다. 조광조가 정국의 한 축을 형성할 수 있었던 배경에는 중종 시대의 독특한 정치 지형이 있었다. 중종은 반정 당일까지도 자신이 임금으로 추대된다는 사실을 몰랐다. 그래서 '반정 3대장'이 정국을 주도했는데, 중종 5년(1510)에 박원종, 중종 7년에 유순정, 중종 8년에 성희안이 차례로 세상을 뜸으로써 중종 친정 체제가 강화되었지만 정국은 여전히 반정 공신들이 주도했다. 그래서 중종은 왕권을 강화하기 위해 공신 반대 세력인 조광조의 사림에 힘을 실어주었던 것이다.

신진 사림의 리더로 훈구에 맞서다

중종의 목적이 왕권 강화에 있었다면 조광조의 목적은 성리학적 사회의 수립에 있었으므로 동상이몽이었다. 중종 13년(1518) 11월 사헌부 대사헌(오늘날 검찰총장격)이 된 조광조는 개혁에 박차를 가했다. 조광조는 사림 세력이 대거 조정에 진출해야 개혁에 힘이 붙는다는 생각에서 '현량과(賢良科)'를 추진했다. 현량과는 각지에서 천거된 인물만을 대상으로 시험을 치러서 곧바로 등용하는 제도였다. 중종 14년

1750년에 그려진 조광조 영정.

⁽¹⁵¹⁹⁾ 4월 중앙과 지방에서 천거된 120명을 대상으로 현량과를 치러 28명을 급제시켰다. 이렇게 세를 불린 조광조는 시대의 아킬레스건에 손을 댔다. 바로 '위훈삭제' 운동이었다.

중종반정 당시 실제로 공을 세운 인물은 '반정 3대장'인 박원종, 유순정, 성희안과 신윤무, 박영문, 장정, 홍경주 등 소수에 불과했으나 공신 책봉 과정에서 수가 크게 늘어 117명이나 되었다. 이 가운데 아무런 공 없이 공신에 책봉된 가짜 공신들을 삭제하자는 것이었다. 그런데 이는 공신들뿐만 아니라 중종에게도 직접 관련되는 문제였다. 중종을 임금으로 만든 것은 정국 공신들이었지 조광조와 사림은 아니었다. 그러나 조광조는 공신 세력의 약화 없이 개혁은 요원하다는 판단에서 이 아킬레스건을 건드렸고, 중종 14년⁽¹⁵¹⁹⁾ 11월 11일 정국공신 2, 3등 일부와 4등 전원을 포함한 총 76명의 공신을 박탈했다. 전체 정국 공신의 65%에 달하는 숫자였다. 녹훈이 삭제되

었기 때문에 상으로 받은 전답과 노비 등도 모두 국가에 반납해야 했지만 중종은 전답과 노비는 빼앗지 않았다. 이것이 중종의 속마음 이었다.

위훈삭제를 단행한 지 불과 나흘 후인 11월 15일, 중종은 갑자기 조광조와 김정 등 사림들을 잡아 가두었다. 기묘사화의 시작이었다. 조광조는 당일 사형 위기에 몰렸다가 정광필 등의 변호로 전라도 능주로 귀양 갔다. 그러나 불과 한 달 후쯤인 12월 16일 사약이 내려졌다. 조광조는 금부도사에게 잠시 말미를 얻어 마지막 편지를 썼는데 『중종실록』 사신(史臣)은 "(조광조가) 자주 창문 틈으로 밖을 엿보았는데, 아마도 형편을 살폈을 것이다."라고 쓰고 있다. 혹시라도 사약을 거두라는 명이 뒤따르지 않을까 기대한 것이리라. 그러나 이 사약은 간신들이 중종을 속여서 내린 것이 아니라 중종 자신이 주도한 것이었다.

현실의 패배자, 역사의 승리자

당시 조선은 토지 문제를 둘러싼 경제 갈등이 심각했다. 공신들을 비롯한 훈구 세력은 온갖 방법으로 백성들의 토지를 빼앗아 겸병했다. 백성은 하루 종일 들판에 달라붙어 일해도 입에 풀칠하기도 힘들었다. 그래서 사림 세력은 토지제도 개혁을 주창했는데, 모든 토지를 백성에게 고루 나누어 주자는 균전제가 목표였다.

그러나 사림은 균전제를 실시할 정도의 권력이 없어서 1인당 토지 소유를 50결로 제한하는 한전제(限田制)를 실시했다. 하지만 별 효과를 거두지 못했다. 조광조는 훈구 세력의 약화 없이는 개혁이 성과를 거둘 수 없다는 판단에서 공신들에게 직접 칼날을 겨누는 위훈 삭제를 단행했던 것이다. 율곡 이이는 『석담일기』에서 "조광조가 대사헌이 되어 법을 공정하게 다스리니 사람들이 모두 감동하고 복종하여 매양 저자에 나가면 사람들이 모여들어 말 앞에 엎드려 '우리 상전(上典. 주인) 오셨다'고 말했다."고 적고 있다.

훈구 세력의 전횡에 시달리던 백성은 조광조를 주인으로 여겼다. 조광조를 비롯한 사림은 학문으로 쌓은 정당성을 목숨을 걸고 실천했다. 그래서 백성은 조광조의 정치를 자신들의 것으로 여겼다. 이것이 조광조를 중심으로 한 사림이 현실에서는 패배했어도 역사에서는 승리한 근본 원인이었다.

지금 국민은 야당의 존재감을 느끼지 못하고 있다. 여당의 잇단 실정에는 고개를 돌리지만, 그렇다고 야당을 대안으로 보지도 않고 있다. 지금 야당에는 조광조처럼 목숨 걸고 그릇된 지배 구조와 맞서 싸우는 인사를 찾을 수 없기 때문이다. 현실에서는 패배자의 길이었지만 그 길이 정당하면 역사에서는 승자가 된다는 사실을 조광조는 온몸으로 보여주었다. 그러나 지금 야당에는 손톱만큼도 손해를 보지 않으려는 계산법만 난무한다. 그것을 지켜보는 국민은 더더욱 마음 둘 곳이 없다.

18 | "전하, 이순신을 죽이지 마소서!"

명재상 류성룡과 종리 잔혹사

리더의 자질은 위기 때 적나라하게 드러난다. 임진왜란이 없었다면 선조도 그저 중간 정도의 임금으로는 평가받았을 것이다. 선조는 신립의 탄금대 패전 소식을 듣자마자 도망갈 궁리부터 했다. 신립은 임진왜란이 일어난 후 나흘째인 선조 25년(1592) 4월 17일 패전하는데, 그나마 이날 좌의정 류성룡을 도체찰사에 임명한 것이 선조가 한 선택 중 거의 유일하게 탁월한 것이었다고 할 수 있다. 도체찰사란 전시에 정1품 의정(議政)이 맡는 최고 군직을 뜻하는데, 류성룡은 이후 영의정 겸 도체찰사 신분으로 각종 개혁을 주도하며 나라를 망국의 위기에서 건져냈다.

선조는 4월 28일 이조판서 이원익을 징병체찰사(徵兵體察使)로 삼아 평안도로 보내 민심을 수습하라고 말하면서 "(적이) 서울 가까이 온다면 관서(평안도)로 옮겨야 하니 이런 뜻을 경은 잘 알아야 한다."고

143

덧붙였다. 자신이 곧 평안도로 도주할 테니 미리 길을 닦아놓으라는 이야기였다. 『선조실록』 4월 29일자는 "이때 나라를 버리는 논의가 이미 결정되었는데 종실(宗室) 해풍군(海豊君) 이기 등 수십 명이 합문을 두드리며 통곡하자 상이 '가지 않을 것이고 마땅히 경들과 목숨을 바칠 것이다'라고 전교하자 이기 등이 물러갔다."고 전하고 있다.

이는 이기 등을 물러가게 하기 위한 거짓말에 불과했다. 『선조실록』은 "이날 밤 호위하는 군사들은 모두 달아나고 궁문에는 자물쇠가 채워지지 않았으며 금루(禁漏)는 시간을 울리지 않았다."고 망국 직전의 분위기를 전하고 있다. 왜군이 나타나기도 전에 선조는 도망갈 생각부터 한 것이었다.

다음 날인 4월 30일 새벽 선조가 도성을 버리고 북쪽으로 도주할 때 나라가 망한 것을 슬퍼하듯이 비가 쏟아졌다. 궁인(宮人)들이 통곡하면서 뒤를 따랐는데, 보통 임금의 행차는 4,000~5,000명 정도가 호위해야 하지만, 종친과 호종하는 문무관이 채 100명도 되지 않을 정도로 초라한 도주 행렬이었다. 이미 체제는 무너져 내려 벽제관에서 점심을 먹을 때 왕과 왕비의 반찬만 겨우 준비되었을 뿐 광해군은 반찬도 없었다고 한다. 전란을 진두에서 지휘해야 할 임금이 잔뜩 겁을 먹고 도망가기 바쁜 상황에서 대신들은 어떻게 이 난관을 극복해나갔을까. 류성룡과 이원익의 경우로 살펴보자.

『선조수정실록』 25년 5월 1일자는 선조의 만주 피란에 대해 '류성룡이 거듭 안 된다고 하였다'고 전하고 있다. 만약 이때 류성룡이 만류하지 않고 선조가 압록강을 건넜다면 조선은 그대로 망하고 말았을 것이란 점에서 대신들의 원칙 있는 반대가 얼마나 중요한지를 잘 보여준다.

선조가 이원익을 평안도에 먼저 보낸 것은 그가 5년 전(1587) 안주 목사였을 때 선정을 베풀었기 때문이다. 이원익은 극심한 흉년으로 죽을 날만 기다리던 백성들에게 양곡 1만 석을 구해 구호하고, 파종에 쓸 종곡(種穀)도 나누어주었다. 뽕나무를 심고 누에 치는 기술을 가르쳐 백성들은 이원익을 '뽕나무 상(桑)' 자를 써서 이공상(李公桑)이라고 불렀다. 이원익은 군역의 고통도 덜어주었다. 당시 군역은 양반 사대부들은 면제되고 상민들만 지고 있었다. 백성들은 15세부터 60세까지 1년에 3개월씩 번(番)을 서야 했는데, 그 고통이 극심했다. 이원익이 이를 1년에 2개월씩 서는 것으로 완화시키자 평안도 백성들이 이원익을 크게 존경했다는 것이다.

이순신을 죽이려는 왕, 이순신을 지킨 재상

성공한 재상의 중요한 조건 중 하나가 인재를 천거하고 보호하는 것인데, 이 점에서 류성룡과 이원익은 이심전심이었다. 이순신을 천거해서 전라좌도수군절도사로 삼은 당사자도 류성룡이었다. 그런데 이순신이 연전연승하면서 백성들 사이에서 영웅으로 떠오르자 선조는 이순신을 제거하기로 결심했다. 선조가 재위 30년(1597) 우부승지 김홍미에게 내린 '비망기'(備忘記. 임금의 명령이나 의견을 직접 적은 문서)에는 이순신을 반드시 죽이려는 선조의 결기가 느껴진다.

"이순신이 조정을 기망(欺罔. 속임)한 것은 임금을 없는 것[無君]으로 여긴 죄이고, 적을 놓아주고 공격하지 않은 것은 나라를 저버린[負國] 죄이며, 심지어 남의 공을 가로채고 남을 모함한 것은 방자하여 기탄함이 없는 죄이다. 이렇게 허다한 죄상이 있으면 법에 있어서 용서할 수 없고 율(律)에 의거해 죽이는 것이 마땅하다. 인신(人臣)으로서 임금을 속인 자는 반드시 죽여야지 용서할 수 없다."

_『선조실록』 30년 3월 13일

선조는 이 비망기를 가지고 대신들과 논의해 보고하라고 명령했다. 한마디로 이순신을 죽여야 한다고 보고하라는 것이다. 유교정치를 표방한 조선은 신하들이 죽이자고 청해도 임금이 '차마 못 죽이겠다'고 관용을 베푸는 인정(仁政)을 기본으로 삼고 있었다. 임금이 먼저 무군(無君), 부국(負國) 등의 용어를 써가면서 '반드시 죽여야지, 용서할 수 없다'고 말하는 경우는 없었다.

이보다 앞선 2월 6일 선조는 이순신을 몰래 잡아오라는 밀부(密符)를 내렸는데, 2월 25일 동지사 노직이 "이순신이 한산도에서 병선 40여 척을 건조하고 있는데 아직 마치지 못했다고 합니다."라고 보고했다. 이순신에 대한 일종의 간접 응원이었다. 그러자 선조는 "다만 중국이 구원해주기를 믿을 뿐이다."라고 엉뚱한 대답을 했다. 그러나 이는 엉뚱한 대답이 아니라 선조의 본심이었다. 나라를 구한 것은 명나라 구원군이지 이순신이 아니라는 뜻이다.

이순신을 죽이려는 선조에게 강하게 제동을 건 인물이 이원익이었다. 이원익의 문집 『오리집』에 실린 '일사장(逸事狀)'에는 이원익이 이때 "장차 원균으로 이순신의 임무를 대신하려 하자 공(이원익)이 치계를 올려 '원균의 기용과 이순신의 파직은 불가능하니 이를 재고해달라'

고 조정에 상주했고 선조가 다시 묻자 피가 스며들 정도로 극력 변론했다."고 전하고 있다. 이원익은 이순신 같은 공신을 죽이면 나라가 망한다는 생각에 이 문제에서는 시종일관 이순신을 옹호했다. 그전인 선조 29년(1596) 10월에도 선조가 "(이순신이) 그 후 태만한 마음이 없지 않다고 하였다."면서 부정적인 견해를 늘어놓자 이원익은 "소신의 생각으로는 경상도에 있는 많은 장수 가운데 이순신이 제일 훌륭하다고 여겨집니다."라고 반박했다. 그다음 달에도 선조가 "내가 듣기에 군사를 청해서 수전(水戰)을 했는데, 원균은 그 공이 많고 이순신은 따라간 것에 불과하다."면서 이순신을 비난했을 때 이원익은 "원균은 당초에 많이 패했으나 이순신만은 패하지 않고 공이 있었으므로, 다투는 시초가 여기에서 일어났습니다."라고 이순신을 끝까지 옹호했다. 이렇게 류성룡과 이원익은 인재를 천거하고 보호하는 데 앞장섰다.

류성룡은 혁명에 가까운 개혁이 아니면 망한 나라를 살릴 수 없다고 판단했다. 혁명에 가까운 개혁이란 양반 사대부의 기득권을 타파하는 것이었다. 그래서 류성룡은 속오군을 만들어 그간 군역에서 면제되어 있던 양반들에게도 군역을 지웠다. 또한 납세자의 빈부 격차를 고려하지 않고 수백만 평의 농지가 있는 대부호와 송곳 꽂을 땅 한 평 없는 소작인에게 똑같은 세금을 부과하던 공납의 폐단을 개혁했다. 부과 기준을 가호(家戶)에서 농지의 많고 적음으로 바꾸어 쌀로 통일해서 납부받는 작미법을 시행한 것이다. 농지가 많은 양반 사대부들은 이런 개혁 입법에 격렬하게 반발했으나 류성룡이 영의정 겸 도체찰사 자격으로 밀어붙였다.

양반 사대부들은 전시에는 할 수 없이 이런 개혁안을 받아들였다

가 전쟁이 끝날 무렵 류성룡에 대한 공격으로 돌아섰다. 남이공 등
이 "(류성룡이) 국정을 담당한 6~7년 동안에…… 훈련도감과 체찰군
문에서 속오·작미법을 만들고……."라고 공격한 것이다. 속오법을 만
들어 양반들에게도 군역 의무를 부과하고 작미법으로 토지가 많은
양반들에게 더 많은 세금을 거두었다는 비판이었다.

　선조가 여기에 동조하면서 7년 전쟁을 승리로 이끈 류성룡은 결
국 파직당하고 말았다. 공교롭게도 류성룡이 파직된 선조 31년(1598)
11월 19일은 이순신이 마지막 해전인 노량해전에서 전사한 날이기
도 했다. 『서애선생 연보』는 "통제사 이순신은 고금도(古今島)에서 선생
이 논핵되었다는 말을 듣고 실성해서 크게 탄식하며 '시국 일이 한결
같이 이 지경에 이르는가'라고 탄식했다."고 전한다. 류성룡이 실각된
후 그가 전시에 시행했던 작미법을 비롯한 대부분의 개혁 입법들은
폐기되었다.

용기있는 참재상이 그립다

　안동의 하회마을로 낙향한 류성룡은 선조 40년(1607) 사망했지만
그의 개혁 정책은 광해군 즉위년(1608) 영의정에 제수된 이원익에 의
해 계승되었다. 이원익의 '행장'은 '공(이원익)이 선혜청을 설치해 대동법
(작미법)을 실시하기를 청하자 광해군이 경기도에 먼저 시범 실시하게
했는데, 부호들이 그 이익을 잃게 되므로 저지하기 위한 논의를 집
단으로 일으키자 광해군이 그만두려고 했지만 경기 백성들이 그 편
리함을 다투어 말해서 그만두지 못했다'고 전하고 있다. 이렇게 이원

익은 재상이 되면서 류성룡이 실시했던 작미법(대동법)을 되살려냈다. 그리고 이 불씨는 남인이었던 류성룡, 이원익과 달리 오히려 당파를 달리했던 서인의 김육이 살려내 충청도 및 전라도까지 확대 실시했다. 류성룡이 전시에 실시했던 작미법(대동법)은 경기도에 시범 실시된 지 100년 만인 숙종 34년(1708) 전국적으로 확대되었다.

지금 한국 사회는 남북 문제 및 사회 양극화를 비롯해 여러 문제를 안고 있다. 조선의 명재상 류성룡, 이원익, 김육이 말해주는 교훈은 그 시대의 문제를 간파하고 정면에서 해법을 찾는 능력 있는 재상의 필요성이다. 이들처럼 당파를 초월해서 사회 전체의 이익을 위해 자신의 희생을 감수할 수 있는 용기 있는 재상이 절실히 요구된다. 인재를 천거하고 보호하며 핵심 정책을 장기적으로 입안하고 유불리를 따지지 않고 실천할 수 있는 참 재상감은 어디에 있는가.

19 | 양반들, '주자' 신격화로 기득권을 강화하다
노론의 주자 숭배와 우상화

한 사회가 얼마나 건강한지를 살필 수 있는 잣대 중 하나는 사상의 자유다. 사상의 자유란 그리 복잡한 것이 아니다. 다른 사람이 나와 다른 생각을 갖고 있는 것을 허용하고, 또 그렇게 말하는 것을 허용한다는 뜻이다. 사상의 자유를 억압하는 이유는 자신의 기득권을 지키는 중요한 수단이기 때문이다.

조선이 후기 사회로 접어들던 효종 4년(1653) 윤7월, 지금의 충남 논산에 있던 황산서원(현 죽림서원)에서 사상의 자유를 둘러싸고 송시열과 윤선거를 중심으로 중요한 회의가 열렸다. 송시열의 문집인 『송자대전』 '연보'의 숭정(崇禎) 26년(1653) 윤7월 21일조에 이 회합에 대한 자세한 설명이 있다.

숭정이란 중국 명나라 마지막 황제인 의종의 연호인데, 명나라가 멸망한 후에도 명을 숭상했던 사대주의 유학자들은 이 연호를 계속 사용했다. 당시 조선에서 사상의 자유를 억압했던 중심세력은 이미 망한 명나라의 연호를 고집했던 극도의 친명 사대주의자들이었다. '연보'는 황산서원 회합에 대해 "황산서원에서 유시남, 윤선거와 모였다."라고 쓰고 있다. 유시남의 '시남(市南)'은 유계의 호다. 그런데 윤선거 역시 '미촌(美村)' 또는 '노서(蘆絮)'라는 호가 있었다. 그럼에도 유독 유계에게만 호를 쓰고 윤선거는 그냥 이름을 쓴 것은, 윤선거에 대해 송시열이 갖고 있는 비하의 뜻이 담겨 있는 것이었다.

전체주의 vs 다원주의, 황산서원 대격돌

『송자대전』의 '연보'는 "선생(송시열)이 이날 밤에 재실(齋室)에서 자게 되었는데, (윤)선거와 윤휴의 일을 논했다. 대개 선생이 비록 윤휴를 이단이라고 배척했지만, 그래도 (윤휴를) 바로잡으려고 해서 갑자기 끊지는 않았고, 또 선거가 윤휴의 해독에 가장 깊게 빠졌기 때문에 먼저 선거를 바로잡고 나서 윤휴에게 미치려고 하여 항시 엄한 경계와 책망을 가해왔었다."고 설명하고 있다.

이처럼 송시열과 윤선거가 부딪친 이유는 윤휴 문제 때문이었다. 윤휴는 남인 계열이었다. 서인과 동인으로 나뉘어 당파 싸움을 벌이던 당시, 동인들 중 서인에 대해 강경한 입장이었던 부류는 북인, 온건한 입장이었던 부류는 남인으로 다시 나뉘었다. 즉 윤휴는 서인에 대해 비교적 온건한 입장이었던 셈이다. 당시만 해도 서인과 남인은 서로 적대적이지 않았다.

윤휴는 병자호란 이후, 치욕을 씻을 때까지 벼슬길에 나가지 않겠다고 맹세한 후 과거를 포기하고 학문에만 전념했다. 24세 때(1642) 『홍범설(洪範說)』을 짓고, 26세 때 『주례설(周禮說)』을 지었는데, 그때마다 많은 찬탄을 받았다. 윤휴는 27세 때 어머니를 모시고 고향인 여주로 돌아가는데, 윤휴의 '연보'에 따르면, 이때 송시열이 찾아와 "지금 멀리 이별하게 되었기에 섭섭한 심정을 금할 수 없다."고 말했다고 전한다. 이처럼 당초에는 두 사람이 서로 존중하던 사이였다.

그런데 그해 윤휴가 『중용설(中庸說)』을 지으면서 송시열과 사이가 벌어졌다. 『송자대전』 '연보'에 따르면, 송시열이 46세 때인 효종 4년 (1653) 종질(從姪) 송기후의 집에 갔다가 윤휴가 지은 『중용신주(中庸新註)』가 있는 것을 보고 땅에 집어던지면서, "윤휴가 어떤 놈이기에 감히 이런 짓을 했으며, 너는 또 어찌 감히 이런 책을 가지고 있느냐?"고 크게 책망했다고 전한다.

송시열이 윤휴의 『중용신주』(『중용』에 주석을 붙인 책)에 대해 크게 화낸 이유는, 송시열 자신이 그토록 떠받들던 주자[본명은 주희(朱熹)]의 『중용』에 대한 해석과 윤휴의 해석이 서로 달랐기 때문이다.

윤휴의 '행장'에 따르면, 당시 송기후가 송시열에게 윤휴의 학설을 옹호하자 송시열이 "이 책은 주자의 논의에 어긋나는 것으로서 후학을 그르치는 책인데 무엇 때문에 읽는가."라고 비판했다고 전한다. 주자학의 이단(異端)이라는 주장이었다. 황산서원에서 송시열은 윤선거에게 "하늘이 공자에 이어 주자를 낳은 것은 진실로 만세의 도통(道統)을 위한 것이다. 주자 이후에는 드러나지 않은 이치가 하나도 없고 명백해지지 않은 글이 하나도 없는데, 윤휴가 감히 자기 견해를 내세워 방자하게 억설(臆說. 억지로 하는 설)을 하는 것이다."라며 윤휴를 격렬하게 비판했다.

교조적인 주자 숭배자 송시열. 양반들은 자신들의 기득권을 독점적으로 유지하기 위해 주자를 신격화하여 떠받들었으며, 어떤 비판도 용납하지 않음으로써 조선에서 사상의 자유를 봉쇄했다.

주자를 모욕한 죄, 그리 크던가

송시열의 비판에 윤선거는 "의리는 천하의 공물(公物)인데 지금 윤휴에게 감히 말하지 못하게 하려 함은 무슨 일인가."라고 반박하는데, 이는 중요한 사상적 배경을 가진 반박이었다. 의리는 천하사람 모두가 공유할 수 있고, 또 공유해야 하는 천하의 공물이지 어찌 주자 한 사람의 독점물이냐는 반박이었던 것이다.

이는 단순한 항변이 아니라, 오로지 주자만을 '절대 선'으로 격상시켜 나라 전체를 주자의 사상으로 뒤덮으려는 '전체주의 세력'과 주자를 '상대 선'으로 여겨서 그와 달리 해석하는 것을 허용하려는 '다원주의 세력'의 충돌이었다.

윤선거가 "윤휴도 학문이 고명하기 때문에 주자와 다른 해석도 할 수 있는 것 아니냐."고 반박하자, 송시열은 "윤휴 같은 참적(僭賊, 참

람한 역적)을 고명하다고 한다면, 왕망, 동탁, 조조, 유유도 모두 고명하기 때문인가? 윤휴는 진실로 사문난적(斯文亂賊)으로서 무릇 혈기 있는 자라면 누구나 마땅히 그 죄를 성토해야 한다."면서 "춘추의 법이 난신(亂臣)과 적자(賊子)를 다스릴 때는 반드시 먼저 그 당여(黨與, 추종자)를 다스리는 법이니, 왕자(王者)가 나타나면 공(윤선거)이 마땅히 윤휴보다 먼저 법을 받게 될 것이다."라고 비판했다. 단지 주자와 다른 사상을 가졌다는 이유로 '주륙을 당할 것'이라는 지경이니, 이런 상황에서 자신과 다른 사상이 들어설 자리는 없었다.

송시열과 윤휴의 충돌, 곧 송시열로 대표되는 전체주의 사상과 윤휴, 윤선거로 대표되는 다원주의 사상의 충돌은 단순한 학문 논쟁이 아니라 조선 사회를 어디로 이끌고 가야 하는가를 둘러싼 논쟁이었다. 임진왜란(1592)에 이어 서인들이 일으킨 인조반정(1623년에 광해군을 내쫓고 인조를 왕으로 세운 쿠데타), 그리고 사실상 인조반정이 초래했다고 해도 과언이 아닌 정묘호란(1627)과 병자호란(1636)은 당시 조선 지배층이 사회를 이끌 능력이 이미 파탄 났음을 말해주는 일련의 국난들이었다. 임란 때 백성들이 일본군에 대거 가담했다는 사실 자체가 더 이상 신분제 유지가 불가능하다는 사실을 말해주는 극단적인 사례였다. 이는 곧 양반과 상민이란 신분적 구분이 아니라 능력에 따라 사람이 대접받는 사회를 만들어야 한다는 사회적 요구이기도 했다.

류성룡이 임란 때 상민과 천인들도 공을 세우면 양반이 될 수 있게 입법했던 면천법으로 임란을 극복했듯이, 신분제의 해체 내지 완화는 조선 사회가 반드시 걸어야 할 회생의 길이었다. 그러나 이미 망한 명나라의 연호를 고수하던 사대주의 세력은 이런 시대적 요구와는 거꾸로 양반 사대부 중심의 신분 질서를 더욱 공고히 해야 한다고 주장했다. 황산서원 논쟁은 사회 변화의 요구를 수용하려는 세력과 이를 과거로 되돌리려는 세력의 충돌이기도 했다. 황산서원 논쟁은 결론 없이 끝났고, 윤휴는 '제2차 예송논쟁'(효종의 비가 죽자 복상을 몇 년으로 할 것인가를 둘러싸고 남인과 서인이 대립한 사건) 직후인 숙종 1년(1675), 북벌(北伐)을 명분으로 조정에 나왔다.

조정에 나온 윤휴는 남인 가운데서도 개혁 정파인 '청남(淸南)'의 영수로 맹활약했다. 그간 군역에서 면제되었던 양반들에게도 군포를 부과하는 호포제 실시를 주장하고, 일반 백성들에게도 무과 응시 자격을 주는 만인과 등을 실시해 신분제를 완화시키려고 했다. 그러나 이런 개혁을 시도하던 윤휴는 숙종 6년(1680) 서인들이 다시 정권을 잡자 아무 죄도 없이 사형당하고 말았다.

『송자대전』의 '어록(語錄)'에 따르면, 윤휴가 사형당한 후 송시열이 제자 권상하에게 "윤휴의 죄 중에 무엇이 가장 큰가."라고 물었다고 나온다. 권상하가 "모역죄(謀逆罪. 반역을 꾀한 죄)가 가장 큽니다."라고 답하자 "그대의 궁리(窮理. 사물의 이치를 깊이 연구함) 공부가 깊지 못하구나."라고 힐책했다. 권상하가 "그렇다면 주자를 모욕한 것이 가장 큰 죄입니까."라고 수정하자, 송시열이 "그렇다. 사람치고 성현을 모욕한다면 무슨 일인들 하지 못하겠는가."라며, 그때서야 권상하를 칭찬했다고 나온다.

1950년대로 돌아갈 셈인가

윤휴의 사형 이유를 '주자에 대한 모욕'으로 단정 지은 후, 주자는 조선에서 신이 되었다. 주체사상을 유일사상으로 떠받드는 북한에서 '수령님은 영원히 우리와 함께 계시다'면서 김일성을 신으로 격상시킨 것과 마찬가지로 주자가 조선에서 신격화된 것이다. 모든 사상은 시대의 반영인데, 1200년에 사망한 주자의 주자학이 17세기 조선 사회에 맞을 리 없었다. 명나라에서 왕수인(1472~1529)이 주자학을 대체시키는 양명학(陽明學)을 주창했던 사정이 이를 말해준다.

주자학자들은 양반들의 기득권을 독점적으로 유지하기 위해 주자를 신으로 떠받들었다. 지금 우리 사회도 사상과 언론의 자유가 크게 위축되었던 과거 1970년대, 1980년대, 심지어 이념 논쟁이 극심했던 1950년대로 되돌리려는 세력들이 다시 고개를 들고 있는 우려스러운 상황이다. 과거, 그것도 닫힌 과거를 지향했던 정권이나 사회치고 성공한 사회가 없다. 현재 한국 사회 일각에서 우리 사회를 과거로 되돌리려고 하는 것은 지난했던 현대사의 교훈을 망각하는 처사이다.

20 | 주자의 이름으로 피의 숙청을 벌이다
윤휴의 죽음과 사상의 자유

조선 후기 유학자들의 글을 읽다 보면 '도통(道統)'이란 말이 나온다. 도통이란 유학의 정통을 계승한 인물에게 붙이는 칭호다. 조선 후기에는 주자학을 완성한 주자에 대한 헌사로 사용되었다. 송시열이 "하늘이 공자를 이어서 주자를 낸 것은 사실 만세(萬世)의 도통을 위해서였다."라고 말한 것이 이를 말해준다.

주자학이란 주자가 공자나 맹자의 말을 해석한 것을 뜻하는데, 송시열 등에 의해 유일사상으로 떠받들어졌다. 윤휴가 사형당한 이유 중 하나도 주자학에 반기를 들었다는 것이었다. 북벌론과 신분제 완화를 주장하던 윤휴는 『중용』을 주자와 다르게 해석했다는 이유로 격렬한 비난을 받았다. 윤휴가 사형당한 후 송시열이 제자 권상하에게 윤휴의 죄 중에 주자를 모욕한 죄가 가장 크다고 비판한 것이 윤휴의 사상에 대한 비판의 강도를 말해준다.

집권당인 노론은 주자학을 당론으로 삼았고, 이렇게 주자학은 조선에서 유일사상으로 격상되었다. 소론 계열의 박세당(朴世堂, 1629~1703)이 『사변록(思辨錄)』에서 『논어』, 『맹자』, 『중용』, 『대학』, 『상서』 등의 경전을 주자와 달리 해석했다는 이유로 사문난적(斯文亂賊)으로 몰린 것도 이런 시대상을 반영하는 것이다. 임금도 주자학의 틀에서 벗어나지 못하던 시대였으니 신하들은 말할 것도 없었다.

이익, 주자를 넘어 새로운 세계를 보다

노론이 득세하던 조선 후기에는 주자의 눈으로 사물을 바라보는 사람만이 출세할 수 있었다. 그런 시대에 주자의 시각만이 아니라 공자와 맹자의 시각으로 사물을 바라보고자 했던 인물이 성호 이익이다. 이익은 평생 벼슬길에 나서지 못했지만 남인 계열 학자들 사이에서는 스승으로 받들어졌다. 정약용이 '박학(博學)'이란 시에서 '학문 넓으신 성호 선생님 / 나는 백세의 스승으로 따르려네[博學星湖老/吾從百世師]'라고 읊고, 둘째 형인 정약전에게 보낸 편지에서 "우리들이 능히 천지가 크고 일월이 밝은 것을 알게 된 것은 모두 이 선생(이익)의 힘입니다[둘째 형님께 답합니다(答仲氏)]."라고 말한 것이 이를 말해준다.

정약용은 살아생전 이익을 직접 만나지는 못했지만 자신의 묘지명인 '자찬묘지명(自撰墓誌銘)'에서 이익을 사숙(私淑)했다고 말했다.

"이때 서울에는 이가환(李家煥, 이익의 종손) 공이 문학으로써 일세에 이름을 떨치고 있었고 자형인 이승훈(李承薰) 또한 몸을 가

다듬고 학문에 힘쓰고 있었는데, 모두가 성호 이익 선생의 학
문을 이어받아 펼쳐나가고 있었다. 그래서 나도 성호 선생이
남기신 글들을 얻어 보게 되었는데, 그를 보자 흔연히 학문을
해야 되겠다고 마음을 먹었다."

_ 정약용, '자찬묘지명'

　정약용이 이익을 이렇게 높게 평가한 이유가 있었다. 정약용은 '섬
촌의 이 선생 옛집을 지나며[過剡村李先生舊宅]'라는 시에서 "(이익이) 추
구하는 바가 공자, 맹자에 접근했으며, 주석은 마융, 정현을 헤아렸
다."고 읊었다. 이익이 주자의 시각을 뛰어넘어 공자, 맹자의 시각으
로 직접 세계를 보았다는 평가였다. 물론 정약용도 이인섭(李寅燮)이
편지에서 "새롭고 신기한 것을 좋아하는 병통은 정주(程朱. 정자와 주자)
를 독실하게 믿지 않기 때문"이라고 비판하자 자신도 주자를 천지사
시(天地四時)처럼 높인다고 변명한 적이 있는 것처럼 주자 자체를 부인
할 수는 없었다. 그러나 정약용은 『논어고금주(論語古今註)』에서 주자의
이론을 여러 번 반박했던 것처럼 주자의 사상을 금과옥조로 떠받들
지는 않았다. 정약용이 주자를 상대적인 인물로 볼 수 있었던 데는
성호 이익의 영향력이 작용했던 것이다.

　그러나 이익은 개인적으로 불행한 삶을 살았다. 이익이 태어난 곳
이 부친 이하진(李夏鎭)의 유배지였던 평안도 벽동군이라는 점부터 이
를 말해준다. 윤휴와 같은 당파였던 이하진은 숙종 6년(1680) 정권이
서인으로 넘어가면서 벽동군으로 유배를 가서 이듬해 이익을 낳았
다. 이하진은 이익을 낳은 이듬해인 숙종 8년(1682) 유배지에서 55세
를 일기로 사망했는데, 『숙종실록』이 "분한 마음에 가슴 답답해하다

가 죽었다."고 기록할 정도로 억울한 죽음이었다.

이익이 부친은 물론 윤휴도 억울하게 사형당했다는 역사 인식을 갖고 있었을 것임은 물론이다. 이익은 자형인 조하주(曺夏疇)에 대한 제문(祭文)에서 "세상의 영화를 구하는 데는 관심이 없어서 마치 더러운 물건을 보는 듯 배척했으며, 두텁고도 굳은 심성을 굳게 지켜서 다른 사람을 의식하지 않으셨다."고 칭찬했다.

조하주는 숙종 2년(1676) 윤휴가 사회 개혁과 북벌에 소극적이던 허적(許積)과 권대운(權大運)을 비판하면서 벼슬에서 물러나자 사학(四學) 유생을 대표해서 윤휴를 다시 부르라는 상소를 올려 논쟁을 불러일으켰던 인물이다. 따라서 이익이 조하주에 대해 "다른 사람을 의식하지 않으셨다."고 칭찬했다는 것은 윤휴를 다시 부른 행위를 옹호한 것이었다. 이익도 그 시대의 다른 학자들과는 다른 학문 세계를 구축했고 그의 이런 사상은 정약용을 비롯한 남인 학자들에게 큰 영향을 미쳤던 것이다.

주자학을 직접 비판한 학문은 양명학이었다. 명나라의 왕수인(王守仁, 1472~1528?)이 제창한 양명학은 조선 중기에 조선에 들어왔지만 퇴계 이황에 의해 이단으로 몰렸다. 남인들의 정신적 지주였던 이황이 양명학을 이단으로 몬 데다 노론이 주자학을 유일사상으로 떠받든 상황과 맞물리면서 양명학은 조선의 금기가 되었다.

정제두, "나는 양명학자요"

그래서 조선 후기에는 외주내양(外朱內陽)이란 단어까지 생겨났다.

겉은 주자학자를 자처하지만 속은 양명학자라는 뜻이다. 정제두(鄭
齊斗, 1649~1736)도 당초에는 그런 인물이었다. 정제두는 24세 때 대과
(大科)에 떨어지자 과거 응시를 포기했다. 그는 진정한 학문에 매진하
면서 양명학이 옳다고 생각했지만, 양명학자라고 시인하지는 못하고
외주내양의 자세를 취했다. 그 사이 문명이 높아지자, 32세 때인 숙
종 6년(1680) 영의정 김수항의 천거로 사포서(司圃署) 별제(別提)에 임명되
지만 나아가지 않았다.

정제두가 주자학을 버리고 양명학으로 나가게 된 계기는 지난했
던 가족사와 자신의 잦은 병치레와 관계가 있다. 정제두는 5세 때
아버지를 여의고 16세 때에는 아버지 역할을 대신해주던 할아버지까
지 세상을 떠났다. 백부는 이미 세상을 떠난 데다 종손마저 어려서
정제두가 초상과 장례를 주관해야 했다. 설상가상으로 17세에 맞이
한 부인 윤씨를 23세 때 잃고 어린 아들도 잃었다. 그 자신도 자주
병석에 누웠다.

이런 상황에서 인생과 세상의 본질을 고민하다 보니 주자의 시각
에서 벗어나 양명학을 받아들일 수 있었던 것이다. 정제두는 34세
때 병이 깊어지면서 뒷일을 아우에게 맡기는 글을 쓰고 박세채(朴世采)
에게 유언 비슷한 편지를 남기는데 이 편지에서 비로소 양명학자임
을 밝힌다.

"제가 여러 해 동안 분발하면서 생각해두었던 것들을 선생님
께 모두 보여드리고 바른 길을 구하려 했는데 그러지 못한 것
이 한입니다. 생각해보건대 천리(天理)가 곧 성(性)이라고 하지만
심성(心性)의 뜻에 대해서는 아마도 왕문성(王文成, 왕양명)의 학설

을 바꿀 수 없는 것이 아닌가 생각됩니다."

_ 정제두, '박세채에게 올리려던 글'

이 이야기는 주자학에서 '성즉리(性卽理)', 곧 성(性)이 이(理)라고 주장하는 것을 반박하고 '심즉리(心卽理)', 곧 심(心)이 이(理)라는 양명학의 핵심 이론을 받아들였다는 뜻이다. 정제두는 죽음을 각오하고 이 편지를 쓴 것인데, 자신의 예상과 달리 병석에서 일어나면서 파란이 일어났다. 양명학자라고 고백한 그에게 수많은 시비가 일었던 것이다. 그런데 대부분의 비난은 양명학에 대한 연구에서 나온 것이 아니라 양명학은 이단이라는 주자학의 결론만을 가지고 무조건 비난하는 것이었다.

정제두는 숙종 13년(1687) 박세채에게 보낸 편지에서 "저는 지난달 민언휘(閔彦暉, 민이승)와 더불어 수일 동안 고양(高陽)에서 만나 서로 토론한 일이 있습니다. …… 아마도 언휘는 양지(良知)의 설을 본 적이 없기 때문에 그런 것이 아닌가 생각합니다."라고 말한 것처럼 양명학에 대해서 알지도 못하면서 무조건 이단으로 몰았다.

정제두는 '민성제에게 답하는 글'에서 "책 끝에 주륙을 당하게 될 것이라는 말까지 덧붙여놓았는데…… 죽이고 욕보이는 것은 학문을 권장하는 길이 아닙니다."라고 항변했다. 정제두는 민언휘에게 보낸 편지에서 "이 세상에서 학문을 하는 사람으로서 너와 나의 구별을 될수록 두지 않는 것이 좋다고 여깁니다."라고도 말했다. 숨막히는 시대를 살아간 그의 답답함이 느껴진다.

케케묵은 유일사상, 버려야 산다

당시는 주자학 이외의 모든 사상을 이단으로 몰아가던 유일사상의 시대였다. 정제두는 박세채에게 보낸 편지에서 "군자의 싸움은 오직 그 의리를 위한 것이지 자기의 사욕 때문은 아닙니다. 공론(公論)의 결정은 옳고 그름에 달린 것이지 세력의 강하고 약한 것으로 정할 것이 아닙니다."라고도 말했다. 그는 결국 61세 때인 숙종 35년(1709) 강화도 하곡(霞谷)으로 이주했는데, 그의 『연보(年譜)』는 이해 장손이 요사(夭死)하자 몹시 슬퍼해서 선조들의 묘가 있는 이곳으로 이주했다고 적고 있으나, 이때는 노론 일당 독재와 주자학 유일사상 체제가 확고하게 자리를 잡아가던 때였다. 그는 학문과 사상의 자유를 위해 강화로 이주한 것이었다.

그 후 이광명(李匡明), 신대우(申大羽) 등 소론계 일부 인사들이 그를 따라 이주하면서 강화도는 주자학 유일사상 체제의 조선에서 학문과 사상의 자유가 살아 숨 쉬는 작은 공간이 되었다. 1910년 조선이 망하자 조선 후기 내내 이단으로 몰렸던 정원하, 홍승헌, 이건승 같은 양명학자들이 만주로 망명해 독립운동에 나선 반면, 주자학이 당론이던 노론에서는 당수 이완용을 중심으로 나라를 팔아먹는 대열에 집단으로 나섰다.

21세기 대한민국도 조선 후기와 크게 다를 바가 없다. 아직도 조선총독부 학무국에서 만든 학제(學制)가 교육계를 지배하고 있고, 조선총독부에서 만든 식민사관, 즉 총독부사관이 주류 학문으로 행세하는 상황이다. 조선총독부에서 만든 정치이론이 학문의 외피를 입고 하나뿐인 정설로서 인문학의 정점에 서 있는 사회에서 기존 사고의 틀을 깨는 어젠다가 나오기는 쉽지 않다.

대한민국이 좀 더 나은 미래로 나아가고자 한다면 조선총독부 학무국에서 만든 학제와 학문의 틀을 타파해야 할 것이다. 그래야 현 사회에 대한 깊은 성찰 속에서 한국 사회의 나아갈 길을 제시하는 새로운 사상이 등장할 수 있을 것이다. 물론 그런 사상이 용인되는지는 한국 사회의 성숙도와 수준에 달려 있겠지만 말이다.

21 | 『장리안』에 이름 오르면 삼대가 망했다
부패 벼슬아치 명단과 김영란법

조선은 벼슬아치들의 부정부패를 강력하게 처벌한 국가였다. 공직자의 부정부패 처벌은 당대에 끝나지 않고, 그 후손들의 벼슬길까지 막았다. 벼슬아치가 직위를 이용해 재물을 긁어모은 것을 장죄(贓罪)라고 하고, 그런 벼슬아치를 장리(贓吏)라고 했다. 조선은 장리의 명단인 『장리안(贓吏案)』을 따로 작성해 관리했다. 이를 『장안(贓案)』, 또는 '뇌물을 받은 더러운 인간들의 장부'라는 뜻에서 『장오인녹안(贓汚人錄案)』이라고도 했는데, 여기에 한번 이름이 오르면 그 자신은 물론 자자손손 벼슬길이 막혔다.

조선은 과거를 볼 때 아버지, 할아버지, 증조할아버지, 외할아버지에 대한 사항을 기록한 '사조단자(四祖單子)'를 제출했는데, 『장리안』에 이름이 올랐을 경우 이를 그대로 기록해서 제출해야 했다. 과거에 급제하더라도 청현(淸顯)한 자리에는 나가지 못했다. 청현한 자리란 맑고도 권력 있는 자리를 뜻하는데, 대간(사헌부. 사간원)이나 승지, 문·무관의 인사권이 있는 이조나 병조의 벼슬을 뜻한다. 다른 죄는 국왕이 즉위하거나 대비 등이 병에 걸렸거나 자연재해가 있을 때 시행하는 대사면 때 사면받을 수 있지만, 장죄는 이때도 사면 대상에서 제외되었다. 부정부패 사범으로 걸리면 글자 그대로 패가망신하는 것이다.

"탐오한 사람의 딸 궁중에 둘 수 없다"

그런데 예나 지금이나 국왕이나 대통령의 측근이 부정부패를 저질렀을 경우 처벌이 쉽지 않았다. 이런 점에서 태종이 상왕(上王)으로 있던 세종 3년(1421) 발생한 전 평안도관찰사 김점의 부정부패 사건은 조선이 그 이후 지위고하를 막론하고 부패 사건을 어떻게 처리할 것인지를 말해주는 사건이었다. 김점의 부정부패 혐의가 불거졌지만, 대신들은 이를 감히 세종에게 아뢰지 못했다. 김점은 태종이 총애하던 후궁인 숙공궁주 김씨의 부친이었기 때문이다. 국왕이 총애하던 여인과 관련된 사건의 경우 언론을 책임진 대간에서 말할 수 있지만, 상왕이 총애하는 여인의 경우는 달랐다. 세종은 즉위년(1418) 8월 태종에게 헌수(獻壽. 장수를 비는 술잔)를 올릴 때 무릎걸음으로 상왕 태종 앞까지 나가서 잔을 올릴 정도였다.

세종 초기 상왕 태종과 관련한 일을 거론하는 것은 금기에 속했다. 그런데 김점의 혐의는 사대부의 염치를 저버린 비루한 사건이었다. 김점은 평안도관찰사로 가면서 가인(賈人. 장사꾼) 최오을마대를 반인(伴人)으로 삼아 재물을 긁어모았다. 최오을마대는 주(州)와 군(郡)을 돌아다니며 관찰사를 팔아서 뇌물도 받고 벼슬도 팔고 죄수들을 상대로 옥사(獄事)도 팔았다. 평안도에는 현지인들에게 정5품 이하의 벼슬을 하사하는 특별한 관직인 토관(土官)이 있었다. 여진인들과 분쟁이 생길 경우에 대비한 자리였는데 이 자리도 재물을 받고 팔았다. 또한 북경에 사신으로 다녀오는 사람들의 짐바리까지 손댔다. 사신 일행을 수행하는 사람들 중에 상인이 있으면 이들의 짐을 조사한다는 명목으로 압수해놓고 뇌물을 바치면 보내주는 식이었다.

그래서 『세종실록』 3년(1421) 10월조에는 "(김점이) 갈려서 돌아올 때는 짐이 150여 바리나 되어 세 차례로 나누어 운반했는데, 수레의 왕래가 끊이지 않아서 보는 사람들이 놀랄 정도였다."고 말하고 있다. 때마침 사직(司直) 김유간이 부모를 뵈러 평양에 갔다가 이웃 사람들로부터 이 이야기를 들었다. 김유간은 태종과 관련된 사건임을 알고는 직접 상소를 올리는 대신 정승 이원에게 말했다. 이원도 공개적으로 문제 삼지 않고 태종에게 조용히 알렸다. 태종은 승지와 병조를 시켜서 김유간에게 묻게 했다. 김유간이 사실대로 말하지 않자 의금부에 하옥시켰는데, 『세종실록』은 "태상왕(태종)은 김점이 그렇게까지 하지는 않았을 것으로 여겼기 때문이다."라고 말하고 있다.

김점은 평소 타인의 허물이 있으면 친소(親疎)를 가리지 않고 직언해 강직하다는 평을 받았기 때문에, 그가 이런 비루한 일을 했으리라고는 생각하기 힘들었다. 태종은 대간과 형조와 의금부에 이 사건을 조사하도록 시켰는데, 드디어 김점의 부패상이 드러나기 시작했다. 그러자 태종은 김유간을 즉각 석방하고 한 발짝 더 나가서 김점의 딸인 숙공궁주 김씨를 출궁시켰다.

"김점이 범한 죄를 지금 유사(有司. 관련 기관)가 국문하고 있는데,
만약 그 딸이 그대로 궁중에 있으면 공의(公義)와 사은(私恩)의
두 가지가 혐의될 것이다. 내가 지금 출궁시켜서 다른 사람을
대하는 것처럼 김점을 대할 것이니 유사도 다른 사람을 다스
리는 예로 다스리라."

_『세종실록』 3년 10월 19일

정승 이원이 만류했지만 태종은 "탐오한 사람의 딸을 궁중에 둘
수 없다."며 윤허하지 않았다. 의금부에서 조사하니 장물이 1,000관
이나 나왔는데 태종은 이를 빼앗긴 사람들에게 돌려주게 했다. 『세
종실록』에는 김점이 옥에서 눈물을 흘리며 "나의 악명(惡名)은 반드시
사책(史冊)에 씌어져 훗날까지 전해질 것이다."라고 슬퍼했다고 전한다.
김점은 사형 위기에 몰렸다가 목숨만은 겨우 건졌지만 집안은 이미
결딴이 난 상황이었다. 태종이 이처럼 후궁의 부친까지 엄하게 다스
리자 다른 벼슬아치들은 더욱 목을 움츠릴 수밖에 없었다.

오늘날 우리 사회에서 가장 큰 문제로 대두되는 것은 감독자가
감독 대상과 함께 부패하는 공동 부패 현상이다. 각종 '○피아'가 다
그런 종류인데, 이는 우리 사회의 제도적 자정 기능이 갈 데까지 갔
다는 뜻이다. 이럴 경우 조선에서는 어떻게 처리했을까. 이를 '지키
는 자가 도둑질했다'는 뜻에서 '감수자도(監守自盜)'라고 불렀다. '감독에
임해야 할 자가 도둑질을 했다'는 뜻으로 '감림자도(監臨自盜)'라고도 불
렀다. 조선의 형법 역할을 했던 『대명률(大明律)』 '형률(刑律)'에는 '감수자
도' 조항이 있다. '무릇 감독으로 나가 지켜야 할 자 자신이 창고의
돈이나 곡식을 도둑질하면 수범(首犯)과 종범(從犯)을 가리지 않고 장죄

로 논죄한다'는 규정이다.

벼슬아치들이 가장 두려워하는 장죄로 논의되면 자자손손 벼슬 길이 막혔다. 세종 29년(1447) 7월 사헌부는 '경상도 의령 현감 허계가 기생 초계에게 관청 쌀 20말을 준 것'이 감수자도에 해당한다면서 곤장 80대를 치고 자자(刺字)해야 한다고 주청했다. 세종은 곤장만 치고 자자는 하지 말라고 감해주었다. 이마나 팔뚝에 검은 먹으로 죄명을 찍어 넣는 것이 자자다. 쌀 20말 정도의 혐의로 곤장을 맞고 자자손손 서용에서 제외되는 것이니 벼슬아치들이 두려워하지 않을 수 없었다.

감수자도 자체에 대한 처벌도 엄격했다. 『성종실록』은 "(수뢰한 금액이) 1관(貫) 이하면 장(杖) 80대, 1관 이상 5관에 이르면 장 100대, 17관 500문(文)이면 장 100대에 도(徒) 3년, 25관이면 장 100대에 유(流) 3,000리, 40관이면 참형(斬刑. 목을 벰)에 처한다."고 기록하고 있다.

처벌이 너무 엄격하다 보니 부작용도 있었다. 조선 인조 때 문신 이덕형의 수필집인 『죽창한화(竹窓閑話)』에 실린 이야기다. 이덕형의 고향 사람인 송평이 종이를 만드는 조지서(造紙署)의 별제(別提)로 있을 때 의녀(醫女) 하나를 첩으로 두었다. 그는 중국에 국서를 보낼 때 쓰는 두꺼운 자문지(咨文紙) 한 장으로 전모(氈帽)를 만들어서 첩에게 주었다. 그런데 대관(臺官) 중에 이 여인을 독점하려던 자가 송평을 탄핵해서 장죄로 하옥시켰다. 혐의를 부인하자 대관이 형장을 치려고 했는데, 본래 성질이 군센 송평은 화를 내면서, "내 비록 죽을지언정 어찌 이 형장을 받는단 말이냐."라고 혐의를 승복했다. 그래서 장안에 기록되어 그 자손까지 금고(禁錮)되고 말았다. 그의 증손 송복견이 문과에 올랐으나 청현한 벼슬자리에 나가지 못하고 시원치 않은 반

열로만 돌다가 국가의 의례를 관장하던 통례원(通禮院)에서 겨우 당상
관에 올랐다. 다른 후손들도 미관말직을 전전해야 했다.

『장리안』 '채찍'과 더불어 청백리 선발 '당근'도

그렇다고 조선이 벼슬아치들에게 채찍만 휘둘렀던 것은 아니다.
『장리안』에 이름을 적어 자자손손 벼슬길을 막는 것이 '채찍'이라면
청백리(淸白吏)에 녹선하는 것이 '당근'이었다. 청백리의 자손들은 『장리
안』에 기록된 자식들과는 정반대로 2품 이상 대신이 천거할 경우 특
채되거나 관직에 의망(擬望, 후보에 오름)되었다. 부정부패 사범의 자손은
오욕을 안고 살아가야 했지만 청백리의 자손은 영예를 안고 살아갈
수 있었다.
성호 이익은 '청렴과 탐오(貪汚)'라는 글에서 자신이 사는 마을에 청
백리였던 고관이 있었으나 청렴하기 때문에 가난하고, 가난하기 때
문에 자손이 사방으로 흩어져 100여 년 간 미관말직도 하지 못했다
고 한탄하고 있다. 이익은 "국조(國朝) 이래 청백리에 선발된 자가 약
간 명에 지나지 않는데, 조정에서 매번 그 자손을 등용하라는 명령
은 있으나, 오직 뇌물을 쓰며 간구(干求)하는 자가 간혹 벼슬에 참여
되고 나머지는 모두 초야(草野)에서 굶주려 죽고 만다."라고 덧붙였다.
이익은 또한 "세상에 장리(贓吏)의 법이 엄중하지만 대소 관원들의 집
이 다 화려하고 노비마저 다 살쪘음에도 한 명도 법에 걸려 죽은 자
가 없다."면서 "법망(法網)에서 벗어난 자가 너무 많다."고 한탄한다.
현재 공직 사회에 대한 한국 사회의 부정적 인식을 청산하려면

『장리안』과 청백리 포상 같은 양방향의 대책이 필요하다. 이익은 "탐오를 금지하는 방도는 단순히 이마에 자자(刺字)해서 형벌로 징계하는 것만이 아니라 염치와 의리를 고무해서 권장해 본받게 하는 데 있다."고 말했다. 형벌보다도 청렴한 사람을 들여 쓰는 것이 더 근본적인 대책이란 뜻이다. 오늘날 우리 사회는 청백리 성향의 전문가보다는 『장리안』에 기록되면 딱 알맞을 비전문가들을 주로 들여 쓰는 게 현실이다. 숱한 비난 여론에도 불구하고 잇단 '낙하산'에 각종 'ㅇ피아'로 얼룩진 현재의 우리 사회 상황을 조선 시대의 판서 이익이 본다면 무어라 한탄할지 궁금하다.

『당의통략』은 조선 후기의 문신 이건창이 쓴 조선 당쟁사에 관한 책인데, 이준경(李浚慶, 1499~1572)의 경고로 글을 시작한다. 조선에서는 대신이 죽음에 임하면 임금에게 유서 형식의 차자(箚子. 일정한 격식을 갖추지 않고 사실만을 간략히 적어 올린 상소문)를 올리는 전통이 있었는데, 선조 5년 (1572) 이준경은 죽음을 앞두고 "지금 사람들이 고상한 이야기, 훌륭한 말들로 붕당(朋黨)을 결성하는데 이것이 결국에는 이 나라에서 뿌리 뽑기 어려운 커다란 화근이 될 것입니다."라는 유차(遺箚. 유서 형식의 차자) 글을 올렸다는 것이다.

『당의통략』에 따르면, 율곡 이이는 자신이 이준경에 의해 붕당을 만들 인물로 지목된 것으로 알려지자 이에 반발하는 상소를 올렸다고 설명하고 있다. 이이는 "조정이 맑고 밝은데 어찌 붕당이 있겠습니까? 사람이 장차 죽을 때는 그 말이 착하다고 했는데 이준경은 그 말이 사납습니다."라고 반박하는 상소를 올렸다. 그러자 이이를 지지하는 삼사(三司. 사헌부·사간원·홍문관)에서 일제히 상소를 올려 이준경의 삭탈관작을 요구하고 나섰다. 이때 류성룡이 "대신이 죽음에 임해서 임금에게 올린 말이 부당한 것이 있으면 물리치는 것은 옳지만, 죄를 주기까지 한다면 너무 심한 것 아닌가."라고 반대해 삭탈관작까지 이르지는 않았다고 『당의통략』은 전한다.

인사 갈등이 부른 비극, 분당

당시 이이가 반박 상소를 올린 것은 자신은 붕당을 결성할 생각이 없다고 믿었기 때문이었다. 그러나 이후 실제로 붕당이 생기자 이이는 이준경의 예언이 맞았음을 인정하고 당론 조제(調劑. 조정)를 자신의 임무로 여겼다.

당시 이준경을 공격한 세력이 사림인데, 사림 세력에서 이준경을 공격했다는 자체가 이미 사림이 정상 궤도에서 이탈하고 있다는 증거였다. 이준경은 중종 때 관직에 진출해 각종 요직을 역임하고 명종 13년(1558) 우의정에 올랐다가 좌의정과 영의정까지 거친 원로였다. 선조 1년(1568)에는 사림의 정신적 지주였던 조광조를 영의정으로 추중하는 데도 앞장섰던 인물이다. 그럼에도 죽음을 앞두고 붕당의 화를 우려하는 유차 한 장을 올렸다가 사림이 포진한 삼사에 의해 삭탈관작의 위기까지 몰렸던 것이다.

성종 무렵부터 조정에 포진한 사림은 기존 집권 세력인 훈구들의 전횡을 공격하다가 4대 사화(四大士禍)로 불리는 정치 보복을 당했다. 그중 마지막 정치 보복은 명종 즉위년(1545)의 을사사화와 명종 2년(1547) 양재역 벽서 사건이었는데, 명종의 모후이자 중종의 계비였던 문정왕후의 동생 윤원형(尹元衡)이 주도한 것이었다. 윤원형은 명종 18년(1563) 영의정에 올랐다가 명종 20년(1565) 문정왕후가 죽은 후 실각했다. 이때 훈구의 공세로부터 사림을 보호하고 등용하는 데 큰 공을 세운 인물이 명종비 인순왕후의 동생이었던 심의겸이었다. 심의겸은 인순왕후의 부친이자 자신의 외삼촌인 이량(李樑)이 사림을 제거하려 하자 그를 탄핵해 평안북도 강계로 유배 보냈다. 이로써 심의겸은 사림의 보호자라는 명성을 얻었다.

이런 과정을 거쳐 사림은 선조 집권 전반기 실권을 장악했다. 선조 1년(1568) 사림의 영수였던 퇴계 이황은 송나라 정이(程顥. 정자)의 '사물잠(四勿箴)'과 주자의 글, 그림 등에 자신의 글과 그림을 덧붙여 설명한 『성학십도(聖學十圖)』를 선조에게 올렸다. 선조는 이를 병풍으로 만들면서 "좌우에 두고 아침저녁으로 바라보며 성찰하겠다."고 말했다. 여기에서 말하는 성학(聖學)은 사림의 이념인 성리학을 뜻하는 것이었다. 조광조 때까지만 해도 재앙의 근원으로 여겨졌던 성리학은 이제 임금이 병풍으로 만들어 아침저녁으로 외울 정도로 조선의 이념이 되었다. 4대 사화를 겪었음에도 사림은 오늘날로 말하면 오랜 야당 생활에서 벗어나 '여당'이 되었던 것이다.

"이조가 외척집 물건이냐"

그러나 사림의 집권은 곧 분당으로 이어졌다. 그 계기가 심의겸과 김효원의 갈등이었다. 조선은 대신들의 전횡을 방지하기 위해서 이조전랑 자천제라는 독특한 제도를 두었다. 조선의 대간(臺諫), 즉 삼사(三司) 관원들은 백관에 대한 탄핵권이 있었다. 대간의 탄핵을 받으면 탄핵 내용이 사실이든 아니든 무조건 사임하는 것이 관례였다. 그만큼 대신은 어떤 시비에도 걸리지 않도록 처신을 조심해야 한다는 뜻이었다.

대간은 또한 대신은 물론 임금에게도 모든 정사 현안에 대해 옳고 그름을 시비할 수 있는 간쟁권(諫爭權)을 가지고 있었다. 그래서 직급은 그리 높지 않지만 맑고도 중요하다는 뜻에서 '청요직(淸要職)'이라 불렸다. 그렇기에 대신들이 대간에 대한 인사에 간여하는 것을 막기 위해 대간 인사권은 이조판서가 아니라 이조의 정5품인 이조정랑과 정6품인 이조좌랑을 뜻하는 '이조전랑'에게 주었다. 그리고 이조전랑에 대한 대신들의 인사권을 막기 위해 이조전랑이 다른 자리로 갈 때면 후임자를 추천하고 가는 자천제를 실시했다. 대간과 이조전랑에 대한 인사 독립을 통해 대신들의 전횡을 막고자 했던 것이다. 이조전랑이 후임자를 천거할 때 가장 중요한 것은 사론(士論), 즉 선비들의 의논이었다.

선조 7년(1574) 이조전랑 오건(吳健)이 자리를 옮기면서 김효원을 후임자로 추천했다. 김효원은 윤원형의 사위 이조민과 친했기 때문에 윤원형의 집에 자주 들락거렸다. 과거에 이를 목격했던 심의겸은 김효원의 이조전랑 적격 여부에 의문을 제기했다. 이 문제를 두고 조정 내 의견이 둘로 갈렸는데 김효원을 지지하는 젊은 사람들이 동인이 되고, 심의겸을 지지하는 노장들이 서인이 되었다. 김효원의 집이 한양의 동쪽 건천동에 있었고 심의겸의 집이 서쪽 정릉방에 있었기에 붙은 당명이다. 김효원은 결국 이조전랑이 되었는데 그의 후임으로 심의겸의 동생 심충겸이 물망에 오르자 김효원이 "이조가 어찌 외척 집 물건이냐."라고 반대하면서 사림의 분열이 가속화되었다.

이로써 이준경이 죽음을 앞두고 올린 유차의 예언이 현실화되었다. 율곡 이이는 당쟁을 완화시키자는 조제론(調劑論)을 제기했다. 이이는 동인과 서인을 화합시키기 위해서는 갈등의 핵심 인물인 김효원과 심의겸을 모두 지방으로 보내는 것이 좋겠다고 생각했다. 그래서 선조는 재위 8년(1575) 이이의 부탁을 받은 우의정 노수신(盧守愼)의 권유에 따라 김효원을 함경도 부령 부사(府使)로, 심의겸을 경기도 개성의 유수(留守)로 삼았다. 그런데 당초 선조가 김효원에게 제수한 벼슬은 여진족과 맞닿아 있는 함경도 경흥 부사였다. 그런데 『선조수정실록』 8년 10월 1일자는 이조판서 정대년(鄭大年)과 병조판서 김귀영(金貴榮) 등이 "경흥은 극지 변방으로 오랑캐 지역에 가까우므로 서생(書生)이 진수(鎭守, 군대를 주둔시켜 군사적으로 중요한 곳을 지킴)하기에 마땅하지 않습니다."라고 반대했다고 전한다.

인사를 담당하는 두 판서가 건의하자 선조는 김효원을 조금 내지인 부령 지역 부사로 보내고, 당쟁의 다른 당사자인 심의겸도 개성 유수로 내보낸 것이다. 이때 두 판서가 '경흥이 오지이므로 서생이 진수하기 마땅치 않다'고 계청한 것은 당시 조선 지배층의 현실 인식 수준을 말해준다. 조선은 문신이 무신을 지휘하는 도체찰사 제도가 법제화되어 있던 나라였다. 무장 위에 문신 도체찰사가 있어서 총지휘권을 행사했던 나라에서 '변방에서는 서생이 근무할 수 없다'고 말하는 것은 사림의 자기부정이었다. 사림은 4대 사화를 겪고 정권을 장악했지만 정권을 장악하자마자 경흥을 오지 운운하면서 서생이

갈 곳이 아니라고 말했던 것이다. 초심을 잃어버렸다는 증거다.

권력에 안주한 사림, 현실과 타협한 야당

오늘날 국민들이 바라보는 야당은 조선 시대 사림과 비슷하다. 사림은 조선의 야당 시절 조광조 등이 종2품 사헌부 대사헌의 직위로 훈구 대신들을 거침없이 공격했다. 조광조는 끝내 훈구 대신들과 중종의 합작으로 사약을 마시고 죽었지만 그를 상전으로 여기던 일반 백성은 물론 많은 사대부도 조광조를 지지했다. 그가 걸었던 개혁의 길이 조선이 나아가야 할 길이라고 믿었기 때문이다. 조광조의 억울한 죽음은 그를 죽인 훈구에 대한 분노와 반발로 이어졌으며, 이는 사림 집권의 당위성으로 연결되었다. 그래서 조광조가 세상을 떠난 지 50여 년 후인 선조 집권 초년에 사림은 정권을 장악할 수 있었던 것이다. 그러나 사림은 집권 후 자신들이 야당 시절 주창했던 개혁의 길을 걷기보다 자신들이 맞서 싸웠던 훈구의 길을 따랐다.

사림은 조선의 발전을 가로막는 신분제를 비롯한 각종 제도적 카르텔 해체에 나서야 했지만 정권을 잡은 사림은 자신들이 여당이 된 현실에 만족하고, 안주했다. 지금 야당도 과거 집권 시절에 대한 향수만 갖고 있을 뿐 우리 사회의 온갖 부정에 대해 적당히 타협하는 자세로 반사이익만 누리고 있는 집단처럼 보인다. 그래서 국민은 좀 더 새로운 세력의 등장을 기다리는 것이다.

23 | 양반들 격한 반대에도 '대동법' 한길로
조선의 명재상 김육과 고위 공직자

마지막 양명학자로 불렸던 민영규 선생은 『강화학 최후의 광경』(우반. 1994)에서 강화도에 은거했던 양명학자들이 조선이 망하자 만주로 망명할 때 『명이대방록(明夷待訪錄)』을 갖고 갔다고 전해주고 있다. 명말청초의 학자 황종희(1610~1695)의 저술이다. 중국의 황종희나 조선의 양명학자들이나 국망(國亡)을 목도했다는 공감대가 있었다.

황종희의 부친 황존소는 사대부들의 정치결사인 동림당(東林黨)의 주요 인물이었는데, 환관 위충현이 이끌던 엄당(閹黨. 내시들의 당)과 권력 다툼에서 패해 1626년에 옥사하고 말았다. 엄당은 만주족이 세운 후금 세력이 남하하는 위기 상황 속에서도 내부 권력 장악에만 몰두해 후금과의 전쟁에서 큰 공을 세운 원숭환을 오히려 모반으로 몰았다. 원숭환이 결국 1630년 북경 서시(西市)에서 사지가 잘려 죽자, 이에 충격을 받은 명나라의 요동 방위군이 후금에 잇따라 투항하면서 급속도로 무너졌다. 명나라가 1644년 망하는 것을 황종희는 지켜봐야 했다. 이후 반청복명(反淸復明) 운동에 나서 숱한 고난을 겪었던 황종희가 53세 때인 1662년에 쓴 책이 『명이대방록』이다.

그는 이 책에서 군주제의 문제점을 신랄하게 비판하면서 이렇게 말했다.

"옛날에는 천하가 주인이라면 군주가 객(客. 손님)이어서 무릇 군주가 일생 동안 경영한 것은 천하를 위해서였다. 지금은 군주가 주인이고 천하가 객이 되어서 무릇 천하가 어디든지 안녕을 얻지 못하는데, 이는 군주 때문이다."

_ 『명이대방록』 '원군(原君)'

황종희가 군주제의 폐단에 대한 대안으로 제시한 것은 재상 중심의 관료제다.

"저 넓은 천하는 한 사람이 능히 다스릴 수 있는 것이 아니기 때문에 많은 관리를 두어 나누어 다스리는 것이다. 그러므로 우리가 나가서 벼슬을 하는 것은 천하를 위한 것이지 군주를 위한 것이 아니다. 만민을 위한 것이지 한 개 성씨를 위한 것이 아니다. 우리는 천하만민(天下萬民)의 견지에서 보는 것이므로 그 도에 어긋나면 비록 군주가 태도나 말로써 우리에게 강요하더라도 감히 따를 수 없다."

_ 『명이대방록』 '원신(原臣)'

17세기에 이런 말을 할 수 있었다는 사실 자체가 놀랍다. 명나라 멸망의 충격이 그만큼 컸다는 뜻이지만 이 때문에 권력 자체에 대한 성찰이 그만큼 깊어졌던 것이다. 황종희는 신하란 무릇 군주 개인을 섬기기 위해서가 아니라 천하만민을 위해서 벼슬을 하는 것이라고 주장했다.

"대동법을 하려면 나를 쓰시오"

신하 중에서도 가장 중요한 것이 재상(宰相)이다. 재상은 보통 정2품 이상의 벼슬아치를 말하는데, 정1품 정승을 뜻하는 의미로도 사용된다. 조선 중기의 학자 윤인경이 1537년 임금 중종에게 "정승에 적격자를 얻으면 곧 국체(國體)가 바로 되고 안정된다고 했습니다."라고 말한 것처럼 제대로 된 사람이 정승이 되면 나라가 안정된다고 보았다. 이런 인물들은 자리 자체를 중하게 여기지 않고, 그 자리로 무엇을 할 수 있는가를 중하게 여겼다. '대동법의 경세가'로 불리는 김육(1580~1658)이 바로 그런 인물이었다.

효종은 즉위년인 1649년에 우의정 조익을 좌의정으로 승진시키면서 대사헌 김육을 우의정으로 임명했다. 하지만 김육은 사양했다. 효종은 다시 임명했다. 김육은 다시 사양했다. 효종도 물러서지 않았다. 다시 임명했다. 세 번째도 김육은 사양했다. 그래도 효종이 포기하지 않자 그해 11월 5일 김육은 다시 상소를 올려 사양하는데, 과거 사직 상소와는 달리 조건부 사직 상소였다. 김육이 내건 조건은 한마디로 '대동법을 실시하려면 나를 쓰고, 그렇지 않을 거면 쓰

김육의 초상.

지 마시오'라는 것이었다.

김육의 상소는 "왕자(王者. 임금)의 정사는 백성을 편안하게 하는 것보다 앞서는 것이 없으니 백성이 편안한 후에야 나라도 편안할 수 있습니다."로 시작한다. 그는 "옛사람이 말하기를 '천변(天變. 하늘의 변란)이 오는 것은 백성들의 원망이 부른 것이다'라고 했습니다. 백성들이 부역(賦役)의 괴로움 때문에 사는 즐거움이나 일을 일으킬 마음이 없으니, 원망하는 기운이 쌓이고 맺혀서 그 형상이 하늘에 보이는 것은 필연의 이치입니다."라고 덧붙였다.

이 무렵 조선에는 재변(災變)이 잇따랐다. 당시 사람들은 몰랐지만 16~19세기는 소빙하기여서 전 세계적으로 재해가 잇따랐다. 이 경우 임금이 정치를 잘 못했기 때문에 하늘이 견책하는 것이라는 '천인감응설(天人感應說)'에 따라 임금은 거처를 옮기고, 반찬 가짓수를 줄이고, 음악을 철폐하는 등의 수성(修省)을 해야 했다. 김육도 효종에게 수성을 요구했다. 그러나 김육이 권하는 수성 방법은 "임금이 재변을 만나면 두려워하면서 몸을 기울여 수성해야 하는데, 다른 도(道)는 없고 오직 백성을 보호하는 정사를 시행해서 그들의 삶을 편안케 해주는 것뿐입니다.”라는 것이었다. 임금의 수성은 ‘백성을 보호하는 정사를 시행’하는 것이라는 주장인데, 그 방법이 대동법 시행이라는 것이다.

> “대동법은 역(役)을 고르게 하여 백성을 편안하게 하는 것이니 진실로 시대를 구할 수 있는 좋은 계책입니다…… 백성을 편안하게 하고 나라에도 이익이 되는 도(道)로 이보다 큰 것은 없을 것입니다.”
>
> _「효종실록」 즉위년 11월 5일

대동법은 수많은 가짓수의 공납(貢納)을 폐지하고 농토 면적을 기준으로 쌀로 납부받자는 ‘간편’ 세법이었다. 공납은 당초 지방의 특산물을 임금에게 진상한다는 소박한 개념에서 시작했지만, 조선 후기 들어서면서 국가 세수의 약 60%를 차지할 정도로 중요한 세원(稅源)이 되었다. 그러나 부과기준이 형평에 어긋났다.

부호를 따를 것인가, 백성을 따를 것인가

공납은 중앙 → 군현 → 마을 → 가호(家戶) 단위로 내려가는데, 가호 단위로 분배될 때 송곳 꽂을 땅도 없는 가난한 소작인이나 지주에게 비슷한 액수가 부과되었다. 빈궁민(貧窮民)들과 부호들이 같은 액수의 세금을 납부했던 것이다. 이에 대해 대동법은 부과 기준을 농토 면적으로 바꾸자는 것으로, 이 경우 농토가 많은 부호들의 부담은 늘고 농토가 없는 빈농들은 면제될 수 있었다. 이를 작미법, 대공수미법(代貢收米法), 대동법이라고 하는데 조광조나 이이 같은 개혁정치가들이 단골로 주장했다. 그러나 많은 농토를 소유한 양반 사대부들이 격렬하게 반발했기 때문에 시행되기 어려웠다.

임진왜란 때 영의정 겸 도체찰사 자격으로 작미법을 실시했던 류성룡은 전란이 끝나자 쫓겨나고 작미법 역시 폐기되었다. 이에 대한 백성들의 반발이 심해지자 광해군 즉위년(1608)에 영의정 이원익의 건의로 경기도에 대동법을 시범 실시했고, 양반들의 세가 약한 강원도로 확대했다. 두 도에서 시행해본 결과, 백성들에게도 좋고 나라에도 좋은 제도라는 사실이 확실히 입증되었지만, 영, 호남과 충청 지역으로 확대하려니 양반의 반발이 극심했다.

김육은 충청감사로 재직하던 인조 16년(1638) 9월에도 충청도에 대동법을 실시하자고 주장했지만 받아들여지지 않았다. 그러자 효종에게 배수의 진을 치고 자신을 기용하려면 대동법을 실시하라고 요구한 것이다. 김육은 또 "삼남(三南. 충청·전라·경상)에는 부호들이 많습니다. 이 법의 시행을 부호들은 좋아하지 않습니다. 국가에서 영(令)을 시행하는 데 마땅히 소민(小民. 가난한 백성)들의 바람을 따라야 합니다. 어찌 부호들을 꺼려서 백성들에게 편리한 법을 시행하지 않겠습니까."라고 효종을 설득했다.

효종도 대동법을 받아들이고 싶었지만 양반 사대부들의 저항은 격렬했다. 이조판서 김집과 호조판서 원두표가 모두 반대하고 나섰다. 김집과 원두표는 모두 김육과 같은 당파인 서인들이었다. 그래서

「송하한유도(松下閒遊圖)」. 김육이 57세 때 중국의 화가 호병모(胡炳模)가 그려준 그림으로, '소나무 아래 거닐다'라는 뜻의 제목처럼 한적하게 지내고 있는 모습을 그렸다.

이 문제 때문에 서인들이 분당되었다. 대동법에 반대하는 김집, 송시열 중심의 '산당(山黨)'과 대동법에 찬성하는 김육, 조익, 신면 등의 '한당(漢黨)'으로 갈라진 것이다.

수많은 난관을 극복하고 김육이 대동법을 추진한 결과, 효종 2년(1651) 8월 드디어 충청도에 대동법을 실시할 수 있었다. 김육이 "충청도의 대동법 때문에 신의 몸에 많은 비방이 쌓였습니다."라고 말한 것처럼 부호들의 비방은 엄청났다. 그러나 김육은 굴하지 않고 호남으로 확대 시행해야 한다고 주장했다.

효종은 재위 7년(1656) "김육의 고집스러운 병통은 죽은 후에야 그

칠 것이므로 흔들릴 리가 없을 것이다."라고 말할 정도였지만 호남으로의 확대 실시는 쉽지 않았다. 그러자 김육은 효종 9년(1658) 9월 초 죽음을 앞두고 임금에게 "신의 병이 날로 심해지니 실낱 같은 목숨이 얼마나 더 살다가 끊어지겠습니까."라면서 대동법 확대 실시를 주장하는 유차(遺箚, 유서를 대신하는 상소)를 올렸다. 호남에 대동법을 시행하기 위해 서필원을 천거했으니, 이는 자신이 죽은 후라도 호남에 대동법을 확대 실시하게 해달라고 부탁한 것이다. 김육의 유차를 읽은 효종은 "호남의 일에 대해서는 이미 적임자(서필원)를 얻어 맡겼으니 우려할 것이 있겠는가."라면서 병 조리나 잘하라고 위로했다.

김육이 끝내 일어나지 못하고 세상을 떠나자 효종은 "국사를 맡아서 김육처럼 굳게 흔들리지 않는 사람을 어찌 얻을 수 있겠는가."라고 탄식했다.

재상 하나가 만백성 살렸다

김육이 마지막 유차에서 호소한 대로 효종 9년 호남에서 바닷가에 가까운 해읍(海邑)에 대동법이 실시되었고, 현종 3년(1662)에는 전라도의 산군(山郡)에, 현종 7년(1666)에는 함경도에도 확대 실시되었다. 현종 11년(1670)과 12년(1671)에는 '경신(庚辛)대기근'이라 불리는 역사상 유례없는 천재지변이 닥쳤다. 이 시련을 극복한 현종 14년(1673) 전 사간(司諫) 이무가 현종에게 "대소 사민(士民)이 서로 '우리가 신해년(1671)의 변을 겪었지만 지금까지 보존할 수 있었던 것은 대동법의 은혜입니다'라고 말합니다."라고 토로했을 정도로 대동법은 대기근 극복에 결정적인 역할을 했다.

대동법은 계속 확대되다가 광해군 즉위년에 경기도에 시범실시한 지 정확히 100년 만인 숙종 34년(1708) 황해도까지 실시됨으로써 전국적으로 확대되었다. 김육이라는 재상 한 명의 소신이 나라를 위기에서 건져낸 것이다. 이런 재상이 한 명 있으면 대한민국의 미래도 밝을 것이다.

24 | 하나도 둘도 아닌, 셋을 추천하다

'삼망 제도'와 밀실 인사

영조 51년⁽¹⁷⁷⁵⁾ 11월 20일, 만 81세의 영조는 드디어 세손^(정조)에게 대리청정을 시키기로 결심하고 세손이 세 가지 사항을 알고 있는지를 물었다.

> "어린아이가 노론^(老論)을 알겠는가, 소론^(少論)을 알겠는가, 남인
> ^(南人)을 알겠는가, 소북^(少北)을 알겠는가? 국사^(國事)를 알겠는가,
> 조사^(朝事)를 알겠는가? 병조판서를 누가 할 수 있는지 알겠으
> 며, 이조판서를 누가 할 수 있는지 알겠는가?"
>
> _ 『영조실록』 51년 11월 20일

당시 세손 이산은 24세였다. 15세면 병역 의무를 부과하던 조선 시대에 '어린아이'는 분명 아니다. 하지만 팔순이 넘은 할아버지 눈에

는 어린아이로 보일 수 있었다. 영조는 국왕이 되려면 반드시 알아야 하는 사항 3가지를 물은 것인데, 첫 번째는 '노론, 소론, 남인, 북인'이라는 당파의 구조를 아느냐는 질문이었다. 두 번째로는 조정 일과 나랏일을 아는가를 물었다. 주목되는 것은 세 번째다. 영조가 차기 국왕의 조건으로 꼽은 것이 병조판서와 이조판서의 적임자를 가려낼 수 있는 능력이었기 때문이다. 왜 영의정, 좌의정, 우의정이 아닌 병조판서와 이조판서를 꼽은 것일까.

병조판서에겐 무신의 인사권, 이조판서에겐 문신의 인사권이 있기 때문이었다. 즉 인사가 국사에 가장 중요하다는 '인사(人事)는 만사(萬事)'라는 사상의 반영이었다. 이조와 병조의 인사권을 주망(注望) 또는 의망(擬望)이라고 하는데, '주의(注擬)와 삼망(三望)'의 줄임말이다. 주의는 후보자를 물색하는 것이고 삼망은 세 사람의 후보를 올리는 것이다.

3명의 후보 가운데 임명해야

'바랄 망(望)' 자를 쓰는 이유는 '여러 사람이 바라는 물망(物望)'을 살펴서 천거해야 하기 때문이었다. 한 사람만 올리는 것을 단망(單望)이라고 하는데, 단망에도 기준이 있었다. 정약용은 『경세유표(經世遺表)』 '교민지법(敎民之法)'에서 "무릇 향수관원(鄕遂官員. 지방 고을 관원)은 모두 호조판서가 천거해서 제수하는데, 단망한다."라고 말했다. 지방 관원을 임명할 때는 단망하자는 뜻이었다. 그러나 이보다 앞선 시대인 세종 20년(1438) 6월 "이제부터 수령을 제수할 때 전함(前銜. 전직 관료)이면 3인을 망(望)에 올리라."고 명한 것처럼 지방 수령관은 원래 세 사람 중에서 뽑았다. 삼망이라고 다 같은 것은 아니고 순서가 있었다. 세 명을 '수(首), 부(副), 말(末)'로 구분해 순서를 두었는데 1순위, 2순위, 3순위라는 뜻이다. 3명 중에서 2명은 이전에도 그 자리의 물망에 올랐던 인물을 주의하고, 1명 정도는 물망 경험이 없는 신참을 주의하는데, 이 신참을 신통(新通)이라고 했다. 임금이 가끔 수(首), 부(副)를 제치고 주로 말(末)에 천거되는 신통을 발탁하는 '깜짝 카드'를 사용할 수 있게 한 것이다.

'노론 청명당' 사건으로 영조 분노

이처럼 조선 임금의 인사권은 세 명의 후보자 중에 점을 찍는 추필(抽筆)인데, 이것이 바로 낙점(落點)이다. 그런데 조선 후기 들어 당쟁이 극도로 심해졌다. 특정 당파의 권력 독점을 막는 장치인 탕평책을 마련해야 할 정도였다. 탕평책은 간단하게 말해 각 당파를 고루 등용함으로써 격렬한 당쟁을 완화시키고 체제 내에서 정책 경쟁을 유도하겠다는 정책이었다. 그러나 영조 때의 탕평은 남인과 북인은 거의 배제하고, 노론과 소론만 정권에 참여시키는 제한된 탕평이었다. 그마저도 영조는 자신을 지지하는 당파인 노론은 온건, 강경 할 것 없이 모두 등용한 반면, 소론은 영조 자신이 왕세제(王世弟)였던 시절 위기에 몰렸을 때 자신을 도와주었던 소론 온건파만 등용하는 제한된 탕평책이었다.

영조 때의 탕평책을 호대쌍거(互對雙擧)라고도 한다. 소론 온건파 조현명(顯命)의 형 조문명(趙文命)이 영조에게 건의한 인사 원칙으로, 호대(互對)라고도 부른다. 판서가 노론이면 참판은 소론을 등용하는 식의 인사 방식으로 각 부서 내에서도 두 당파가 균형을 이루는 것을 추구한 것이다. 그런데 호대쌍거의 전제는 삼망에서부터 균형이 갖춰져야 한다는 것이었다. 3명을 주의할 때부터 각 당파 사람을 고루 천거해야 호대쌍거를 이룰 수 있었다.

그러나 영조는 재위 31년(1755) 나주벽서 사건을 계기로 소론 온건파마저 조정에서 내쫓았다. 이로써 탕평책이 붕괴되면서 이후 정국은 노론 일당 독재로 흘러갔다. 나아가 영조는 재위 38년(1762) 노론과 손잡고 소론을 지지하던 사도세자를 뒤주에 가두어 죽였다. 이후 탕평책은 완전히 붕괴되고 노론 일당이 정권을 독차지하면서 소론과 남인은 겨우 명맥만 유지하는 것으로 전락했다. 그러다 보니 집권 세력인 노론 내부에서조차 권력을 독점하기 위해 정파가 나뉘는데, 청명당(清名黨)도 그중 하나였다.

영조 48년(1772) 3월 성균관 대사성 자리에 주의된 3명의 후보가 문제가 된 사건이 이른바 '노론 청명당' 사건이다. 이조판서 정존겸(鄭存謙)과 이조참의 이명식(李命植)이 3명의 후보를 주의했는데, 조정(趙晸), 김종수(金鍾秀), 서명천(徐命天)이 모두 청명당 소속이었던 것이 문제였다. 그것도 3명 중 한 명만 1위 후보자인 일망(一望), 즉 수(首)로 올려야 하는데 3명 다 일망이었다. 게다가 3명 모두 처음 주의된 신통이었다. 이는 3명 중 한 명에 낙점하는 정도가 전부였던 임금의 인사권에 대한 도전이었다. 즉, 성균관 대사성에 대한 인사권을 임금이 아니라 노론 청명당수가 갖겠다는 뜻에 다름 아니었다.

노론 청명당은 다른 모든 당파를 배척하는 당파로서 탕평책 자체를 반대했다. 또한 사도세자의 죽음 후에 일기 시작한 세자에 대한 동정론까지 비판하는 벽파 계열로서 사회의 모든 변화를 막아야 한다는 수구에 가까운 정파였다. 세상의 흐름과는 동떨어진 이런 자세를 '청명'으로 자칭한 명칭이었다. 영조는 이에 분노해 정존겸과 이명식, 그리고 청명당 당수이자 전 영의정이었던 김치인(金致仁)을 유배 보내는 것으로 강경하게 대응했다. 이로써 청명당은 붕괴되었지만 이는 영조의 자업자득이었다. 겉으로는 탕평을 내세웠으면서도 속으로는 그 자신이 편당심(偏黨心)을 버리지 못하고 기회가 생길 때마다 노론만을 중용했다. 끝내는 소론을 지지하는 자신의 아들 사도세자까지 뒤주에 넣어 죽이면서 노론의 절대 권력을 제어할 상대 세력을 말살했기 때문이었다. 인사에서 가장 중요한 것은 국왕의 탕평심인데 영조에게는 이것이 부족했던 것이다.

삼망 폐단 견제책으로 '중비' 제도 둬

인사에 국왕의 사심(私心)이 개입하는 것을 막기 위한 제도적 장치가 삼망이지만 국왕도 적극적인 인사권을 행사하고 싶은 마음이 생길 수 있었다. 이때 사용할 수 있는 제도가 가망(加望)과 중비(中批)였다. 삼망 중에 임금이 원하는 인물이 없을 경우 임금이 직접 추천해 삼망에 넣는 것이 가망이었다. 숙종은 즉위년(1674) 9월 승지로 쓰고 싶었던 외척 김석주(金錫胄)가 삼망에 들지 못하자 "선조(先朝, 현종)의 유지(遺旨)가 있었다."고 변명하면서 가망을 사용했다. 이렇게 승지가 된 김석주는 숙종 6년(1680) 남인 허새, 허영 등을 역모로 모는 정치공작을 자행해 이에 반발한 젊은 서인들이 소론으로 분당하기도 했다.

삼망이 모두 마음에 들지 않을 경우 임금이 이조, 병조의 전형을 거치지 않고 직접 임명하는 것이 중비인데, 특배(特拜) 또는 첨서낙점(添書落點)이라고도 한다. 임금이 직접 후보자의 이름을 써서 임명하기에 붙여진 명칭이다. 숙종이 신하들의 추천한 우의정 후보를 여러 번 퇴짜 놓은 끝에 자신이 내심 원하던 조사석을 임명한 것이 특배를 악용한 사례라면, 정조가 재위 12년(1788) 지중추부사 채제공(蔡濟恭)을 우의정에 임명한 것은 선용의 사례다.

정조는 우의정으로 임명하는 어필을 용정(龍亭, 나라의 보배를 싣는 가마)에 싣고 북 치고 피리 부는 무리를 앞세워 채제공의 집에 보내게 했는데, 노론이 장악하고 있던 승정원(承政院)은 남인 정승의 발탁에 격렬하게 반발했다. 그러나 특배로 정승이 된 채제공은 많은 업적을 남겼다. 정조 15년(1791) 권력과 결탁한 관상(官商)들의 배타적 상행위 독점권인 금난전권(禁亂廛權)을 폐지하고, 사상(私商)들의 자유로운 상행위를 허용하는 신해통공(辛亥通共)을 주도해 조선의 상업을 획기적으로 발전시켰다.

예나 지금이나 어떤 인사가 요직에 임명되면 그를 누가 추천했는지가 초미의 관심사로 떠오른다. 그런데 요즘은 시대가 거꾸로 가는 듯한 느낌이다. 심지어 일인지하만인지상(一人之下萬人之上)의 영의정 격인 국무총리까지도 누가 추천했고 어떤 경로로 선정되었는지를 전혀 모른다. '밀실 인사', '깜깜이 인사'라는 비판이 계속 제기되지만 오불관언(吾不關焉)이다. 이는 조선의 인사제도에 비하면 원시 수준이라고 해도 과언이 아니다.

비단 현 정권뿐만 아니라 여러 정권에서 인사 문제는 '회전문 인

조선 후기의 초상화가인 이명기가 1792년에 그린
「채제공 73세상」. 연분홍색 관복 차림에 부채와
향낭을 들고 화문석 위에 앉아 있는 모습인데, 손
에 든 부채와 향낭은 정조대왕의 하사품이다.

사', '측근 인사', '깜깜이 인사' 등의 비난을 받아왔다. 무명을 발탁하
는 것도, 능력은 있지만 줄이 없어서 적체된 인사들이 아니라 정권
에 줄 대는 것이 유일한 능력인 인물들만 골라서 발탁하니 고위 공
직 자체가 희화의 대상으로 전락했다. '하자가 없으면 고위 공직을
할 수 없다'는 말이 유행할 정도이니 공직의 권위가 얼마나 추락했는
지 짐작이 간다. 숨어 있는 인재를 발탁할 능력이 없으면 조선처럼
시스템에 의지한 인사를 하는 것이 그나마 나라의 체면을 조금은
유지할 수 있는 방도가 될 것이란 생각이 든다.

25 │ "전하만 홀로 못 듣는 것입니다"
직언의 어제와 오늘

숙종 13년(1687) 5월 우의정 자리가 비자 숙종은 영의정 김수항(金壽恒)과 좌의정 이단하(李端夏)를 불러 정승이 될 사람을 추천하라고 말한다. 두 정승이 이숙(李翿)을 추천하자 숙종은 다른 후보를 천거하라고 퇴짜를 놓았다. 두 사람이 이민서(李敏敍)를 추천하니 다른 사람을 추천하라 명했고, 다시 신정(申晸)을 추천했으나 이번에도 다른 사람을 추천하라는 명이 내려왔다. 여성제(呂聖齊)를 추천했으나 또 퇴짜를 놓자 김수항과 이단하가 왕을 뵙기를 청했다. 네 명이나 퇴짜를 놓은 데에는 점찍어둔 인물이 따로 있기 때문이리라 짐작한 것이다.

아니나 다를까. 숙종은 "이조판서 조사석(趙師錫)이 국사에 마음을 다했음은 내가 알고 있다. 여럿의 의견은 어떤가."라며 조사석을 천거했다. 임금이 특정인의 이름을 입에 올렸는데 신하들이 안 된다고 거부할 수 없었다. 김수항과 이단하는 미리 이를 짐작하고 선조

^(宣祖) 때의 전례를 들었다. "선조 경자년^(1600. 선조 33)에 복상했을 때 심희수^(沈喜壽), 한응인^(韓應寅), 윤승훈^(尹承勳), 김명원^(金命元)이 모두 추천받았다가 김명원이 임금의 분부에 따라 먼저 정승이 되었는데, 오늘의 일이 대략 비슷합니다." 김수항과 이단하는 이렇게 말하고 물러나서 조사석을 추천했고, 조사석은 우의정이 되었다.

그런데 임금이 특정인의 이름을 들면서 천거하는 경우는 이례적인 일이었다. 그래서 이 인사는 두고두고 말썽이 되었다. 이 날짜 『숙종실록』 사관은 "조사석은 평소 인망이 부족했고, 또 작년에는 탑전^(榻前. 임금 앞)에서 크게 꾸지람도 받아서 임금의 돌봄도 높지 않았는데, 갑자기 비상한 명이 내려졌다."며 "이 때문에 거리나 항간에서 말과 의논이 시끄러워졌다."고 말하고 있다.

숙종, 국사와 후궁과의 관계 구분 못해

실제 조사석의 우의정 승진을 놓고 시끄러운 말들이 유포되었다. 배경에 정파와 여인이 있었기에 물의는 더 커져갔다. 드디어 그해 9월 지경연사^(知經筵事) 김만중^(金萬重)이 경연에서 시중의 시끄러운 말들을 숙종에게 전하면서 사태가 심각한 쪽으로 흘러가기 시작했다.

김만중은 시중에 많은 말이 나돈다면서 "유언^(流言)은 옛날부터 대궐 내에서 총애받는 궁녀가 있을 때 생기는 적이 많았습니다."라며 『시경^(詩經)』의 첫 번째 시인 '관저장^(關雎章)'을 언급했다. "(주나라) 문왕이 '관저장'을 지었을 때 같으면 이런 말들이 어디에서 생길 수 있겠습니까? 바라건대 전하께서는 반성하시면서 더욱 수신하고 제가하는 도를 닦으소서."라고 말했다. 『시경』'국풍(國風)' '주남(周南)'은 서문에서 "관저(關雎. 물수리가 노래하는 것)는 후비(后妃. 왕비)의 덕으로서 풍교의 시작이고, 천하의 풍교는 부부 관계가 바른 것에서 비롯된다."고 말하고 있다. 임금과 왕비는 모든 백성의 모범으로서 임금의 정상적인 부부 관계가 바르게 되면 나라 전체의 풍교가 바르게 된다는 노래였다.

서인(西人) 김만중이 '관저'를 언급한 것은 이 무렵 숙종이 서인가(西人家) 여인 인현왕후 민씨를 멀리하고 남인가(南人家) 여인 후궁 장씨(장희빈)를 가까이하고 있었기 때문이다.

숙종이 "조사석이 불안한 것은 무슨 일 때문인가."라고 묻자 김만중은 "후궁 장씨의 어머니가 평소 조사석의 집에 드나들었는데, 대배(大拜. 정승에 제수된 것)가 이 연줄 때문이라고 나라 사람이 모두 말하고 있는데, 전하만 홀로 듣지 못하신 것입니다."라고 말을 돌리지 않고 대답했다. 후궁 장씨의 어머니는 조사석 집안의 여종이었는데, 이 때문에 숙종이 조사석을 우의정에 임명했다는 말이 세간에 파다하다는 뜻이었다.

숙종은 크게 화를 내면서, 김만중에게 "내가 금을 받았다는 말이냐? 은을 받았다는 말이냐? 말의 근거를 분명히 대라. 결단코 가만 두지 않겠다."라고 따져 물었다. 김만중도 굽히지 않고 "전하께서 신에게 말을 하라고 해놓고 또 그 말의 근거를 물으시니 신이 비록 못난 사람이지만 어찌 말의 근거를 대겠습니까? 비록 주륙(誅戮)을 받아도 신이 달게 받겠지만, 이것은 전하께서 신을 형륙에 빠뜨리시는 것입니다."라고 답한 후 스스로 의금부에 가서 대명하겠다고 맞섰다.

숙종이 승정원에 김만중을 문초하라는 전지를 쓰고, 의금부는 수

숙종에게 직언을 서슴지 않다가 유배까지 당한 서
포 김만중.

사를 개시하라고 명했는데, 승정원과 대간에서 명을 거둬달라고 요
청했다. 승정원은 복역(覆逆. 임금의 잘못된 명을 받들지 않고 되돌리는 것)까지 해가
면서 김만중을 옹호했지만 숙종의 분노는 그치지 않아서 김만중은
의금부에 하옥되었다.

  김만중은 결국 평안도 선천으로 유배 가게 되지만 이것으로 끝이
아니었다. 숙종은 재위 15년(1689) 장희빈이 원자(元子. 경종)를 낳자 남
인들에게 정권을 주는 '기사환국(己巳換局)'을 단행했고, 이 사건이 빌미
가 되어 효종(孝宗)의 둘째 딸인 숙안공주(淑安公主)의 아들 홍치상(洪致祥)
이 사형당했다. 이후 장씨에 대한 총애가 식으면서 숙종은 재위 20
년(1694) 정권을 다시 인현왕후와 후궁 최씨(영조의 모친)가 속한 서인에게
주는 '갑술환국(甲戌換局)'을 단행했다.

이런 사건들은 숙종이 국사(國事)와 자신이 총애하는 여인과의 관계를 구분 짓지 못한 암군(暗君)이기에 발생한 일이었다. 남녀 관계는 남녀 관계고, 국사는 국사라는 정상적인 사고로 대했으면 당파가 바뀔 때마다 죽고 죽이는 살육이 반복되지는 않았을 것이다. 그러나 숙종은 자기중심적인 성향이 강한 인물로서 정상적인 판단 능력이 부족했고, 또 당쟁을 왕권 강화에 이용했다. 그 결과 왕권은 일부 강해졌는지 몰라도 국사는 엉망이 되고, 사방에서 도적이 날뛰었던 것이다.

조선 임금 중에 공사 구분을 못한 또 한 명의 암군이 선조다. 왕조 국가에서 왕자들의 전횡을 막는 것은 사실상 국왕만이 할 수 있는 일이었다. 그러나 선조는 방계승통(傍系承統, 세자나 왕자가 아닌데 왕위를 이은 것)이면서도 왕자들을 국법 위의 존재로 인식했다. 선조는 나중에 얻은 계비(繼妃) 인목대비에게서 얻은 영창대군을 제외하고, 6명의 후궁에게서 13명의 아들을 낳았는데, 그중 임해군, 순화군, 정원군은 악명 높은 세 왕자였다.

임진왜란이 발생하자 선조는 임해군과 순화군을 함경도로 보내 근왕병(勤王兵)을 모집하게 했는데, 근왕은커녕 백성들에 의해 체포돼 왜장 가토 기요마사(加藤淸正)의 군중에 넘겨졌다. 백성들은 두 왕자가 어느 시간에 어느 길로 지나간다는 방까지 붙이며 두 왕자를 쫓았다. 그만큼 민심을 저버리는 악행을 거듭했기 때문이다. 두 왕자는 수많은 협상 끝에 겨우 석방된 후에도 토색질을 멈추지 않았다. 임해군과 정원군은 심지어 일본군과 내통하며 이익을 취했다. 정원군은 이 일로 자신의 사노가 간첩 혐의로 포도청에 체포되자 임해군과 함께 포도대장에게 서신을 보내 석방을 요구할 정도로 파렴치했다. 사헌부에서 임해군, 정원군의 파직을 요청했으나 선조는 들어주지 않았다. 법 위의 존재인 왕자들의 횡포가 더욱 심해질 것은 뻔한 일이었다.

태종, 처남과 후궁 비리 연루에 일벌백계

『선조실록』 35년(1602) 6월조의 사관은 "여러 왕자들 중 임해군과 정원군이 일으키는 폐단이 한이 없어 남의 농토와 노비를 빼앗았다."며 "가난한 사족(士族)과 궁한 백성들이 자기의 토지를 잃고도 항의할 수도 없어 중외가 시끄러웠다."고 비난하고 있다. 심지어 정원군의 하인들이 선조의 맏형이자 정원군의 백부인 하원군(河原君)의 부인을 납치하는 사건까지 발생했다. 사간원에서 "인간의 도리상 절대로 있을 수 없는 일"이라고 비난했으나 선조는 "살펴서 조치하겠다."고 무마에 급급했을 뿐이다.

광해군이 즉위 후 영창대군에게만 신경 쓰고 정작 능양군(인조)을 주시하지 않은 이유는 능양군의 부친이 악명 높은 정원군이었기 때문이었을 것이다. 그만큼 정원군은 만백성의 원한의 표적이었지만 정권에 눈이 먼 서인들은 이런 정원군의 아들을 추대해 인조반정을 일으켰다.

반면 태종은 달랐다. 상왕으로 있던 세종 3년(1421) 자신이 아끼던 숙공궁주의 부친 김점이 평안도관찰사 시절 수많은 뇌물을 받은 것을 알고는 엄중하게 조사시키는 한편 "탐오한 사람의 딸을 궁중에 둘 수는 없다."고 숙공궁주를 궁에서 내보냈다. 이보다 이른 재위 15

년(1415)에 노비 소송에 패한 전 황주 목사 염치용이 태종의 처남 민무회에게 '태종의 후궁 혜선옹주 홍씨와 영의정 하륜 등이 뇌물을 받았기 때문에' 패소했다면서 억울함을 호소한 일이 있었다.

민무회는 이를 태종이 총애하던 충녕대군(세종)에게 알렸고, 충녕은 태종에게 이를 전했다. 그런데 노비 송사 이야기를 들은 태종은, "한낱 노비 소송에 임금을 연루시키는 법이 어디 있는가."라고 불같이 화를 냈다. 또한 승정원에 "내가 부끄러운 말을 들으니 경들을 보기가 부끄럽다."고 자책까지 했다. 문제가 있으면 국가의 공식 조직을 통해 해결해야지 사적 로비를 해서는 안 된다는 뜻이었다.

숙종과 선조 그리고 태종의 처사 중에 어느 것이 임금다운 처신인지는 굳이 설명할 필요도 없을 것이다.

26 | 이순신 전사, 선조는 울지 않았다
백성의 눈물, 정치인의 눈물

눈물은 억울한 사람들이 흘리기 마련이다. 그러나 예나 지금이나 정치인의 눈물은 조금 다른 듯하다. 조선 제20대 임금 경종(재위 1720~1724) 때 집권 세력 노론이 집단으로 눈물을 흘린 일이 있었다. 노론은 자신들이 죽인 장희빈의 아들 경종이 즉위하자 왕위 빼앗기에 나섰다. 경종 원년(1721) 8월 노론 소속의 사간원 정언(正言) 이정소(李廷熽)는 "전하의 춘추가 한창이신데도 후사가 없어 나라의 형세가 위태롭고 인심이 흩어져 있다."면서 후사를 빨리 책봉해야 한다고 주장했다. 이때 만 서른셋이었던 경종에겐 아들이 없었다. 노론은 경종의 이복동생인 연잉군(영조)을 의중에 두고 이런 소동을 벌인 것이었다.

이정소의 상소는 노론의 치밀한 각본에 따른 것이었다. 바로 그날 밤 영의정 김창집 등 정승들과 병조판서 이만성 등 판서들, 대사헌 홍계적, 대사간 홍석보 등 대간(臺諫)들, 그리고 승지 조영복 등이 경종에게 우르르 몰려가서 후사를 당장 결정해야 한다고 다그쳤다. 아들 없는 임금에게 "당장 차기 임금이 누구인지 결정하라."고 다그치는 것이니 태종 때 같았으면 능지처참을 당할 일이었다. 경종 지지 세력이자 반대파인 소론이 알기 전에 해치워야 하기 때문에 한밤중에 몰려간 것이었다. 태종 때 같았으면 영의정부터 나서 "이정소의 목을 베소서."라고 주청해야 하지만 영의정 김창집은 거꾸로 "이정소의 말이 지당하니 누가 감히 이의가 있겠습니까?"라고 가세했다.

노론, 쿠데타 위해 경종에게 '후사' 다그쳐

경종도 이것이 쿠데타라는 사실을 알고 있었으나 정승·판서·대간·승지가 모두 가담한 노론의 공세를 막을 힘이 없었기에 수락하고 말았다. 그러나 노론 대신들은 이에 만족하지 않고 선왕(先王, 숙종)의 계비 인원왕후 김씨의 수결(手決)을 요구했다. 정사에 관여할 수 없는 대비까지 끌어들인 것은 훗날 역모로 몰릴 때에 대비한 일종의 '안전판'이었다. 경종이 한밤중에 대비전에 들어가서 수결을 받는 동안 노론 대신들은 밖에서 초조하게 기다렸다. 경종은 새벽녘에 나와서 인원왕후의 수결을 노론 대신들에게 넘겼는데 『경종실록』은 이 장면을 이렇게 전하고 있다.

"김창집이 (봉서를) 받아서 뜯었다. 피봉 안에는 종이 두 장이 들었는데, 한 장에는 해서(楷書)로 '연잉군'이란 세 글자가 씌어 있었고, 한 장은 언문 교서(敎書)였는데, '효종 대왕의 혈맥과 선 대왕(숙종)의 골육(骨肉)은 다만 주상(경종)과 연잉군(영조)뿐이니, 어 찌 딴 뜻이 있겠소?'라고 하였다. 여러 신하들이 모두 읽어 보 고는 울었다."

_ 『경종실록』 1년 8월 20일

드디어 쿠데타가 성공한 것이었다. 노론 대신들이 흘린 눈물은 쿠데타에 성공한 당인(黨人)들의 눈물이었다. 쿠데타를 위한 눈물이자 당을 위한 눈물인 것이었다. 그러나 쿠데타에 가담한 노론 이외에는 아무도 같이 울어주지 않았다. 소론은 자신들도 모르게 차기 임금이 결정된 것에 분노의 눈물을 흘렸다.

노론은 이에 만족하지 않고 같은 해 10월에는 사헌부 집의 조성복을 시켜 왕세제 대리청정을 주청하게 했다. 사실상 세제 연잉군에게 정권을 내주라는 요구였다. 왕조 국가에서 신하가 대리청정을 요청하는 것은 그 자체가 역모였다. 경종은 이때도 "진달(進達)한 바가 좋으니 어찌 유의하지 않을 수 있겠는가."라면서 세제 대리청정을 수락했다. 그러나 이 쿠데타는 소론 좌참찬 최석항이 이 소식을 듣고 급히 달려와 눈물을 흘리며 입대(入對)를 요청하면서 상황이 달라지기 시작했다.

여기에 노론의 탄핵을 받아 조정에 나오지 않던 소론 우의정 조태구도 옷깃을 눈물로 적시면서 "대리청정 명의 환수는 신 한 사람의 말이 아니라 곧 온 나라 사람의 말입니다."라고 호소하자 경종은 연잉군의 대리청정을 취소했다. 소론 최석항과 조태구가 흘린 눈물은 힘없는 임금 경종을 위한 눈물이자 나라를 위한 눈물이었다.

노론의 백주 쿠데타는 소론의 심한 반발을 낳았다. 이해 12월 소론 강경파인 사직(司直) 김일경이 노론 4대신을 사흉(四凶)으로 공격하는 상소를 올려 정권을 노론에서 소론으로 교체한 데다, 이듬해에는 목호룡이 "노론 집안 자제들이 경종을 살해하려 했다."고 고변하면서 김창집·이이명·이건명·조태채 등 노론 4대신이 사형당하는 비극이 발생했다. 쿠데타 성공 때 흘렸던 기쁨의 눈물이 통곡의 눈물로 변한 것이다.

'경종 독살설' 이어 사도세자 죽음 이어져

그러나 경종은 재위 4년 만에 끝내 세상을 떠나고 말았다. 노론에 의해 세제로 추대된 연잉군이 왕위에 올랐으니 그가 바로 영조였다. 이런 무리수로 왕위에 오른 영조의 앞날이 순탄할 수 없었다. 영조는 즉위 내내 '경종 독살설'에 시달렸고, 그때마다 눈물을 흘려야 했다.

영조 재위 31년(1755) 2월 나주 객사(客舍)에 '간신이 조정에 가득해 백성들의 삶이 도탄에 빠졌다'는 내용의 벽서가 붙었다. 범인을 체포하니 영조 즉위 직후부터 영조 31년까지 30년 이상 귀양살이하고 있던 윤지(尹志)를 비롯한 소론 강경파들의 소행이었다. 이들은 영조가 경종을 독살한 역적이고 자신들이 경종의 충신이라고 믿는 확신범들이었다. 경종이 세상을 떠나기 나흘 전인 경종 4년(1724) 8월 21일자 『경종실록』은 "임금에게 어제 게장을 진어하고 이어서 생감을 진어한 것은 의가(醫家)에서 매우 꺼려 하는 것"이라고 적고 있다. 게장을 먹고 생감을 먹는 것은 경종 같은 환자에게는 치명적 결과를 낳을 수 있다는 의학적 경고였다.

소론 강경파는 계장과 생감을 진어한 장본인이 왕세제 연잉군과 대비 인원왕후 김씨라고 확신하고 있었다. 그래서 나주 벽서 사건으로 체포된 신치운은 "신은 갑진년(경종 4)부터 계장을 먹지 않았다."라고 말했고, 이 말을 들은 "임금이 분통하여 눈물을 흘렸다."라고 『영조실록』 31년(1755) 5월 20일자는 적고 있다. 세제 시절 노론과 손잡고 임금을 제거하려 했던 영조의 그릇된 과거가 흘리는 눈물이었다.

그러나 이 눈물은 여기서 그치지 않았다. 이 눈물이 결국 노론과 손잡고 아들 사도세자를 뒤주 속에 가둬 죽이는 결과로 나타났다. 어찌 보면 이는 독살설 속에서 죽은 경종이 수십 년 후에 뿌린 복수의 피눈물이었는지도 모른다.

선조의 눈물은 자신만을 위한 '사루'

지도자가 못나면 백성이 눈물을 흘리게 되어 있다. 조선 14대 임금 선조가 그런 용군(庸君)이었다. 재위 25년(1592) 4월 임진왜란 때 선조는 도성을 버리고 도망갈 생각만 앞세웠다. 『선조실록』 25년 4월 28일자는 선조가 도망갈 생각을 내비치자 "대신 이하 모두가 눈물을 흘리면서 부당함을 극언하였다."고 전한다. 박동현이 이때 "전하의 연(輦. 임금의 가마)을 멘 인부도 길모퉁이에 연을 버려둔 채 달아날 것입니다."면서 "목 놓아 통곡하니 상(선조)이 얼굴빛이 변하여 내전으로 들어갔다."고 『선조실록』은 전한다. 그러나 자기 살 궁리만 앞선 선조는 4월 30일 비 내리는 새벽 도성을 버리고 북쪽으로 도주했다. 『선조실록』 25년 4월 30일자는 "궁인(宮人)들은 모두 통곡하면서 걸어서 따라갔다."라고 전한다.

이렇게 못난 선조가 전쟁 영웅 죽이기에 나섰는데 이순신이 그 대상이었다. 선조와 서인(西人)들이 이순신을 죽이기 위해서 체포해가자 지나는 곳곳의 백성들이 모여들어 "사또는 우리를 두고 어디로 가십니까!"라고 통곡했다. 류성룡은 『징비록』에서 "임금께서 이 일이 모두 사실은 아닐 것이라 의심해서 성균관 사성 남이신을 보내 한산도로 가서 사찰(査察)하도록 하였다. 남이신이 전라도에 들어가니 군사와 백성들이 길을 막고 이순신의 원통함을 호소하는 사람이 이루 헤아릴 수 없었으나 남이신은 사실대로 보고하지 않았다."고 전한다.

정유년(1597) 7월 21일자 『난중일기』에는 "오후에 노량에 이르니 거제현령 안위, 영등포만호 조계종 등 여러 사람이 와서 통곡하고, 피하여 나온 군사와 백성들이 울부짖지 않는 이가 없었다."고 전한다. 백성들은 이 비운의 영웅의 고통을 자신들의 것으로 일체화시켰다. 『난중일기』 9월 9일자는 "낙안에 이르니 사람들이 오리(五里)까지 많이 나와 환영했다. …… 군청에 이르니 관청과 창고가 모두 다 타버렸는데, 관리와 마을 사람들이 흐르는 눈물을 가누지 못하고 와서 봤다."라고 전한다.

이순신은 노량해전에서 전사하는데, 『선조실록』 31년(1598) 11월 27일자는 "부음(訃音)이 전파되자 호남(湖南) 일도(一道)의 사람들이 모두 통곡하여 노파와 아이들까지도 슬피 울지 않는 자가 없었다."라고 전하고 있다. 그러나 선조는 예외였다. 『선조실록』 31년(1598) 11월 24일자는 명나라 군문(軍門)에서 이순신의 전사 소식을 전하며 그 후임자를 즉시 차출해야 한다고 전하자 선조는 이렇게 전교한다. "알았다. 오늘은 밤이 깊어 할 수가 없다. 내일 아침에 승지는 배첩(拜帖)을 가지고 나아가 치사(致謝)하라. 통제사는 즉시 비변사로 하여금 천거해서 차출케 하라. 모든 일을 승정원이 살펴서 시행하라."

선조는 이순신의 전사 소식을 듣고 아무런 반응을 보이지 않았다. 온 백성이 울부짖는 이순신의 전사 소식을 선조는 정적(政敵)의 죽음을 알리는 희소식으로 받아들인 것이다. 선조는 자신을 위해서는 여러 차례 눈물을 쏟았지만 백성을 위해서나 이순신 같은 전쟁 영웅을 위해서는 울지 않았다. 그래서 선조의 눈물은 혼자 흘리는 사루(私淚)였다.

지금 툭하면 눈물을 쏟는 정치인들은 왜 국민이 함께 울지 않는지 생각해봐야 할 것이다. 국민은 울지 않는데 혼자 우는 눈물은 부끄러운 눈물일 수밖에 없다. 정치인이 공인(公人)이라면 그들의 눈물도 공루(公淚)여야 한다. 그러나 근래 들어 흔해진 정치인의 눈물은 사루(私淚)에 불과하다. 함께 나라의 미래를 걱정하면서 함께 공루를 흘릴 수 있는 정치인을 보고 싶다.

27 | 왕을 독살한 신하들
노론의 '택군'과 부정선거

조선 당쟁은 '택군(擇君)의 시기'로 접어들면서 말기 증상을 보였다. '신택군(臣擇君)'이라고도 하는데, 신하들이 임금을 선택한다는 뜻이다. 왕조 국가에서 신하는 임금을 선택할 수 없었다. 임금이 마음에 들지 않으면 벼슬을 하지 않는 것이지, 자신이 원하는 인물을 선택해서 임금으로 만들 수는 없었다. 조선 당쟁이 정상적인 정당정치의 길을 벗어나 비정상적인 궤도를 달리게 된 것은 모두 택군에서 비롯되었다. 신하들이 무력으로 임금을 내쫓고 의중의 인물을 추대하는 반정이라는 이름의 쿠데타는 택군의 극단적 형태였다. 조선 후기에 횡행했던 국왕 독살설도 택군의 변형된 형태였다.

인조반정 이후 숙종의 아들이자 희빈 장씨 소생이었던 세자(경종)를 두고 택군이 시작되면서 숱한 비극이 발생했다. 인조반정을 주도한 서인들은 숙종 때 노론과 소론으로 갈라진다. 소론과 남인은 세자(경종)를 지지한 반면 노론은 숙빈 최씨의 아들인 연잉군(영조)을 선택했다. 왕조 국가의 법도에 따르면 노론이 연잉군을 선택한 자체가 역모였다. 경종은 정상적인 절차를 거쳐서 세자로 책봉되었기 때문이다. 지금으로 치면 선거를 통해서 결정된 합법적인 대통령 당선자였다. 다만 즉위 날짜가 미정이라는 점만 달랐다. 그러나 노론은 희빈 장씨의 아들을 임금으로 모실 생각이 없었고, 이런 비(非)신하적인 사고가 거대한 비극의 씨앗을 뿌리게 되었다.

노론, 연잉군을 왕에 올리기 위해 청에 뇌물

노론은 숙종과 손잡고 세자를 연잉군으로 교체하려고 했으나 병석에 누운 숙종이 적극적으로 나서지 않는 바람에 실패하고, 결국 경종이 즉위했다. 그러자 노론은 경종을 끌어내릴 여러 방책을 마련했는데, 이 계획에 청나라까지 동원했다. 『경종실록』의 사관은 경종의 즉위 사실을 알리기 위해 청나라에 간 이이명(李頤命)이 막대한 은화를 가지고 가서 청나라 고관들에게 뇌물을 주었다고 기록하고 있다. 노론은 끝까지 청나라를 부인하고 이미 망한 명나라를 임금의 나라로 섬기던 정당인데 왜 자신들의 정체성까지 부인하면서 청나라 고관들에게 뇌물을 주었을까.

그 이유는 청나라 사신이 와서 국왕의 동생, 즉 연잉군을 만나보겠다고 한 데서 드러났다. 노론이 임금으로 추대할 인물은 연잉군임을 주지시키기 위해 청나라 고관들에게 뇌물까지 뿌렸던 것이다. 이는 결국 노론의 '친명 사대주의'가 임금(광해군)을 끌어내리기 위한 쿠데타 명분에 불과했음을 말해준다. 노론이 경종을 끌어내리려는 와중에 경종 1년(1721) 12월 소론 강경파 김일경(金一鏡) 등이 노론 4대신을 사흉(四凶)으로 공격하는 신축소를 올리면서 정권이 소론 강경파로 넘어갔는데 이를 '신축환국(辛丑換局)'이라고 한다.

김일경을 필두로 소론 강경파가 정권을 잡자 경종 2년(1722) 3월 목호룡(睦虎龍)이 "성상(聖上)을 시해하려고 모의하는 역적들이 있는데, 혹 칼로써, 혹 독약으로, 또 폐출(廢黜, 왕을 쫓아냄)을 모의한다고 합니다. 나라가 생긴 이래 없었던 역적들이니 급하게 토벌해서 종사를 안정시키소서."라고 고변하면서 정국은 거대한 소용돌이 속으로 말려들어간다. 이 역모에는 대다수 노론가(家) 자제들이 가담했는데, 고변자 목호룡이 여기에 깊숙이 개입했던 인물이란 점에서 정국에 엄청난 파장을 불러일으켰다.

목호룡은 남인가 서자로서 종친 청릉군(靑陵君)의 가노(家奴)였는데, 풍수지리에 능해 연잉군 모친의 장지를 정해준 대가로 속신(贖身, 노비에서 양인으로 신분 상승)돼 왕실 소유의 장토(庄土)를 관리하는 궁차사(宮差使)까지 올랐던 인물이었다. 목호룡은 당초 연잉군 쪽에 섰다가 신축환국으로 소론이 정권을 잡자 고변 쪽으로 돌아섰는데, 이 고변 사건으로 김창집(金昌集), 이이명을 비롯한 노론 4대신과 수많은 노론가 자제들이 사형을 당했다.

이 모두가 신하들이 임금을 택하는 택군이 낳은 비극이었다. 이 사건을 임인옥사라고 하는데 더 큰 문제는 노론가 자제들이 경종을 제거한 후 추대하려던 임금, 즉 역모의 수괴가 세제(世弟) 연잉군이었다는 점이다. 경종이 좀 더 권력지향적인 사람이었다면, 이 사건 때 연잉군은 사형당하든지 강화도 교동에 유배돼 생을 마쳤을 것이다.

그러나 경종은 비록 이복형제지만 선왕 숙종의 유일한 핏줄인 연잉군을 아껴서 처벌하지 않았다. 또한 이광좌를 비롯한 소론 온건파가 연잉군 보호에 나서면서 연잉군은 사형당하기는커녕 세제 자리까지 그대로 유지할 수 있었다.

영조 즉위 후 노론과 소론 온건파 당쟁 가열

그러나 경종이 재위 4년(1724) 8월 초부터 병석에 누우면서 정국이 또 한 번 요동쳤다. 와병 중인 경종에게 극심한 흉통과 복통이 발생했는데, 그 원인에 대해서 『경종실록』은 "여러 의원들이 어제 게장을 올리고 곧이어 생감을 올린 것은 의가(醫家)에서 매우 꺼리는 것이라 해서 두시탕(豆豉湯) 및 곽향정기산(藿香正氣散)을 올리도록 청했다."라고 설명하고 있다. 이때 경종의 곁에서 시약(侍藥)하고 있던 세제 연잉군이 인삼과 부자(附子. 바곳의 어린 뿌리)를 쓰려고 하자 어의 이공윤(李公胤)이 "신이 올린 약을 복용하신 후 인삼차를 올리면 기를 운행하는 것이 불가능할 것입니다."라고 반대했다.

자신이 처방한 약에 인삼이 가세하면 세상을 뜰 것이라는 반대였는데도 연잉군은 이공윤을 꾸짖으며 기어이 인삼차를 올렸다. 결국 경종은 그날 새벽 3시쯤 창경궁 환취정(環翠亭)에서 재위 4년 2개월 만에 만 서른여섯의 나이로 승하하고 말았다. 경종에게 게장과 생감을 보낸 인물이 연잉군을 옹호하던 대비 인원왕후이고 이를 경종에게 올린 인물이 연잉군이라는 소문이 광범위하게 퍼졌다. 또한 이공윤을 꾸짖으며 인삼차를 올린 사실도 유포되었다.

연잉군이 즉위하자 경종이 독살당했다는 소문이 널리 퍼진 것은 당연했다. 영조가 즉위 직후 소론 강경파 김일경과 고변자 목호룡을 사형시킨 것이 이런 소문을 더욱 증폭시켰다. 영조가 재위 1년(1725) 1월 경종의 능인 의릉(懿陵)을 참배하기 위해 출궁하자 군사(軍士) 이천해(李天海)가 큰 소리로 저주하는 초유의 사건도 발생했다. 이천해를 국문하던 영조는 "차마 들을 수 없는 음참한 말이어서 입에 담을 수 없으니 좌우의 사관은 쓰지 말라."고 명했고 사관 역시 "그 말이 극히 음참하기 때문에 초책(草冊. 실록의 초고)에 쓸 수 없습니다."라고 답할 정도로 충격적인 말이었다. 28세의 청년 이천해는 24번의 압슬형을 받았으나 아프다는 소리도 하지 않고 죽었는데, 이천해의 말도 경종 독살설과 관련된 것이었다.

영조 즉위에 대한 반발이 잇따르자 노론은 목호룡의 옥사 때 세제 연잉군을 도왔던 소론 온건파까지 제거해서 뿌리를 뽑아야 한다고 나섰지만 더 이상 왕위 자체가 정쟁이 되는 것이 부담스러웠던 영조는 재위 3년(1727) 정권을 노론에서 소론 온건파로 바꾸는 정미환국(丁未換局)을 단행했다. 그리고 이 정미환국이 결과적으로 영조의 왕권을 계속 유지하게 했다.

소론 강경파, 남인 주축 '이인좌의 난' 일으켜

정미환국으로 소론 온건파가 정권을 장악한 상황에서 발생한 사건이 영조 4년(1728) 3월 15일 밤 일단의 무장 세력이 충청도 청주 병영을 점거하는 것으로 시작된 무신란(戊申亂), 즉 이인좌(李麟佐)의 난이

영조 어진.

었다. 이들은 행상(行喪. 주검을 산소로 나르는 일)을 핑계로 상여에 병기를 실어 성 앞 숲속에 몰래 숨겨놓았다가 일어선 것이었다. 봉기 세력의 주축은 소론 강경파와 남인 일부였는데 군중에 경종의 위패를 모셔놓고 조석(朝夕)으로 곡하고 싸우러 나가는 군대였다. 봉기 세력이 보기에는 영조와 노론이 역적이었는데, 『영조실록』은 "(청주)성 안의 장리(將吏)로서 적에게 호응하는 자가 많았다."고 전할 정도로 승패는 알 수 없었다. 이들은 소현세자(인조의 장남)의 증손 밀풍군 탄(坦)을 추대했는데, 이는 '효종 → 현종 → 숙종'으로 이어지는 '삼종의 혈맥'이 연잉군(영조)의 역모 가담으로 끊긴 것으로 보고 새 왕통은 소현세자의 혈통에서 나와야 한다는 정통론을 내세운 것이었다.

봉기군은 각지에 관문(關文)과 격문(檄文)을 뿌렸는데, 영조는 이를 모두 불태우게 하고 이를 지니거나 전하는 자는 목을 베라고 명할 정도로 신경질적으로 반응했다. 영조가 노론 출신의 총융사 김중기(金重器)에게 출전을 명했으나 두려워 나타나지 않을 정도로 노론은 위축되었다. 이때 진압을 자처하고 나선 인물이 소론 온건파 오명항(吳命恒)과 박문수(朴文秀)였다. 이인좌는 이들에 의해 안성에서 패배하고 도주했다가 체포됐다. 결국 소론 강경파가 일으킨 이인좌의 봉기는 소론 온건파에 의해 진압되었다. 정미환국이 없어서 소론 전체와 남인 대다수가 가담하는 전국적인 내란으로 확대되었다면 영조나 노론이 진압하기 쉽지 않았을 것이다.

지난 대선 때 국군사이버사령부와 국가정보원 일부의 불법 선거 운동은 국민들의 대통령 선택권을 부인하고 자신들이 대통령을 선택하려 한 '현대판 택군'에 해당한다. 이것이 대선 결과에 대한 공정성 시비로 이어진 것은 당연한 귀결이다. 일벌백계로 재연을 막아야 할 사안이다. 이인좌의 난 이후 노론에서 다시 소론 온건파까지 공격하자 영조가 "지금 역변이 당론(黨論)에서 일어났으니 당론을 하는 자는 역률로 다스리겠다."면서 탕평책을 시행한 것이 그나마 다행이었다. 그러나 영조는 말과 달리 이후에도 노론의 당론을 선택했고 그 결과는 아들 사도세자를 뒤주에 가두어 죽이는 사상 초유의 비극으로 나타났다. 이 모두가 헌정 질서를 무시한 '택군'이 낳은 비극이었다.

28 | 수사권은 사헌부의 독점물 아니었다

사헌부와 검찰

대한민국 검찰은 수사권과 기소권을 독점하고 있다. 엄청난 권력을 휘두르는 권력기관인데, 과연 검찰은 그만한 권한에 걸맞은 행보를 해왔을까? 검찰의 이미지는 민초들 앞에서는 추상같이 엄하면서도 권력 앞에서는 양같이 순하다는 데에 반론을 제기할 사람은 많지 않을 것이다. 수사권은 물론 기소권까지 독점하고 있는 검찰이 그 막강한 권한에 맞게 중요한 사건들을 명쾌하게 수사해왔더라면 이런 이미지가 씌워졌을까?

오늘날 검찰에 해당하는 조선 시대의 기관은 사헌부(司憲府)다. 『경국대전』은 사헌부의 역할에 대해 '백관(百官)을 규찰하며 풍속을 바로잡고 억울한 사정을 풀어주고 협잡 행위를 단속하는 일을 맡는다'고 규정하고 있다. 사헌부는 사간원(司諫院)과 더불어 양사(兩司) 또는 대간(臺諫)이라고 불렸는데, 두 기관이 모두 백관에 대한 탄핵권을 갖고 있었지만 사헌부에는 여기에 더해 수사권까지 있었다.

『경국대전』은 사헌부의 수장인 대사헌(大司憲)을 종2품, 사간원의 수장인 대사간을 정3품으로 규정하고 있다. 정1품 영의정과 좌·우의정, 종1품 좌·우찬성을 포함해 1품 관리만 다섯 명이 포진한 의정부에 비하면 직급이 크게 낮은 기관이었다. 그러나 대신들도 길에서 사헌부 관리들을 보면 피해간다는 말이 있을 정도로 대간의 위세는 당당했다.

"감찰이 왔다는 소리만 들려도 무서워했다"

조선 후기 사학자 이긍익은 『연려실기술』의 '관직전고(官職典故)'에서 사헌부 관원이 정색하고 조정에 서면 모든 관료가 떨고 두려워한다고 전하고 있다. 사헌부의 이런 권위는 국가에서 부여한 막강한 권한에다 사헌부 관료들의 철저한 자기 관리가 만들어낸 것이었다. 『경국대전』 '예전(禮典)'에는 5품 하관이 3품 상관에게 절을 해도 상관은 맞절을 하지 않는다는 규정이 있다. 그러나 '당상관이라도 사헌부, 사간원 관리는 우대해서 답례한다'는 예외 조항이 있다. 그만큼 대간을 우대한 것이다.

대간의 자기 처신도 이에 못지않았다. 조정 회의 때 사헌부 관료들은 다른 관료들보다 먼저 들어갔다가 회의가 끝나면 다른 관료들이 모두 나간 후에 따로 나가는 것이 전통이었다. 다른 관료들과 어울려서 회의에 드나드는 동안에 청탁을 받을까 우려했기 때문이다. '관직전고'는 사헌부 관료에 대해 "편복(便服. 평상복)으로 거리에 나서지 못했고, 친구가 초상이 나서 반혼(返魂. 장례 후 신주를 집으로 모심)할 때 장막을 교외에 쳤어도 감히 나가서 곡하지 못했다."고 전한다. 친구의 장례식 참석도 꺼릴 정도로 자기 관리에 철저했던 것이다.

사헌부의 내부 기강은 엄격했다. 하루라도 먼저 부임한 선배가 출퇴근할 때는 후배들이 모두 일어서서 예를 표할 정도였다. 그러나 이런 내부 기강은 '우리가 남이가'라는 식의 온정주의나 '부처 이기주의'와는 완전히 달랐다. 사헌부 고위 관료가 비리에 연루되면 사헌부 내부에서 탄핵했다. 중종 2년(1507) 2월 2일 사헌부는 새로 대사헌이 된 이점(李坫)이 과거 경상감사 시절에 흰 꿩을 연산군에게 바쳤다면서 "아첨하여 꿩을 헌납한 자를 어찌 풍헌(風憲. 사헌부)의 장관으로 삼을 수 있겠습니까? 갈기를 청합니다."라고 요청해서 갈아치웠다.

명종 16년(1561)에는 대사헌 송기수(宋麒壽)가 상소에서 논의된 장본인을 지적해 탄핵하지 않았다고 비판하면서 파직시켜야 한다고 요청했다. 송기수의 파직을 요청한 기관이 바로 사헌부였다. 내부 기강은 엄격하지만 비리에 연루되거나 수사를 대충 하면 바로 갈아치워야 한다고 들고일어섰던 것이다. 이렇게 체직된 송기수는 명종 즉위년(1545)에 발생한 을사사화에 가담해 보익(保翼)공신으로 덕은군(德恩君)에 봉해졌던 인물이었는데도 사헌부는 거침없이 탄핵했던 것이다. 자기 기관의 수장도 거침없이 탄핵하는 사헌부가 다른 기관장의 비리에 대해서 어떻게 대했을 것인가를 짐작하는 것은 그리 어렵지 않다. 그래서 사헌부 감찰(監察)은 정6품에 불과하지만 성현(成俔)이 '감찰청벽기(監察廳壁記)'에서 "감찰이 왔다는 소리만 들려도 사람들이 다 몸을 움츠리고 무서워했다."고 전할 정도로 불법에는 추상 같았다.

표피 한 장 꾸어주어 기관 운영

예나 지금이나 추상 같은 권력은 가난과 동의어다. 사헌부와 사간원은 모두 가난한 기관이었다. 『연려실기술』 '관직전고'는 사헌부에 대해 "심히 맑아서 물력(物力)이 없다."고 말하고 있고, 사간원에 대해서는 "제일 청한(淸寒, 맑고 가난함)하다."고 표현하고 있다.

사간원표피(司諫院豹皮)가 사간원의 청한을 설명해준다. 사간원은 표피 한 장을 여러 아문에 돌려가면서 꾸어주어서 그 돈으로 기관을 운영했다는 것이다. 표피 한 장 값으로 자기네 기관을 운영했으니 얼마나 가난했겠는가. 조선 중기의 문신 이행(李荇)은 '사간원계회도(司諫院契會圖)'라는 시에서 이렇게 읊었다.

관사가 차다고 표피를 못 빌려주랴[官冷何妨質豹皮] ……
세한에도 변치 않길 서로 기약하네[歲寒心事要相期]

사간원은 추운 겨울에도 표피를 빌려주어야 겨우 운영되는 기관이지만 세한(겨울)에도 변치 말자는 다짐을 시로 읊은 것이다. 기관뿐만 아니라 개인들도 청한한 것이 전통이었다. 이수광은 『지봉유설(芝峰類說)』에서 사헌부 감찰에 대해 "남루한 옷에 좋지 않은 말과 찢어진 안장, 짧은 사모에 해진 띠를 착용했다."면서 "귀족이나 명사(名士)일지라도 사헌부의 이런 관례를 조금도 바꾸지 않았다."고 전하고 있다. 부유한 집안 출신도 사헌부 관료가 되면 가난한 벼슬 생활을 숙명으로 받아들이는 전통이 유지되었다는 뜻이다.

뿐만 아니라 스스로도 피혐(避嫌)과 상피(相避)를 엄격하게 적용했다.

본인에게 털끝만한 하자라도 있을 경우 스스로 물러나는 것이 피혐이다. 성호 이익은 '대간을 논하다'에서 "나는 우리나라 사람들이 관직과 녹봉을 사양했다는 말을 들은 적이 없지만 대간만은 한번 사단이 일어나면 죽기를 무릅쓰고 물러난다."라고 대간의 피혐 전통을 설명하고 있다. 또한 친족이 유관 부처에 배치되면 둘 중 한 사람이 사직하는 것이 상피였다. 성종 10년(1479) 대사헌 어세겸(魚世謙)은 동생 어세공(魚世恭)이 병조판서가 되자 "사헌부는 병조의 분경(奔競, 벼슬자리 청탁 운동)을 살피고 정사(政事, 인사권)의 잘못을 탄핵해야 한다."면서 자신의 면직을 요청했다. 동생이 판서로 있는데 자신이 대사헌으로 있을 수 없다는 것이다.

그런데 사헌부에도 한계가 있었으니, 고소가 있어야만 수사를 할 수 있다는 것이었다. 성종 때 공신들이 백성들의 전지(田地)를 빼앗거나 제멋대로 전세(田稅)를 거두어서 말썽이 일었다. 그래서 성종 6년(1475) 고소가 없어도 수사할 수 있는 권한을 주자는 의논이 제기되었다. 전지를 빼앗기거나 전세를 더 수탈당한 백성들이 서울까지 올라와서 사헌부에 고소하기는 어려우니 사헌부에서 먼저 인지해 수사할 수 있게 하자는 방안이었다.

공신들 덕분에 왕위에 오른 성종은 공신들의 의견을 물었고 원상(院相)인 한명회와 정창손은 "앞으로도 전부(佃夫, 경작자)로 하여금 사헌부에 고발하게 하여 그 전지를 빼앗고 무거운 벌로 다스리도록 하소서."라고 무제한 수사권에 반대했다. 고소가 있을 경우에만 사헌부가 수사할 수 있게 하자는 것이었다. 지금 검찰은 고소가 없어도 수사할 수 있는 무제한 수사권이 법으로 보장되어 있음에도 권력의 눈치를 보느라 제대로 수사하지 못하니 국민들의 지탄을 받는 것이 일상이 된 것이다.

사헌부는 어떤 사건이건 철저하게 수사하지 않을 도리가 없었다. 수사권은 사헌부의 독점물이 아니었기 때문이다. 사헌부 외에 왕명 사건을 수사하는 의금부(義禁府)가 있었고, 지금의 경찰 격인 포도청(捕盜廳)과 서울시에 해당하는 한성부(漢城府)에도 수사권이 있었고, 법무부인 형조(刑曹)에도 수사권이 있었다. 수사권을 여러 기관으로 나눈 것은 현재 검찰이 보여주고 있는 '봐주기 수사' 같은 것을 미연에 방지하기 위해서였다. 사헌부에서 이런저런 사유로 '봐주기 수사'를 하는 낌새가 보이면 곧바로 사간원에서 탄핵했다. 그러면 의금부나 형조가 재수사에 나섰다. 그러니 구조적으로 '봐주기 수사' 따위를 할 수 없는 구조였다.

검찰 수사권 독점, 또 하나의 일제 강점기 유산

동서고금을 막론하고 권력은 견제를 싫어한다. 대신들의 자리에서 보면 사헌부, 사간원, 즉 대간의 인사권을 장악하려고 할 것이었다. 그래서 우리 선조들은 대간을 살아 있는 권력으로부터 독립시키는 제도적 장치를 마련했다. 다른 문관에 대한 인사권은 이조에 있었다. 그러나 이조의 장관인 이조판서가 대간의 인사권을 장악하는 것을 막기 위해 대간의 인사권만은 이조판서나 이조참판이 아니라 국장 격인 이조전랑에게 주었다. 이 경우 정승이나 이조판서는 이조전랑 자리를 장악하려고 할 것이었다. 이를 막기 위해 이조전랑만큼은 자천제를 실시했다. 이조전랑이 다른 자리로 옮길 때 후임을 천거하는 제도였다. 이때 가장 유력한 천거 기준은 선비들의 여론이었다. 권력에 빌붙는 비루한 인물을 천거했을 경우 '여론에 저촉되어' 선비 사회에서 매장당했다. 말하자면 선비의 명예가 국가의 청렴을 유지하는 핵심 동력이 되었던 것이다.

이를 제도적으로 보장하기 위해 대간에게는 백관에 대한 탄핵권과 수사권을 주면서 대간에 대한 인사권은 이조전랑에게 속하게 했다. 이조전랑 인사권은 떠나는 이조전랑이 행사해서 권력으로부터 제도적으로 독립시켰던 것이다. 조선이 숱한 문제점에도 불구하고 500년이나 유지될 수 있었던 비결은 권력을 철저하게 감시하고, 또한 권력기관을 서로 견제시켰던 이런 국가 운용의 지혜에 있었다.

오늘날 검찰의 수사권 독점은 일제 강점기를 거치며 만들어진 잘못된 관행으로, 우리 선조들이 나라를 운영하던 철학과는 동떨어진 것이다. 율곡 이이(李珥)는 『석담일기』에서 조광조가 백성들의 신망을 받은 이유에 대해 "대사헌 조광조가 법을 공정하게 시행하니 사람들이 모두 감동해서 매양 저자에 나가면 사람들이 모여들어 말 앞에 엎드려 '우리 상전(上典, 주인) 오셨다'라고 말했다."고 회고했다.

지금 수사권과 기소권을 한 손에 쥐고 있는 검찰은 국민들로부터 어떤 대접을 받고 있는가. 검찰도 잘못이지만 검찰을 운용하는 정권의 잘못도 못지않다. 우리 선조들의 국정 운영 방식을 현재에 되살리는 지혜가 필요하다. 검찰이 지금처럼 처신하는 한 수사권 독점은 성역이 될 수 없다.

29 | 쓴소리는 나의 힘

승정원과 비서실

조선에서 국왕을 지근거리에서 보좌하는 기구는 둘이었다. 하나는 승정원이고, 다른 하나는 내시부(內侍府)였다. 승정원은 지금의 청와대 비서실 같은 기관이다. 내시, 즉 환관(宦官)들이 포진한 내시부는 굳이 그 기능으로 비교하면 청와대 비서실 내의 총무비서관실이나 제 1, 2부속실 정도가 될 것이다. 역대 중국 왕조와 고려, 조선 같은 우리 왕조를 비교하면 비슷한 부분도 많지만, 막상 안으로 조금만 깊이 들어가 보면 다른 점도 적지 않다. 그중 대표적인 것이 내시부의 기능과 성격이었다.

환(宦)이란 한자에는 '벼슬'이란 뜻도 있지만 내시나 거세당한 남성을 뜻하는 '고자'란 뜻도 들어 있었다. '내시 엄(閹)' 자를 쓰는 엄인(閹人)이나 엄관(閹官)도 내시를 뜻하는 말이었다. 필자는 과거 중국 역사 드라마를 보다가 공공(公公)이란 말이 거듭 나와서 찾아본 적이 있었다. 시아버지, 어른, 내시란 뜻이 함께 있었다. 그만큼 내시에 대한 인식이 조선과는 달랐다. 중국이라고 환관이란 용어를 사용하지 않은 것은 아니지만 공공이나 태감(太監), 중관(中官) 등이 더 많이 사용되었다. 감(監) 자에 살피다는 뜻이 있는 데서 알 수 있듯이 태감은 상당한 고위층을 뜻하는 용어다.

나라를 위한 쓴소리

실제로 명나라에서는 낮은 품계의 환관은 소감(少監), 그 다음은 중감(中監), 고위 환관을 태감이라고 불렀다. 중국에서 태감의 지위가 어떠했는지는 영락제 때의 태감이었던 정화(1371~1433?)의 사례가 잘 말해준다. 1405년 62척의 함대에 2만 7,000여 군사를 태우고 남경을 출발해 인도네시아, 말레이시아, 스리랑카, 인도 등을 방문하거나 정벌한 것을 비롯해 1433년까지 모두 일곱 차례에 걸쳐 아프리카 동부 해안에서 페르시아 만까지 항해하면서 명나라의 위세를 떨쳤다. 이런 대함대의 지휘자가 내시였다니, 조선의 내시로서는 꿈도 꿀 수 없는 일이었다.

그만큼 내시의 권한이 강했기에 중국에는 환관들의 난도 많았다. 후한(後漢)이 사실상 해체의 길로 접어들고 위, 촉, 오가 싸우는 삼국시대를 맞은 것은 10명의 환관이 정국을 주도하는 '십상시(十常侍)의 난' 때문이었다. 명나라가 망하게 된 것도 마찬가지다. 명나라 말기 지금의 장쑤성(江蘇省) 우시시(無錫市)에 있던 동림서원(東林書院)이 중심인 사대부들의 당파인 '동림당(東林黨)'과 환관 위충현(魏忠賢)이 중심인 '엄당(閹黨)이 치열한 권력다툼을 벌이다가 엄당이 승리하면서 명나라의 멸망이 앞당겨졌다.

그러나 조선은 사대부들의 세력이 강했기에, 비록 같이 임금을 모시는 위치에 있었지만 내시부가 승정원과 권력을 다툰다는 것은 상상하기 어려웠다. 조선의 승정원은 정원(政院), 후원(喉院), 은대(銀臺), 대언사(代言司) 등으로도 불렸으며 『경국대전』에 따르면, 도승지, 좌승지, 우승지, 좌부승지, 우부승지, 동부승지 각 1인씩 모두 6인의 승지가 있었다. 승정원의 장관이 도승지다. 도승지는 지금의 안전행정부 격인 이조(吏曹)를 담당했고, 좌승지는 경제 부처인 호조(戶曹), 우승지는 외교부 격인 예조(禮曹), 좌부승지는 국방부 격인 병조(兵曹)를 담당했다. 우부승지는 법무부 격인 형조(刑曹), 동부승지는 건설부 격인 공조(工曹)를 맡았다. 승지는 정3품이지만 국왕과 늘 함께했기 때문에 정승들도 감히 말할 수 없는 것을 왕에게 말할 수 있었다. 그런 뜻에서 승지를 '내상(內相)'이라고 부르기도 했다. 내시(內侍)가 환관을 낮춰 부르는 용어라면 내상(內相)은 승지를 높여 부르는 용어였다.

승지는 조선의 벼슬아치 가운데 가장 바쁜 이들이었다. 승지들은 사경(四更, 새벽 2~4시)이면 대궐에 나가서 문이 열리는 파루(罷漏)가 되기를 기다렸다. 파루란 물시계의 신호에 맞춰 밤 10시쯤이면 28번의 종을 쳐서 통행을 금지하는 인정(人定)을 알리고, 새벽 4시쯤인 오경삼점(五更三點) 때 33번의 종을 쳐서 성문을 여는 것을 뜻한다. 파루가 된 뒤 대궐문이 열리면 나가서 집무하다가 밤이 깊은 후에야 집에 돌아올 수 있었다. 몸은 고되지만 임금과 늘 함께 지내기에 출세가 보장된 자리였다.

그러나 조선은 벼슬아치들이 모두 유학자였기 때문에 승지들이

임금에게 마냥 고분고분하지만은 않았다. 선조 때 우승지였던 기대
승(奇大升, 1527~1572)은 선조 2년(1569) 경연에서 선조에게 이렇게 말했다.
"이 직책(승지)을 욕되게 맡고 있으면서 한갓 관작만을 탐하고 연연하
여 소회를 아뢰지 않는다면 평소 유자(儒者)로 뜻을 세운 것을 이제
어디에 쓰겠습니까." 유학자는 임금이 듣기 싫은 소리도 나라를 위
해서 필요하다면 해야 한다는 것이었다. 그는 선조에게 또 이렇게
말했다.

> "가까운 신하들이 말하지 않는다면 소원한 신하가 어떻게 말
> 할 수 있겠습니까. 가까운 신하들이 반드시 말을 다 할 수 있
> 어야 마치 사람의 몸에 혈맥이 유통되는 것처럼 모든 일을 할
> 수 있습니다. 혹 중대한 관계가 있는 일이 있는데도 정원(政院)
> 이 말하지 않았다가 뒷날 성상께서 깨닫고 '근밀(近密)한 신하
> 가 어찌하여 말하지 않았단 말인가'라고 하신다면 죽음으로
> 도 죄를 용서받지 못할 것입니다. 이와 같이 (승지는) 아뢰면
> 밖으로는 남과 원한을 맺는 일이 많고 위로는 성상의 위엄을
> 범하는 일이 많아 매우 황공합니다만, 말하지 않으면 일신에
> 죄가 있을 뿐만 아니라 조정을 더럽히고 욕되게 하는 지경에
> 이를 것이므로 감히 아뢰는 것입니다."
>
> _ 『고봉집(高峯集)』 '논사록' 하권

이것이 바로 지근거리에서 임금을 보좌하는 승지들의 자세였다.
가까운 신하일수록 임금이 듣기 싫어하는 말도 해야 한다는 것이
었다. 실제로도 승정원에는 왕의 명령이 부당하다고 생각되면 임금

의 전지(傳旨)를 봉해서 임금에게 반환하는 법이 있었다. 이긍익은 『연려실기술』에서 이런 사례를 전하고 있다. 인조가 호조에 200칸 집을 지을 재목과 기와를 공주의 집에 내리라는 전지를 승지 김덕함에게 내렸는데, 김덕함이 두 번이나 도로 바치고 호조에 내리지 않았다는 것이다.

『인조실록』에는 이를 인조 2년(1624) 6월의 일로 전하고 있는데, 여기서 공주는 인목대비의 딸 정명공주(1603~1685)였다. 인목대비의 딸을 후대하는 것은 인조반정 세력들이 쿠데타의 정당성을 인정받기 위한 방편의 하나였다. 『인조실록』은 승지 김덕함이 인조의 명을 거부한 것을 밝히면서 "김덕함이 승정원에 있으면서 임금의 비하(批下)에 대하여 봉환(封還)한 것이 많았다."고 기록하고 있다. 비하란 임금의 인사명령서, 즉 낙점(落點)을 뜻하는데, 임금의 인사명령서를 거부했다는 것이니 지금의 청와대로서는 꿈도 꾸기 힘든 일이다.

윤국형, 왕자들 횡포 지적하고 좌천당하다

조선의 승지가 어떤 존재인지는 '신무문(神武門)의 변'이 잘 말해준다. 신무문은 경복궁의 북문인데, 중종 14년(1519) 기묘사화 당시 훈구세력인 남곤, 심정 등이 신무문으로 몰래 들어와 중종을 만나 조광조 등 사림들을 제거했던 사건이 '신무문의 변'이다. 다른 대궐문의 열쇠는 승정원이 관리했지만 북문인 신무문 열쇠만은 환관들이 관장하는 액정서(掖庭署)에 소속된 사약방(司鑰房)에 있었기 때문에 내시들에게 명해 신무문을 열고 중종이 몰래 심정 등을 만나서 기묘사화

국립중앙박물관이 소장하고 있는 승정원 관원들의 계(契) 모임을 기록한 『은대계첩』. 은대(銀臺)는 승정원의 별칭이다.

를 일으켰다는 것이다. 연산군 때 임금의 잘못을 간쟁하다가 사형당한 김처선 같은 내시도 있었지만 이는 특수한 경우이고, 중종이 대궐에 몰래 들어가기 위해 내시들이 관장하는 신무문을 열었듯이 내시들은 임금의 뜻을 추종하느라 바쁘기 일쑤였다.

　성공한 임금들은 쓴소리를 하는 승지를 마다하지 않은 반면, 용렬한 군주들은 쓴소리하는 승지들을 싫어했다. 선조는 재위 22년(1589) 4월 승지 윤국형을 특명으로 상주목사로 제수했는데, 사실상 좌천이었다. 윤국형이 선조에게 "왕자들이 산택(山澤)의 이익을 빼앗아 점유하고 또 뇌물 청탁이 행해지고 있다고 하니 더욱 금지시켜야 합니다."라고 왕자들의 횡포를 말하자 지방관으로 좌천시킨 것이다. 『문소만록(聞韶漫錄)』에는 윤국형이 서울을 떠나 남벌원(南伐院)에 이르렀을 때 승정원의 서리 수십 명이 말머리에서 일제히 절하고, "전송하

는 술잔을 드리기를 원합니다."라면서 "승정원에서 수령이 되어 나가
는 것을 본 적이 없어서 한탄스러워 이럽니다."라고 말했다고 전한
다. 윤국형이 말 위에서 두어 잔을 돌린 뒤에 파했는데, 사림(士林)들
이 듣고 아름다운 일로 서로 전했다고 한다.

대한민국 정부 수립 후 역대 청와대 비서실 비서진 중에서 기대승
이나 김덕함, 윤국형 같은 처신을 한 인물을 찾을 수 있을까. 지금
청와대에 이런 비서진을 상상이나 할 수 있을까. 내시 식 처신을 하
는 사람들이 득세를 하니 청와대 비서관을 사칭하는 사건이 끊이지
않는 것이다. 명말청초(明末淸初)의 정치가이자 학자였던 황종희가 『명
이대방록』에서 "나아가서 임금을 섬길 때 천하의 일을 일삼지 않으
면 임금의 종이고, 천하의 일을 일삼으면 임금의 사우(師友. 스승이자 벗)
다."라고 말한 것이 400여 년 전이다. 21세기 대한민국에는 왜 그리
도 종은 많고 사우는 찾기 힘든 것일까.

30 | '4색 당파' 정치공작이 조선에 암운 드리워

최 숙빈과 정치공작

조선의 사색(四色) 당파는 노론(老論), 소론(少論), 남인(南人), 북인(北人)을 뜻한다. 그런데 이들의 원 뿌리는 모두 사림이었다. 사림은 조선 건국에 가담하지 않고 향촌으로 내려갔던 고려 사대부 세력의 후예들이다. 이들이 향촌에서 학문을 닦는 동안 한양에서는 수양대군(세조)이 계유정난이라는 쿠데타를 일으키면서 그 동지들로 구성된 훈구 세력이 정권을 장악했다. 훈구 세력의 지지로 친형 월산대군을 제치고 왕이 된 성종은 막상 즉위하자 훈구 세력을 견제하기 위해 사림 세력을 끌어들였다. 사림을 언론권과 탄핵권이 있는 대간(臺諫, 사헌부·사간원)에 포진시켜 훈구 세력을 견제한 것이다.

성종의 뒤를 이어 왕이 된 연산군은 이런 정치력이 부족했다. 그래서 사림 세력을 보호하는 대신 훈구 세력 편을 들어 재위 4년(1498)의 무오사화와 재위 10년(1504) 갑자사화를 일으켜 사림을 쑥대밭으로 만들었다. 이후에도 사림은 계속해서 훈구 세력의 탄압을 받아 중종 14년(1519)의 기묘사화, 명종 1년(1545)의 을사사화까지 '4대 사화(士禍)'를 겪었다.

한 번 사화를 당할 때마다 사림은 큰 피해를 입었다. 그때마다 사림은 지방으로 내려가서 후학들을 가르치며 재기를 꾀했다. 훈구 세력은 중종 14년 기묘사화를 일으켜 조광조(趙光祖) 일파를 제거하는 데 성공했지만, 이후 많은 사대부가 조광조의 죽음을 동정하면서 사림 집권의 분위기가 형성됐다.

15세기 후반인 성종 후반부터 정계에 등장했던 사림은 명종 말엽부터 선조 초엽에 이르는 16세기 후반에 이르러 집권 세력에 위협이 될 정도로 세력을 확장했던 것이다. 선조 초엽 사림은 100여 년에 걸친 지난한 권력투쟁 끝에 드디어 훈구 세력을 물리치고 정권을 장악했다.

이조전랑 인사 문제로 동인, 서인 갈라져

정권 장악의 여세를 몰아 그간 꿈꾸었던 새 사회 건설에 나서기도 전에 사림은 서인과 동인으로 갈라졌다. 사림이 갈라진 원인은 이조전랑(吏曹銓郞)이란 자리였다. 조선 시대 문관에 대한 인사권은 이조판서에게 주었지만 탄핵권, 수사권, 언론권을 가진 막강한 삼사(三司. 사헌부·사간원·홍문관) 관원에 대한 추천권만은 이조판서나 참판이 아니라 이조전랑(오늘날 안전행정부 인사국장 격)에게 주었다. 권력자가 삼사를 장악하는 것을 방지하기 위한 견제 장치였다.

또한 이조전랑 자리를 대신들이 장악하는 것을 막기 위해 이조전랑의 인사권은 전임자가 후임자를 천거하는 자천제(自薦制)를 실시했다. 이런 시스템으로 권력 독점을 방지한 것이었다. 선조 7년(1574) 이조전랑 오건(吳健)이 이임하면서 후임으로 김효원(金孝元)을 천거했는데, 김효원은 퇴계 이황의 문인으로서 명망이 있었으므로 그의 추천을 당연하게 여기는 분위기였다.

이때 사림의 후견 역할을 해왔던 인순왕후(명종의 비)의 동생 심의겸이 "김효원은 겉과는 달리 한때 권신 윤원형의 식객이었다."고 반대하면서 논란이 일었다. 그러나 김효원은 전랑이 되었고 김효원의 뒤를 이어 심의겸의 아우 심충겸이 후임자 물망에 오르자 김효원이 "이조의 벼슬이 어찌 외척(外戚. 왕비 집안) 집 물건이냐."라고 반대하면서 사림이 둘로 나뉘게 되었다.

김효원을 지지하던 인물들은 비교적 젊은 사림들로 김우옹(金宇顒), 류성룡(柳成龍), 허엽(許曄), 이산해(李山海), 정유길(鄭惟吉), 정지연(鄭芝衍), 우성전(禹性傳), 이발(李潑) 등이었는데, 김효원의 집이 한양 동쪽의 건천동(乾川洞)에 있어서 동인으로 불렸다. 심의겸을 지지하던 인물들은 원로들인 박순(朴淳), 김계휘(金繼輝), 정철(鄭澈), 윤두수(尹斗壽), 구사맹(具思孟), 홍성민(洪聖民), 신응시(辛應時) 등이었는데, 심의겸의 집이 한양 서쪽의 정릉방(貞陵坊)에 있어서 서인으로 불렸다.

오늘날 김대중 전 대통령 중심의 정치세력을 동교동계, 김영삼 전 대통령 중심의 정치 세력을 상도동계라고 불렀던 것에는 이런 역사적 연원이 있는 셈이다.

당파 싸움 통제 못한 선조

동인과 서인으로 갈라진 사람을 통합시키려고 노력했던 인물이 율곡 이이였다. 양당의 통합 이론을 조제론(調劑論)이라고 하는데, 동인과 서인은 모두 사림이고 군자이니 갈라져서 싸울 것이 없다는 논리였다. 그런데 젊은 동인들이 이이의 조제론을 비판하고 나섰다. 이이는 두 당이 모두 사림이니 모두 옳다는 양시론(兩是論)을 제기했는데, 동인들은 "천하에 어찌 두 가지 모두 옳고, 모두 그른 일이 있을 수 있습니까."라고 따져 물었다. 이이는 "무왕(武王)과 백이, 숙제(伯夷, 叔齊)의 일은 둘 다 옳은 것이고, 춘추시대의 전쟁은 둘 다 그른 것"이라고 답변했다. 은(殷)나라 주왕(紂王)의 신하였던 서백(西伯, 무왕)이 주왕을 내쫓고 주(周)나라를 세운 것도 옳고, 서백의 말고삐를 잡고 "신하가 임금을 치는 것이 옳으냐?"고 따졌던 백이, 숙제도 옳다는 논리였다. 이이는 당론을 조제하고자 했지만, 동인들의 거듭된 공격을 받고 저절로 서인이 되고 말았다.

정부 내에 당파가 나뉘어 정쟁할 때 중요한 것이 임금의 역할이다. 오늘날로 치면 여론의 역할일 것이다. 그런데 선조는 이이가 생존해 있을 때는 허봉, 송응개, 박근원 등 이이를 탄핵하는 3명의 동인들을 잇따라 귀양 보낼 정도로 이이를 높게 평가했다가 막상 이이가 이듬해(1584) 세상을 떠나자 생각이 180도 달라졌다. 이에 대해 이건창은 『당의통략』에서 "임금이 이이를 융성하게 대접하다가 사망한 후에는 은혜와 예절이 박절해졌다."고 적고 있다.

선조는 더 나아가 죽은 이이를 비난하기 시작했다. 김시양(金時讓)은 『자해필담(紫海筆談)』에서 선조가 재위 18년(1585) 대사헌 구봉령(具鳳

齡)에게 "(귀양 간) 세 신하가 이이를 큰 간신이라고 말했는데 과연 그러한가?"라고 물었다고 전하고 있다. 구봉령은 "비록 간사하지는 않지만 경솔한 사람"이라면서 그에게 나라를 맡기면 나라가 잘못될 것이라고 답했고, 그 후 '오래지 않아 귀양 간 세 신하가 다 사면되었다'고 쓰고 있다.

선조의 마음이 자신들에게 기울었음을 간파한 동인들은 공세로 전환해 심의겸을 공격했다. 그러자 선조는 "논한 바가 너무 옳아서 더할 나위가 없다."면서 직접 전교를 내려 "(심의겸이) 국권을 마음대로 천단했다."면서 파직시켰다. 그러나 선조를 임금으로 만들어준 인물은 바로 심의겸의 손위 누이 인순왕후였다. 명종은 후계자에 대한 유조(遺詔, 임금의 유언)도 없이 세상을 떠났는데, 부인 인순왕후가 중종의 아홉 번째 아들 이초의 셋째 아들인 하성군(선조)을 임금으로 만들어준 것이었다.

정여립 사건, 동·서인 살육 전쟁 막이 오르다

동인들이 정권을 잡으면서 서인에서 동인으로 당적을 바꾸는 인물도 나타났다. 정여립이 그 장본인인데 선조 3년(1570) 문과에 급제한 그는 당초 서인의 영수였던 이이와 성혼의 제자였다가 이이 사후에 동인으로 당적을 옮겼다. 선조는 이이 사후 동인들을 총애했지만 정여립은 싫어했다. 선조는 심지어 정여립을 "이 시대의 형서(刑恕)"라고 비판했는데, '형서'란 '스승을 배신한 인물'이란 뜻이다. 정여립은 "천하는 공물(公物)이니 어찌 일정한 주인이 있겠는가."라는 말을 남겼다고 전해지듯이, 남다른 사상을 지닌 인물이었다. 선조에게 용납되지 못한 정여립은 낙향 후 전라도 진안 죽도에 서실을 지어놓고 대동계를 조직하고 대동계원들과 활을 쏘는 향사례(鄕射禮) 등의 활동들을 했다.

그러자 서인들은 정여립을 이용해 동인들을 일망타진할 계획을 세웠다. 선조 22년(1589. 기축) 10월 황해감사 한준(韓準)의 비밀 장계(狀啓)가 도착하면서 시작된 '정여립 사건', 즉 기축옥사가 이것이다. 한준의 비밀 장계는 전라도에서 역모가 있다고 고변한 것인데, 그 과녁은 정여립이었다. 서인의 맹장이었던 송강 정철이 나서 동인들을 대거 살육했다.

정여립이 꾸렸던 대동계가 역모의 증거로 사용되었지만, 실제 대동계는 선조 20년(1587) 왜구들이 전라도 손죽도를 침범했을 때 전주부윤 남언경(南彦經)의 요청에 응해 왜구를 물리치기도 했던 조직이었다. 비밀 조직이 아니라 공개된, 그것도 나라를 위해 싸운 조직이었다. 이 사건으로 수많은 동인이 죽음을 당했다. 영의정 노수신(盧守愼), 우의정 정언신(鄭彦信)도 사건에 연루돼 파직되는 등 동인들은 재기가 불가능할 정도로 큰 타격을 입었다.

그러나 선조 24년(1591) 정철은 인빈 김씨 소생의 신성군(信城君)을 세자로 세우려는 선조의 속뜻을 잘못 읽고 광해군을 세자로 세우자고 주청했다가 함경도 명천(明川)으로 유배되고, 정권이 다시 동인 계열로 바뀌게 된다. 정여립 옥사는 원래 같은 뿌리였던 동인과 서인을 서로 화해할 수 없는 적당(敵黨)으로 만들었다. 율곡 이이의 조제론은 설 곳이 없어졌다. 정치공작이 조선 역사에 큰 암운을 드리운 것이었다.

헌법재판소가 통합진보당 해산 결정을 내렸다. 대한민국 헌정 사상 사법부에 의해 정당이 해산된 최초의 사례다. 사전적 의미에서 정당은 '정치적인 주의나 주장이 같은 사람들이 정권을 잡고 정치적 이상을 실현하기 위해 조직한 단체'다. 오늘날 민주주의 국가에서 다양한 국민 여론을 수렴하기 위한 정당정치는 기본 요건이지만, 과거 왕조 체제에서도 정당은 엄연히 존재했다.

31 | 미인계 정권의 최후
노론과 남인, 공작정치의 끝

공작(工作)이란 정보기관이 특정한 목적을 이루기 위해 계획적으로 수행하는 비밀 활동을 뜻한다. 정보기관이 정치에 파고들어 하는 일이 '공작정치'다. 공작정치의 특징은 주로 집권 세력이 정권 유지나 정권의 위기를 타개하기 위해 각종 공작을 수행하는 것이다. 군부독재 정권은 공작정치 정권이라고 해도 과언이 아닐 정도로 공작정치는 한국 현대사에 큰 어둠을 드리웠다. 그러나 공작정치는 군부독재 정권의 전유물은 아니다. 조선 시대에도 행해졌다.

『국조보감(國朝寶鑑)』 중종 14년(1519)조에 따르면, 훈구 계열의 남곤 등이 대궐의 나뭇잎에 꿀물로 '주초위왕(走肖爲王)'이란 네 글자를 써서 벌레가 파먹게 했다고 전한다. '주초(走肖)'는 조(趙)를 뜻하니 조광조가 임금이 된다는 뜻이다. 이런 정치공작에 걸려든 조광조는 끝내 사약을 마시고 세상을 떠나야 했다.

노론, 남인 제거 위해 '임술고변' 기획

조선 후기 인조반정 쿠데타를 주도한 서인(노론)도 야당이었던 남인을 제거하기 위해 공작정치를 폈다. 그런데 남인은 당초 서인이 정권으로 끌어들인 세력이었다. 율곡 이이의 제자들인 서인은 쿠데타를 일으켜 광해군을 쫓아냈지만 사대부를 비롯한 민심은 싸늘했다. 여기저기서 쿠데타에 반발하는 움직임이 일자 다급해진 서인은 남인 영수 이원익을 영의정으로 추대해 민심을 수습했다. 이렇게 남인은 일종의 '관제 야당'으로 인조반정 체제에 편입되었다.

이건창의 『당의통략』에 따르면, 반정 초에 공신들이 모여서 두 가지 비밀 약조를 했다. 첫째는 국혼(國婚)을 잃지 말자는 것이고, 둘째는 산림(山林)을 높여 임용하자는 것이었다. 국혼을 잃지 말자는 뜻은 세자빈을 서인가(家)에서 독점하자는 말이다. 즉 차기 국왕을 장악하겠다는 뜻이었다. 산림을 높이자는 말은 재야의 유학자들을 높여서 반정 정권의 명분을 세우자는 것이었다. 반정 일등공신 김류가 "이조참판 이하는 (남인을) 쓸 수 있지만 이조판서 이상 및 의정부에는 남인을 쓸 수 없다."고 말했다는 이야기도 있는 것처럼 서인은 남인을 끌어들이기는 했어도 관제 야당 이상의 의미는 아니었다.

그러나 남인이 예송논쟁을 계기로 정권에 도전하자 상황이 달라졌다. 효종의 죽음을 계기로 발생한 1차 예송논쟁(1659. 효종 10)에서는 서인이 승리했지만, 15년 후인 2차 예송논쟁(1674. 현종 15)에서 남인이 승리하면서 숙종 초년에 정권을 장악하는 데 성공했다. 그러나 숙종 6년(1680) 서인은 경신환국(庚申換局)으로 남인을 축출하고 다시 정권을 장악했다. 이후 다시는 남인에게 정권을 빼앗기지 않겠다는 목표로 정치공작에 나서면서 조선 정치사에 큰 파장이 일어난 것이다.

경신환국으로 서인이 재집권한 지 2년 6개월 후인 숙종 8년(1682) 10월. 전 병사(兵使) 김환과 무과 급제자 출신 이회, 군영의 장교인 기패관(旗牌官) 한수만 등이 역모를 고변했다. 남인 허새, 허영 등이 복평군을 왕으로 추대하고 대왕대비에게 수렴청정을 시키려 했다는 고변이었다. '주초위왕'이 조광조를 과녁으로 삼았다면 이번 고변은 복평군을 과녁으로 삼은 것이었다. 인조의 손자이자 인평대군의 세 아들인 복창군, 복선군, 복평군 형제는 당시 '삼복(三福)'으로 불렸는데, 서인보다 남인과 가까웠기 때문에 서인의 과녁이 된 것이다.

경신환국 직후 남인 영의정 허적의 서자인 허견이 사형당한 이유도 복선군을 왕으로 추대하려 했다는 혐의 때문이었다. 이 역시 서인의 정치공작이었는데, 이 사건에 대한 의혹이 세간에 자자한 가운데 2년 후 또다시 남인이 복평군을 왕으로 추대하려 했다는 고변 사건이 발생한 것이다. 이 고변 사건에 대한 수사가 시작되자 비슷한 고변이 잇따랐다. 이것이 모두 숙종 8년(1682, 임술)에 발생했으므로 '임술고변'이라고 불리는데 내막은 복잡하지만 목적은 모두 남인을 도륙하는 것이었다.

협박당한 자는 사형, 협박한 자는 면죄

그런데 예나 지금이나 정치공작에는 기획 총책이 있기 마련이다. 임술고변의 총책은 우의정 김석주였다. 김석주의 부친 김좌명은 숙종의 모친 명성왕후의 큰아버지였으므로 김석주도 왕의 외척이었다.

김석주는 대동법의 경세가 김육의 손자였다. 효종, 현종 연간에 서인이 대동법을 둘러싸고 대동법에 찬성하는 김육 중심의 한당(漢黨)과 이에 반대하는 김집, 송시열 중심의 산당(山黨)으로 갈릴 때 김석주는 조부와 부친을 따라 한당이 되었다. 사실 남인이 제2차 예송논쟁 와중에 정권을 잡을 수 있었던 것도 산당에 원한을 가진 김석주가 남인 편을 들어서 숙종을 움직였기 때문이다. 그러다가 남인의 세가 커지자 오히려 그는 남인을 제거하는 경신환국을 일으켰고, 나아가 남인의 씨를 말리기 위해 임술고변을 기획했던 것이다.

이건창의 『당의통략』과 송시열의 제자 권상하의 『한수재집(寒水齋集)』 등에는 김석주가 주도한 임술고변의 실상이 생생하게 담겨 있다. 김석주가 고변자 김환에게 공작금을 주면서 서울 용산에 사는 남인 허새, 허영의 옆집으로 이사하라고 시켰다는 것이다. 허새, 허영과 가깝게 사귄 후 서로 장기를 두면서 김환이 이기면 "나라도 이렇게 취해야 한다."라고 떠보라고 말했다. 그래서 허새, 허영이 동조하면 바로 신고하라는 것이었다. 그러자 김환은 "그들이 도리어 나를 고변하면 어떻게 하느냐."면서 거절했다. 김석주는 "그것은 모두 내 손에 달린 일이니 걱정하지 말라."고 달래는 한편 "명을 따르지 않으면 목을 베겠다."고 위협했다는 것이다. 그런데 공작이 마무리되기 전에 김석주가 사신으로 북경에 가게 되면서 심복인 어영대장 김익훈에게 이 일을 대신 맡겼다. 기획 총책이 자리를 비운 사이에 김환은 허새, 허영을 유인했지만 두 사람은 '옆집에 이사 온 김환이 역모를 꾸미는 것 같다'는 소문을 퍼뜨렸다. 그러자 허새, 허영이 자신을 먼저 고변할지 모른다고 우려한 김환이 선수치듯이 고변한 것이었다. 그러자 공을 탐낸 여러 명이 뒤따라 고변에 가세했다.

허새, 허영은 서인이 포진한 국청에 끌려와 극심한 고문을 당했다. 허새는 압슬형(壓膝刑)을 포함한 혹독한 형신 끝에 역모를 시인했고, 허영도 고문에 못 이겨 혐의를 시인했다. 김석주가 기획한 정치공작은 성공으로 끝나는 듯했다. 그러나 갑작스런 변수가 발생했다. 『숙종실록』에서 "허새가 죄를 승복한 뒤에도 모주(謀主. 일을 주장하여 꾀하는 사람)에 대한 항목만은 끝내 하나로 귀일되지 않아 연달아 일곱 차례의 형신을 받았다."고 말하는 것처럼 모주가 복창군이라는 사실만은 끝내 부인했다. 그래서 허새, 허영은 사형시킬 수 있었지만 복창군 제거 계획은 실패한, 절반의 성공이었다.

어영대장 김익훈은 전익대를 시켜 전 경주부윤 유명견을 또 역모로 몰았는데, 이 공작은 실패로 끝났다. 그래서 허새, 허영을 고변했던 김환, 이회, 한수만은 공신이 되었지만 유명견을 물고 들어갔던 전익대는 거꾸로 유배형에 처해졌다. 그러자 정치공작이란 소문이 광범위하게 퍼져나갔다.

이를 두고 서인이 둘로 갈라졌다. 서인 중에서도 젊은 서인은 자당의 원로들이 주도한 정치공작에 강하게 반발했다. 김육과 함께 대동법에 찬성했던 조익의 손자인 승지 조지겸과 집의 한태동 등 젊은 서인이 재수사를 요구하고 나섰다. 『당의통략』은 "이때 사류(士類)들이 다투어 '김익훈이 남을 유인해 역모로 만들었으니 그 마음은 자신이 역적이 된 것보다 더 나쁘다'고 말했다."고 전하는 것처럼 당시 젊은 서인들은 당익(黨益)을 뛰어넘는 원칙과 정의감을 가지고 있었다.

젊은 서인들의 재수사 요구로 귀양 간 전익대를 불러 다시 심문했는데, 김환이 사주했다고 고백했다. 김환을 국문해야 했지만 이 경우 사주한 김익훈과 김석주의 실체가 드러날 것을 우려해 김환은 국문 없이 귀양 보내고 전익대는 사형시키는 것으로 매듭지었다. 주범은 귀양에 그치고 종범은 사형을 당한 것이다. 그래서 조지겸은 "협박을 당한 전익대는 죽었는데, 유혹하고 협박한 자(김환) 홀로 죄를 면하겠습니까?"라고 강하게 항의했다.

『당의통략』이 "모두 김석주와 김익훈이 사주한 것인데, 전익대만 후원자가 없었으므로 혼자 죽었다고 사람들이 일렀다."라고 기록한 것처럼 정치공작에 대한 비난이 들끓었다. 이 사건은 서인을 둘로 나누어놓았다. 정치공작에 찬성하는 서인 원로 중심의 노론과 반대하는 젊은 서인 중심의 소론으로 갈린 것이다.

공작정치에 물든 사대부들, 정상적 정치는 실종되다

이 사건 이후 노론과 남인은 서로를 국정 파트너가 아닌 적당(賊黨)으로 여겼다. 하늘을 우러러 한 점 부끄러움 없어야 할 사대부들은 정치공작에 물들었다. 원한을 가진 남인은 희빈 장씨라는 미인계를 이용해 정권을 잡은 후(기사환국) 임술고변을 무고로 판정 짓고, 김익훈 등을 사형시켰다. 그 후 서인은 다시 숙빈 최씨라는 미인계를 사용해 정권을 잡은 다음(갑술환국) 여러 남인을 사형시켜 보복했다. 정권교체가 곧 살육으로 이어지니 공작정치가 일상화되면서 정상적인 정치 체제를 다 삼켜버렸다.

오늘날에도 사라져가던 군부독재 시대 공작정치의 음습한 기운이 되살아나고 있는 것은 대한민국의 큰 불행이다. 국가 기밀인 남북정상회담 관련 회의록이 대선용으로 흘러다니는가 하면 국정원의 대선 개입 사건으로 전(前) 국정원장이 법정에 섰고, 역시 대선 불법 개입으로 국군 사이버사령부의 심리전 단장도 구속됐다. 그간 숱한 희생 끝에 겨우 정상 궤도로 향하던 정치 체제를 파탄으로 몰고 가는 반(反)국가, 반(反)문명적 범죄 행위다. 정치공작은 정권의 정당성에 대한 뿌리 깊은 부정 세력을 양산함으로써 국가의 안정을 해치게 되어 있다. 정치공작이라는 후진적 정치 행태를 근절시키고 문명국가들과 어깨를 나란히 할 정치 시스템으로 복원시킬 의무는 집권 세력에게 있다.

32 | "명나라 군대 주둔은 절대 불가하옵니다"

임진왜란과 전작권 반환

북만주 치치하얼(齊齊哈爾) 북쪽의 묵이근(墨爾根)이라는 곳에는 옛날 묵이근성이 있다. 묵이근 고도역참(古道驛站) 박물관은 북만주 지역의 옛 도로와 역참 등에 관한 자료를 모아놓은 곳이다. 역참이란 교통, 운수, 통신 기관을 뜻한다. 그곳에 있는 전시물 중 하나가 아극살(雅克薩) 전투이다. 아극살 전투란 청나라와 제정(帝政) 러시아가 맞붙은 전투인데, 러시아에 빼앗겼던 강역을 청나라 장수 살포소(薩布素)가 되찾았다고 써놓고 있었다. 아극살 전투는 1649년에서 1689년까지 벌어진 전투로, 조선 효종 재위(1649~1659) 때와 겹친다. 효종 때 두 차례에 걸쳐 러시아를 정벌했던 나선정벌(羅禪征伐)과 직접 연관이 있는 전투다.

그 무렵 러시아인들이 흑룡강 주변에 나타나면서 긴장이 높아졌는데, 그들이 이곳까지 진출한 이유는 모피를 얻기 위해서였다.

조선군, 두 차례 나선정벌 모두 승리

17세기 중반, 여러 러시아 원정대가 흑룡강까지 진출했다. 그중 하바로프(E. Khavarov)는 흑룡강 우안(右岸)에 알바진(Albazin) 성(城)까지 쌓고 군사기지로 삼았다. 남하하는 러시아 세력에 맞서 청나라는 1652년 지금의 북만주 영안(寧安) 지역인 영고탑(寧古塔)에 군사를 주둔시켜 막게 했으나, 러시아군과 맞붙어 연속 패배했다. 그러자 1653년에는 사이호달(沙爾虎達)을 영고탑 지방 앙방장경(昻邦章京. 후에 장군으로 개칭)으로 삼으면서 이듬해 조선에도 원병을 요청하기에 이르렀다. 그러면서 조선도 청·러 분쟁에 끌려들어가게 된 것이다.

효종 5년(1654) 2월 초 서울에 들어온 청나라 사신 한거원(韓巨源)은 효종에게 나선정벌에 나서달라고 요청했다. 효종은 "나선(羅禪)이란 어떤 나라인가."라고 물었다. 나선은 러시아의 음역(音譯)인데, 한거원은 "영고탑 곁에 별종이 있는데, 이것이 나선입니다."라고 답했다. 조선은 병자조약에 의해 청나라의 요청을 거부할 상황이 아니었기 때문에 두 차례에 걸쳐 군사를 파견했다. 이것이 1, 2차 나선정벌인데, 1654년의 1차 나선정벌은 함경 북우후(北虞侯) 변급(邊岌)이, 4년 뒤인 1658년의 2차 나선정벌은 함북 병마우후 신류(申瀏)가 이끌었다.

1차 나선정벌군은 조총군 100명 등 150명의 군사가 3월 26일 두만강을 건너 흑룡강 유역에서 러시아군과 싸웠다. 변급은 러시아의 전선(戰船)을 목도한 후 정면 승부는 승산이 없다고 판단하여 유붕(柳棚. 통버드나무로 만든 방패)을 만들어 땅에 세우고, 이를 방패 삼아 러시아 함선에 집중 사격을 가하는 전법을 구사했다. 조선군은 조총 명중률이 상당히 높았기에 러시아군을 격퇴하고 6월 13일 영고탑으로 돌아와 21일에는 두만강을 넘어 무사히 귀국할 수 있었다. 84일 간의 일정이었다. 1차 나선정벌 이후 러시아군들은 '머리 큰 사람[大頭人]이 두렵다'고 했을 정도인데, 이는 벙거지를 쓴 조선 소총부대의 위력에 놀랐기 때문이었다. 그러나 조선군이 빠진 청나라군은 다시 러시아에 대패했고, 청나라는 1658년 다시 조선군의 출병을 요구했다.

제2차 나선정벌은 신류가 조총수 200명을 비롯한 260여 명의 군사를 거느리고 5월 2일 두만강을 건너 9일 영고탑에 도착하면서 본격화되었다. 조청(朝淸) 연합군은 6월 10일 흑룡강과 송화강이 합류하는 지점에서 러시아 스테파노프 함대와 만나 격전을 벌였다. 조선군 사령관 신류는 전선(戰線)일기인 『북정일기(北征日記)』를 남겼는데, 조선의 모든 군사가 "일시에 쳐들어가 활과 총포를 무수히 쏘았는데, 적병들이 숨 돌릴 겨를 없이 총탄과 화살이 빗발치듯 떨어지니 배 위에서 총을 쏘던 적병들은 드디어 지탱할 수가 없어 모두 배 안으로 들어가 숨기도 하고 배를 버리고 강가의 풀숲으로 도망치기도 했다."고 전하고 있다.

명나라, 조선에 상주 관청과 군사 주둔 계획

이처럼 전투는 조선군의 일방적인 승리로 끝나는 듯했다. 이때까지 조선군은 사상자도 없었다. 그러나 조청 양군이 러시아의 전선에 쇠갈고리를 던져 끌어당긴 후 불을 지르려는 찰나에 재물에 욕심이 생긴 청군 사령관 사이호달이 "불태우지 말라."는 긴급 명령을 내리면서 사태는 이상하게 흘러갔다. 조청 양군이 주춤하는 사이 풀숲에 잠복해 있던 러시아군이 사격을 가해 다수의 사상자가 발생했다. 신류는 "여세를 몰아 일시에 적선들을 불태웠다면 적병 중에 살아남은 자는 한 사람도 없었을 것이고 우리 또한 손실이 없었을 터"라고 안타까워했다. 그러나 작전 지휘권은 사이호달에게 있었기 때문에 따르지 않을 수도 없어 조선군은 8명이 전사하고 25명이 부상하는 피해를 입었다. 청군은 120여 명이 전사하고 200여 명이 부상당했다.

사이호달은 노획한 러시아 전선 한 척을 내주면서 전사한 조선군을 화장(火葬)하라고 했으나, 신류는 조선의 풍습에 화장은 없다면서 "만리이역(萬里異域)에서 죽어간 그들의 시체를 본국으로 실어갈 수 없을진대 본국의 법식대로 매장하겠다."고 주장하고 흑룡강가의 약간 높은 언덕 위에 자리를 잡고 전사자들을 같은 고향 사람들끼리 나누어 묻어주었다. 『북정일기』에는 '길주 사람 윤계인·김대충, 부령 사람 김사림, 회령 사람 정계룡, 종성 사람 배명장·유복, 온성 사람 이응생·이충인'이라고 적혀 있는데, 신류는 "아아! 멀리 이국 땅에 와서 모랫벌에 묻힌 몸이 되었으니 참으로 측은한 마음 이를 데가 없구나."라고 애도했다. 사이호달은 러시아의 재침이 우려된다는 이유로 이듬해(1659) 봄까지 주둔하면서 지키라고 요구했으나, 신류가 그 불가함을 조목조목 설명하며 반박한 끝에 11월 18일 영고탑을 떠나 12월 12일 회령으로 귀국할 수 있었다.

선조 30년(1597)에는 명나라가 평안도에 둔전(屯田)하겠다는 의사를 밝혀오면서 조정에 큰 논란이 일었다. 명나라에서 조선 땅에 상주 관청과 군사를 주둔시키겠다는 계획이었다. 자국 땅에 외국군이 주둔하겠다는 것에 대해 선조는 "명나라 군의 둔전은 부득이한 것으로서 우리나라를 위한 것이 아닌 것이 없으니 들어주지 않을 수 없다."라고 받아들이려고 했다. 선조는 "내 생각에 명나라와 우리나라는 한 집안이 되었으니 허락해도 좋을 듯하다."며 "적(賊, 일본)이 이 사실을 듣는다면 명군(明軍)이 오래 머무를 계획을 갖고 있다는 것을 알고 반드시 두려워하게 될 것"이라고 낙관했다. 하지만 당시 명군은 횡포가 심하기로 유명했다. 이런 우려에 대해 선조는 "혹 폐를 끼칠 염려가 있지만, 나라가 지탱하지 못할 지경인데 어찌 그에 대한 폐단을 말하겠는가?"라고 합리화했다.

선조는 임진왜란 초기 삼도순변사 신립이 탄금대에서 패전했다는 소식을 듣자마자 일본군이 도성에 그림자도 보이기 전에 부랴부랴 한양을 버리고 도망간 용렬한 군주였다. 선조는 압록강을 건너 요동으로 도망가는 '요동내부책(遼東內附策)'을 수립하고 조선을 버리려고 했다가 영의정 류성룡이 "안 됩니다. 대가(大駕, 임금의 가마)가 우리 국토 밖으로 한 걸음만 떠나면 조선은 우리 땅이 되지 않습니다."라고 강력하게 반발하는 바람에 무산되기도 했다. 선조는 "명나라가 어찌 이로 인해서 우리나라를 취할 리가 있겠는가."라고 낙관하면서 둔전을 받아들이려 했다. 그러자 류성룡이 다시 나서서 반대했다. "명나라 관원이 나와서 모든 일을 일체 관찰사처럼 자기 뜻대로 하려고 한다면 우리나라는 다시 손을 댈 곳이 없게 될 것입니다. 더구나 나오는 자가 반드시 다 선한 사람일 수는 없을 것이니 견뎌내기 어려운 지경에 이를 경우 다시 철거를 청하려 해도 되지 않을 것입니다."

그러나 선조는 계속 "비록 폐단이 있다 하더라도 적이 오는 걱정에 비교한다면 차이가 있을 것이다."라면서 명군의 국내 주둔을 밀어붙일 기세였다. 영돈녕부사 이산해(李山海)도 "둔전을 많이 설치한다

면 반드시 견디기 어렵겠지만, 한 관원을 내어 둔전을 한다면 혹 가
능하겠습니다."라고 선조에게 가세했다. 이때 류성룡이 "과거 원나라
가 창원(昌原)에 정동행성(征東行省)을 설치하였는데, 오래 머무르며 폐를
끼쳐서 견뎌낼 수가 없었습니다."라고 끝까지 반대해 저지시켰다.

명나라는 임진왜란 후 조선을 구해줬다는 명목으로 이전과는 달
리 왕위 계승 문제까지 직접 관여하는 등 조선을 지배하려는 뜻을
노골화했다. 만약 이때 선조의 뜻대로 평안도에 명나라 군대를 주둔
시켰다면 어떤 일이 벌어졌을지 알 수 없는 노릇이었다. 최악의 경우
명나라에서 조선을 합병하겠다고 나올 수도 있었다.

"무인은 거칠망정 나약해서는 안 돼"

오늘날 미국과의 전시작전통제권(전작권) 반환 재연기를 둘러싼 논란
을 보면 조선의 임금 선조가 생각난다. 2011년 기준으로 한국의 국
방비는 308억 달러로, 북한의 9억 2,000만 달러보다 33.4배나 많다.
현대전은 경제전인데 경제력에서는 비교조차 되지 않는다. 그럼에도
전작권 반환을 사실상 무기 연기했으니 사생관이 뚜렷해야 할 '군인
정신'이 있기나 한지 묻지 않을 수 없다. 북벌군주 효종은 쓸 만한
군인이 없는 것을 한탄하며 이렇게 말했다.

> "옛 사람이 말하기를, '밭갈이는 마땅히 남자 종에게 묻고 길
> 쌈은 여자 종에게 물어야 한다'고 했다. …… 문(文)이라고 이
> 름했으면 글을 읽고 학문을 강론하는 것이고, 무(武)라고 이름

했으면 병법을 익히면 되는 것이다. 무인을 등용하는 도는 차라리 거칠고 사나운 것이 지나칠망정 나약하고 옹졸해서는 안 되는데 지금 비국(備局, 비변사)의 낭청(郞廳, 실무자)을 뽑을 때 지혜도 있고 힘도 있는 자를 뽑지 않고, 단지 글자나 알고 영리한 자를 뽑다 보니 모두 서생들뿐이다. 급한 상황에서 적을 상대할 때 서생을 쓸 수 있겠는가. 이것이 우리나라 풍습이 추구하는 큰 병폐다.”

_「효종실록」 3년 5월 15일

외국으로 하여금 계속 우리를 지휘해달라고 부탁하는 영리한 군인들을 꾸짖는 말 같다.

33 | 백범이 광복 소식에 한탄한 이유는?

광복군의 독립성과 전작권 양도

1945년 8월 15일 대한민국 임시정부 주석 김구는 서안(西安)에 있었다. 섬서성 주석 축소주(祝紹周)와 저녁 만찬을 마치고 쉬고 있는데, 중경(重慶)에서 전령을 받은 축 주석이 "왜적이 곧 항복한다."고 전해주었다. 그러나 뜻밖에도 김구는 『백범일지』에 "이것이 내게는 기쁜 소식이라기보다는 하늘이 무너지는 듯한 일이었다."라고 한탄했다고 적고 있다. "천신만고로 수년간 애를 써서 참전할 준비를 한 것도 다 허사가 되었다."는 것이다.

1919년 3·1운동 직후 상해로 망명해 1945년까지 온갖 신고를 다 겪은 만 예순다섯 노혁명가의 반응치고는 뜻밖이다. 그 이유는 한국광복군이 정식 참전을 눈앞에 두고 있었기 때문이었다. 한국광복군이 제2차 세계대전에 참전하지 못해 '장래에 국제 간에 발언권이 박약하리라'는 예상 때문이었다. 축 주석 집에서 나온 김구는 "내 차가 큰길에 나설 때에는 벌써 거리는 인산인해를 이루고 만세 소리가 성중에 진동하였다."고 말하고 있다. 그러나 그 누구보다도 기뻐해야 할 임정 주석 김구는 낙담할 수밖에 없었다.

임정 깃발로 국내 진공 작전 펼쳤더라면

3·1운동의 결과물로 탄생한 대한민국 임시정부가 위기에 빠진 근본 이유는 '무장투쟁론'보다 '외교독립론'을 우선했던 독립운동 전략 때문이었다. 그렇다고 해서 임정이 무장투쟁 자체를 방기한 것은 아니었다. 임정이 1919년 12월 18일 발표한 '대한민국 육군임시군제' 등이 이를 말해준다. 이에 따르면, 임정은 1만 3,000~3만여 명의 병력을 보유한 군단급 군대 편성을 목표로 하고 있었다. 이 정도 병력이 있어야 일제와 전면전을 벌일 수 있다고 판단한 것이다.

이때 만주 지역에는 70여 개의 독립군 무장단체가 있었다. 압록강 대안 서간도의 이상룡, 김동삼 등이 이끄는 '서로군정서'와 두만강 북쪽 북간도의 서일, 김좌진 등이 이끄는 '북로군정서'가 대표적이었다. 서로군정서의 모체인 교민 자치 조직 한족회는 "임시정부의 위치는 상해에 두되 독립군을 지휘할 군정부는 만주에 두자."고 임시정부에 건의하기도 했다. 사실 이 방안이 외교독립론과 무장투쟁론을 모두 만족시킬 수 있는 최선의 방책이었다.

상해 임정에서는 외교독립론에 따라 외교 활동을 하고 만주의 군정부에서는 무장투쟁론에 따라 임정의 깃발로 국내 진공 작전을 펼쳤다면 상황은 달라질 수 있었다. 만주의 통의부 일부 세력이 대한민국 임시정부 육군주만참의부(참의부)로 재편돼 활발하게 국내 진공 작전을 전개한 적은 있었다. 그러나 한족회의 건의대로 만주에 군정부를 둬 통일적인 무장투쟁을 전개하지는 못했다. 여기에는 외교독립론에 치중했던 임정 노선의 문제가 가장 컸지만, 임정 군무차장 김희선의 "뜻은 좋으나 재정이 문제"라는 말처럼 군정부를 유지할 재정이 없었던 문제도 있다. 임정의 연통제와 교통국이 일제의 탄압으로 1년도 못 가서 와해된 데다 임정 대통령 이승만이 임정 직제에도 없는 구미위원부를 미국에 만들어 미주 주민들의 애국후원금을 별도 관리한 탓에 임정의 재정은 어려웠다.

3·1운동의 열기가 가라앉으면서 큰 위기에 빠진 임정의 돌파구를 연 것이 1930년대에 시작한 '의열투쟁'이었다. 임정 산하 한인애국단 소속의 이봉창이 1932년 1월 8일 일왕에게 폭탄을 투척하고, 같은 해 4월 29일 윤봉길이 상해 홍구공원에서 상해 파견군 사령관 시라카와(白川義則) 대장 등을 폭살시킨 홍구공원 의거는 세계를 놀라게 했다. 중국의 장개석(蔣介石) 총통은 "중국의 백만 대군도 못한 일을 일개 조선 청년이 해냈다."면서 임정에 대한 지원에 나섰다.

이런 상황에서 1937년 중일전쟁이 발발하자 임정은 유동열, 이청천, 이복원, 현익철, 김학규, 안공근 등 6인으로 군사위원회를 구성해 광복군 창설에 나섰다. 그러나 전열을 채 정비하기도 전인 1937년 10월 일본군이 임정이 있던 항주(杭州)를 점령하자 임정은 장사(長沙), 광주(廣州), 유주(柳州), 기강(綦江), 중경 등지로 떠돌아다녀야 했다. 중경에 도착한 이후 한국광복군 창설에 착수했다. 1940년 5월 임정은 '한국광복군 편련 계획 대강'을 발표하는데, 주요 내용은 다음과 같다.

① 군의 경비 및 기재 장비는 외국 원조로 충당한다.

② 군사 간부를 단기 훈련으로 대량 양성하는 한편 국내, 만주, 남북 중국에 요원을 파견하여 동포 사병을 초모 훈련한다.

③ 군 창립 1개년 후에는 최소 3개 사단을 편성해 중·미·영 등 연합군에 교전단체로 참가해 전투를 전개한다.

광복군, 중국군사위원회의 '예속' 요구 거부

임정은 중국의 한국 담당 책임자인 주가화(朱家驊)를 통해 이 계획을 장개석에게 제출했는데, 장개석은 이를 승인했지만 중국군사위원회는 거부했다. 임정이 중국군사위원회의 '광복군 예속' 요구를 거부하고 독립성과 자주성을 주장했기 때문이다. 중국군사위원회는 중국 땅에서 중국의 자금으로 운영하는 군대는 자신들이 지휘해야 한다고 주장했지만 이는 임정의 뜻과 달랐다. 임정은 중국군사위원회의 '예속' 요구를 거부하고 1940년 8월 4일 총사령 이청천, 참모장 이범석 등 30여 명의 군사 전문가로 광복군 총사령부를 구성했고, 9월 15일에는 김구가 '한국광복군 선언문'을 발표해서 광복군 창설을 공식적으로 선언했다. 나아가 임정은 9월 17일 중경의 가릉빈관(嘉陵賓館)에서 광복군 총사령부 성립식을 개최했는데, 중국의 여러 유력 인사들과 각국의 외교사절 및 각 신문사 대표들도 초청했다. 미주 교포들이 보내준 4만원의 후원금으로 치른 행사였다.

한국광복군은 중국군사위원회 예속을 거부하고 임시정부의 직할

광복 3년 전인 1942년에 찍은 광복군 징모 제3분처 환송기념사진. 맨 앞줄 가운데가 김구, 그 오른쪽이 이시영이고, 맨 뒷줄 왼쪽 두 번째부터 조소앙, 이청천, 이범석이 보인다.

군대로 창설되었다. 그러자 중국군사위원회는 중국 내 각 전구(戰區) 사령관에게 광복군의 활동을 통제하라고 명령했고, 이 때문에 광복군은 중국 내에서 정상적인 활동을 할 수 없었다. 이런 와중에 중국 군사위원회 군정부 관할 하에 있던 조선의용대가 중국공산당 지배 지역인 화북(華北)으로 넘어가는 사건이 발생했다. 장개석은 참모총장 하응흠(何應欽)에게 광복군과 조선의용대를 직접 장악하라는 지시를 내렸고, 1941년 11월 15일 '한국광복군 행동 9개 준승(準繩, 법칙)'을 광복군에 전달했다. 9개 준승의 제1항은 중국군사위원회가 광복군을 통할 지휘하고 참모총장이 이를 장악 운용한다는 것으로서 이 원칙 아래 8가지 규제 사항을 제시했다. 광복군의 초모·훈련·편성·작전 등 모든 사항은 중국 측의 지휘를 받아야 한다는 것이었다. 대신 광복군에 대해 인적·물적 지원을 하겠다는 것이다.

이를 거부하면 활동 자체가 불가능했기에 임정과 광복군은 일단 '9개 준승'을 받아들였다. 이때 광복군은 3개 지대를 편성했는데, 제1지대는 의열단 단장 출신 김원봉이 지대장으로서 조선의용대 계열로 구성되었고, 제2지대는 청산리 전투에 참전했던 이범석이 지대장으로 서안에 본부가 있었는데 종전의 제1·2·5지대가 통합된 것이었다. 제3지대는 신흥무관학교 출신의 김학규가 지대장으로 안휘성(安徽省) 부양(阜陽)에 본부가 있었는데 북경, 천진 등 주로 적지였던 화북 지역과 화중·화남 지역을 무대로 삼았다. 광복군은 3개 지대를 빠른 시일 내에 3개 사단으로 발전시켜 연합군의 교전단체로 참가한다는 계획을 갖고 있었다.

광복군, 연합군 교전단체로 참가 계획

그러나 이를 위해서는 먼저 중국군사위원회의 지휘를 받는 조직상의 한계를 벗어나야 했다. 말이 한국광복군이지 간부 중에는 중국군 장교가 더 많았다. 1942년 총사령부 간부 45명 중 73%에 해당하는 33명이 중국군 장교였으며, 1945년 3월에는 광복군 장교 117명 가운데 65명이 중국군 장교였다. 중국 땅에서 중국 자금으로 운영되는 광복군으로서는 불가피한 측면도 있었지만 이것은 임정이 당초 광복군을 창설하려 한 목적과는 다른 것이었다. 광복군 총사령 이청천이 "남의 땅에서 군사 활동을 하자니 부득이 9개 준승을 접수하게 되었다."고 한탄한 것은 이 때문이다.

그러나 이청천이 "9개 준승은 확실히 가혹합니다만 점점 고칠 수 있다고 보고 있습니다."라고 임시의정원에 보고한 것처럼 광복군의 독립성을 되찾기 위한 교섭에 나섰다. 부단한 교섭 결과, 1944년 7월 참모총장 하응흠이 9개 준승의 취소를 주요 골자로 하는 중한군사협정 초안을 장개석에게 보고하게 되었다. 1944년 8월 23일 하응흠은 '9개 준승' 취소를 통보하고, 대신 임정과 '원조한국광복군판법'을 체결했다.

이로써 광복군은 중국군사위원회의 통제와 간섭으로부터 벗어나 임정에 직속되었다. 광복군에 대한 중국의 자금 지원은 차관(借款)으로 변경되었다. 임정은 1945년 3월 '임시정부 군사 진행 계획'을 통해 광복군의 활동 지역을 만주와 한반도까지 확대시키고 한반도에 지하군을 편성하는 계획을 수립하기도 했다. 또한 미군과 한반도 탈환을 위한 공동 군사작전을 계획하는 도중에 일제가 패망했으므로 김구가 한탄한 것이었다.

임정이 중국 땅에서 중국 자금으로 운영하는 광복군의 독립성을 되찾은 사례는 현재 한국이 전시작전권을 무기한 미국에 양도한 경우와 비교된다. 한국 땅에서 한국 국민의 세금으로 운영하는 한국군의 전시작전권을 미국에 무기한 양도한 행위를 한국광복군의 독립성을 유지하기 위해 부단히 애썼던 임정 요인들과 광복군 수뇌부들이 본다면 뭐라고 하겠는가? 자국 군대 보유에 대한 임정과 광복군 수뇌들의 피 끓던 정신으로 전시작전권 문제를 다시 바라볼 때다.

34 | 개혁은 사형당하고
청남·탁남과 야권 분열

　　요즘 제1야당이라고 하는 새정치민주연합의 지리멸렬을 두고 말이
많다. 자신들이 생각하기에는 억울한 점도 있겠지만, 필자의 눈에
지금 새정치민주연합의 행태는 조선 후기 숙종 때의 '청남(淸南)'과 '탁
남(濁南)'의 분열을 떠올리게 한다. 청남과 탁남을 이해하려면 먼저 조
선 당파의 역사를 알아야 한다. 조금 복잡하지만 조선의 당쟁사를
일견(一見)해보자.

　　조선의 사색당파를 대략 개관하면, 선조 8년(1575) 이조전랑에 대한
인사권 문제로 사림이 동인과 서인으로 갈라지는 데서 시작한다. 동
인은 선조 24년(1591) 정여립(鄭汝立)의 옥사를 둘러싸고 다시 남인과 북
인으로 갈라진다. 서인은 숙종 9년(1683)에 남인에 대한 정치 보복을
찬성하는 노론과 이에 반대하는 소론으로 갈라진다. 그래서 노론,
소론, 남인, 북인이란 사색당파가 형성된다.

조선 후기 당쟁은 서인 대 남인의 대결

조선 후기 내내 집권당의 지위를 차지했던 것은 광해군 15년(1623) 인조반정을 일으켰던 서인이다. 서인은 쿠데타를 통해 임금이던 광해군을 폐위시키고, 광해군 때 집권당이던 북인들을 대대적으로 숙청했다. 이때 북인의 씨를 말릴 정도로 가혹한 정치 보복이 이어졌다. 그러나 인조반정에 대한 세간의 반응이 싸늘하자, 동인의 또 다른 축인 남인들은 체제 내 야당으로 남겨뒀다. 그래서 조선 후기 당쟁 구도는 서인(노론)과 남인의 대립으로 이어진다.

그런데 체제 내 야당이었던 남인들이 '예송(禮訟) 논쟁'을 계기로 정국의 주체로 나서면서 당쟁이 치열해졌다. 예송 논쟁은 두 차례 전개되었다. 효종(孝宗, 재위 1649~1659)이 세상을 떠났을 때 생존해 있던 인조(仁祖, 효종의 아버지)의 계비 자의대비(장렬왕후, 1724~1688) 조씨가 상복을 얼마 동안 입을 것인가를 둘러싸고 벌어진 논쟁이 제1차 예송 논쟁이다. 기해년에 발생했다 해서 '기해예송'이라고도 한다. 15년 후인 현종 15년(1674), 효종의 부인 인선왕후 장씨가 세상을 떠났는데, 이때도 시어머니인 자의대비 조씨의 상복 착용 기간을 두고 논쟁이 발생했다. 이것이 제2차 예송 논쟁인데, 갑인년에 발생했다고 해서 '갑인예송'이라고 부른다.

일제 강점기 때 일본인 식민사학자들은 상복 착용 기간을 두고 조정 대신들이 싸운 것을 두고 폄하하기도 했지만, 이는 조선의 전통을 비하하기 위한 비난에 불과했다. 『일본서기(日本書紀)』에도 7세기 때 사이메이(齊明) 여왕이 세상을 떠나자 "세자가 여왕의 상(喪)을 받들었다."는 기록이 있다. 또한 조선에서 예송 논쟁이 발생한 지 80여

윤휴의 초상. 만인과, 지패법, 호포제 등 강력한 개혁을 추구
했으나 남인의 분열과 서인의 정치공작에 희생되고 말았다.

년 후인 1736년 일본에서도 부모나 조부모의 상에는 50일의 기(忌)와
13개월의 복(服)을 입게 하는 등 6단계에 걸친 복제와 상복 착용 기
간을 규정한 복기령(服忌令)을 제정했다.

  예송 논쟁은 복잡한 이론 구조를 갖고 있어 한마디로 설명할 수
는 없지만 간단하게 분류하면, 서인들은 조선 왕가에 박한 상례를
주장한 반면, 남인들은 후한 상례를 주장했다. 1차 예송 논쟁 때 송
시열을 필두로 한 서인들은 자의대비의 복제를 1년복인 기년복(朞年服)
으로 하자고 주장한 반면, 허목과 윤휴를 필두로 한 남인들은 3년
복인 참최복(斬衰服)을 주장한 것이 이를 말해준다. 서인들이 조선 왕
실에 박한 상례를 고집한 이유는 극도의 친명(親明) 사대주의에서 비
롯되었다. 서인들은 조선을 명나라 황제의 제후국으로 스스로 낮춰
여겼다. 그러다 보니 왕가의 예법이 아니라 사가(私家)의 예법을 적용
해 효종이 둘째 아들이라는 이유로 1년복을 주장한 것이었다.

윤휴와 가까웠던 취규(就規) 이류가 송시열 등이 주장하는 1년복에 대해 "그것은 사서가(士庶家)의 예법"이라고 비판하고, 남인 윤선도도 상소를 올려 "사가에서도 조종(祖宗)의 적통을 이어받으면 참최 3년복을 입는데 하물며 국가는 말할 것도 없다."라고 비판한 것은 당연한 반발이었다.

그러나 집권당인 서인들의 집중 공격으로 윤선도는 사형을 당할 뻔했다가 겨우 귀양으로 낙찰되는 상황이 벌어졌다. 15년 후인 현종 15년(1674)에 발생한 2차 예송 논쟁 때도 송시열 등 서인들은 남인들의 1년복 주장을 일축하고 자의대비가 9개월복인 대공복(大功服)을 입어야 한다고 주장해 관철시켰다. 그러나 만 일흔 살의 대구 유생 도신징(都愼徵)이 대구에서부터 걸어와 9개월복의 문제점을 강하게 반박하는 상소를 올리자 크게 깨달은 현종은 정권을 서인에서 남인으로 교체하기로 결심했다. 그런데 남인 허적을 영의정으로 발탁하는 등 정권 교체를 단행하던 현종이 갑자기 의문의 죽음을 당하면서 열세 살 어린 숙종이 즉위할 수밖에 없었다.

'청남', 남인 중의 개혁·강경파

어린 숙종은 모두의 예상을 뒤엎고 부왕의 유지를 계승해 정권 교체를 단행하고자 했다. 만 쉰여덟의 남인 강경파 윤휴를 조정에 출사시켰던 것이다. 윤휴가 늦은 나이에 출사한 목적은 두 가지였다. 하나는 북벌(北伐)이었고, 또 하나는 극심했던 신분제와 빈부 격차 완화였다. 이들 남인 강경파를 '청남(淸南)'이라고 불렀다.

윤휴를 비롯한 청남의 북벌 주장은 허황된 것만은 아니었다. 중국 남방에서 오삼계(吳三桂)를 필두로 한 삼번(三藩)의 난이 일어나 양자강 이남이 쑥대밭이 되었기 때문이다. 윤휴 등은 이때 조선군이 압록강을 건너 올라가면 병자년의 치욕을 씻을 수 있다고 주장했다. 노론에서 작성한 『숙종실록』 사관이 "윤휴가 겉으로 오랑캐를 정벌한다는 명분으로 출사했기 때문에 이런 고담(高談)을 강하게 해서 사람들의 이목을 가리는 것이지 참된 말이 아니다."라고 비난한 것은 그간 말로만 북벌을 외쳐왔던 서인들의 쓰린 속내를 대변하는 것이었다.

나아가 청남은 실제로 북벌을 단행하기 위해서는 먼저 조선 내부에서 대대적인 개혁을 단행해야 한다고 주장했다. 온 백성의 힘을 모아 북벌에 나서기 위해서는 조선 내부의 모순을 먼저 해결해야 한다는 주장이었다. 양반들로부터 극도의 차별을 받는 서자, 상민, 천인들이 기꺼이 전쟁에 나설 이유가 없기 때문이었다. 그래서 윤휴는 대대적인 개혁을 주창하고 나섰는데 이를 대변통(大變通)이라고 한다.

윤휴로 대표되는 청남은 양반 사대부만 응시할 수 있었던 무과의 응시 자격을 철폐해서 누구나 응시할 수 있는 만인과를 실시했다. 또한 신분에 따라 상아나 뿔, 나무로 만든 신분증을 차는 차별적인 호패법(號牌法) 대신 신분에 관계없이 모두가 다 종이로 만든 신분증을 지니는 지패법(紙牌法)을 시행했다.

게다가 그동안 병역 의무에서 면제되었던 양반 사대부들에게도 병역 의무를 부과하는 호포법 실시를 주장했다. 조선은 중종 이후 1년에 2필씩 군포를 납부하는 것이 병역 의무를 수행하는 것이었는데, 상대적으로 재산이 많은 양반 사대부들은 군포 납부 대상에서 제외되고 가난한 상민들만 납부해왔다. 호포제는 이런 양반들에게도 군포를 걸겠다는 것이었다.

'탁남', 서인 정권에 참여한 남인

그러자 양반 사대부의 계급 이익을 수호하려는 서인들이 강하게 반대했다. 문제는 남인들 중에서도 반대의 목소리가 나오면서 남인이 분열되었다는 점이다. 이것이 바로 '청남'과 '탁남(濁南)'의 분열이었다. 탁남은 몸은 남인에 속해 있었지만 정신은 서인과 마찬가지였다. 남인의 분열은 강경파 윤휴의 대변통 강행 이전으로 좀 더 거슬러 올라간다. 『숙종실록』 사관은 남인의 분당에 대해 "윤휴 등도, '선조(先朝, 현종) 때에 청현직(淸顯職, 중요한 요직)을 지낸 자들은 비록 동색(同色, 같은 당파)이라도 다 막아야 한다'고 말했다 한다."고 전하고 있다.

남인이 본격적으로 나뉘는 것은 윤휴 등이 사회의 여러 현안에 대해 대변통을 주창했을 때지만 이미 15~16년 전의 제1차 예송 논쟁 때 분열의 싹이 텄다는 것이다. 조선 왕통을 부인하는 1년복 시행을 주장하는 서인 정권에 참여한 남인들의 의리에 문제가 있다고 보았다는 뜻이다. 『숙종실록』 사관은 또 "윤휴 등은 스스로 청남으로 일컬었고, 허적과 권대운 등의 무리는 선조(현종) 때 높은 벼슬을 한 자가 많았다 하여 탁남이라 일렀다."라고 말하고 있다. 현종 때 높은 벼슬을 한 남인들을 오염된 인물이란 뜻에서 탁남이라고 불렀다는 뜻이다.

현종은 즉위 당시 만 열여덟 살에 불과했던 반면, 윤휴는 만 마흔들의 중년 선비였다. 현종 때 출사하지 않겠다는 뜻은 살아생전 출사하지 않겠다는 것과 마찬가지였다. 때가 되면 나아가서 도(道. 정치)를 펼치고 때가 아니면 돌아와서 학문을 닦는 선비들의 출사관(出仕觀)을 실천하려 한 셈이다. 숙종 즉위 직후 남인 정권이 들어서자 윤휴는 강한 대개혁의 드라이브를 걸었다. 그러자 서인은 물론 남인 내 탁남에서도 반대의 목소리가 비등했다. 모든 백성이 신분에 관계없이 종이로 된 신분증을 소지하게 하자는 지패법에 대해 탁남의 영수 허적은 "지패는 거리끼는 일이 있으니 사대부가 상한(常漢. 상놈)의 거느림 아래 들어가게 되어 일이 매우 불편합니다."라며 서인의 반대 주장에 가세했다. 다섯 집안에서 한 명씩의 통수(統首)를 선발해서 지패 위에 쓰고 그 아래 본인의 이름을 쓰게 되어 있는데, 만약 양반이 아닌 상민이 통수가 되면 양반 이름이 상민 아래 들어갈 수도 있다는 반발이었다.

탁남은 사실상 서인과 같은 정견을 갖고 있었다. 김수홍 등 서인 일부가 청남을 지지하고 나섰지만, 사대부들 사이에서 청남은 소수 파였다. 숙종 6년(1680) 삼번의 난이 오삼계의 패배로 끝나가자 숙종은 북벌을 주장하던 남인들을 내치고 다시 서인에게 정권을 주는 경신환국을 단행했다. 서인들은 곧바로 정치 보복에 나서 아무 죄도 없는 윤휴를 죽였다. 그리고 탁남의 영수 허적도 아들 허견이 역모를 꾸몄다고 정치공작을 해 사형시키고 말았다. 서인들은 청남은 물론 탁남도 모두 제거했다.

현재 새정치민주연합의 가장 큰 문제는 남인인지 서인인지 스스로 헷갈려 하고, 하나의 남인으로서 힘을 합쳐야 함에도 청남이니 탁남이니 하며 분열을 조장하고 패거리 문화를 일삼는 계파 분열이 만연하고 있다는 점이다. 그러니 여당에 맞서는 축을 형성하지 못하고 늘 지리멸렬하는 것이다. 자신의 정체성을 분명히 세우고 대의를 위해 힘을 합치는 것이 집권의 첫걸음이라는 당연한 사실이 지금의 새정치민주연합에는 통하지 않는 듯하다.

35 | 왕 내쫓기 위해 청나라에 뇌물

춘추대의와 대한민국의 국익

조선이 선택했던 '조공(朝貢)외교'란 게 있다. 이는 중국 중심의 동아 시아 세계 질서 시스템으로서, 이 경우 조선은 내용적으로는 독립국 이지만 형식적으로는 제후국 형태를 취한다. 조선의 외교정책은 사 대교린(事大交隣)인데, 중국과는 사대하고 왜(倭), 류큐(流求), 여진 등과는 친하게 지낸다는 뜻이다.

그런데 조선 초기의 사대(事大)는 지금 우리가 생각하는 것만큼 부 정적 의미가 아니었다. 조선 초기 명나라는 3년에 한 번 조공하라는 '3년 1공'을 요구했는데, 조선은 1년에 세 번 조공하겠다는 '1년 3공' 을 주장했다. 조공이 일방적으로 갖다 바치는 것이라면 우리가 먼저 나서서 세 번씩 가겠다고 주장할 까닭이 없었다. 조공 시스템은 '조 공이 있으면 사여(賜與)가 있다'는 것으로서 조공을 받은 대국(大國)은 사여를 내리는데, 사여품이 조공품보다 많은 것이 원칙이었다. 이는 상국의 체면 유지 비용이자 전쟁 예방 비용이었다.

개국 초 명나라와의 외교 관계는 조선의 사활이 달린 문제였다.
명 태조 주원장(朱元璋)의 4남이자 명나라 3대 임금인 성조(成祖. 재위
1402~1424) 주체(朱棣)가 들어서자 조선의 태종은 위기의식을 느꼈다. 성
조 주체는 연왕(燕王) 시절인 1399년(정종 1) 조카 혜제(惠帝)의 자리를 빼
앗기 위해 수십만 군사를 일으켜 3년에 걸친 치열한 내전 끝에 1402
년(태종 2) 제위에 오른 인물이었다. 영락제(永樂帝) 성조는 환관 정화에
게 대함대를 주어 서양까지 가게 하고, 북방의 몽골과 남방의 안남
(베트남)을 정벌했던 명나라 유일의 정복 군주였다.

겉으로는 청나라, 속으로는 명나라를 섬기다

영락제는 1406년(태종 6) 안남 정벌 사실을 조선에 알렸다. 통보 자
체가 조선에는 큰 협박이었다. 태종은 안남 사태를 논의하는 조정
회의에서 "나는 한편으로는 (명나라를) 지성으로 섬기고, 한편으로
는 성을 튼튼히 하고 군량을 저축하는 것이 급선무라고 생각한다."
라고 말했다. 명나라를 지성으로 사대하는 조공외교로 전쟁을 예방
하겠다는 뜻이었다. '성을 튼튼히 하고 군량을 저축하겠다'는 것은
조공외교에만 의지하지 않고 전쟁 준비를 하고 있다가 여차할 경우
명나라와 결전도 불사하겠다는 뜻이었다. 태종이 상왕(上王) 시절 서
울 남산에 산성을 쌓은 것은 명나라의 침략에 대비하기 위한 것이었
다. 태종의 사대외교는 전쟁이라는 발톱을 감춘 평화책이었다. 물론
명나라도 이런 사실을 잘 알고 있었다.

그러나 조선 후기 인조반정 이후의 사대외교는 이와 달랐다. 이른바 인조반정은 서인(西人)들이 광해군의 '명·청 중립외교'를 상국인 명나라에 대한 배신으로 규정짓고 일으킨 쿠데타였다. 외교를 국익 실현의 수단이 아닌 이념으로 바라본 시대착오적인 쿠데타였다. 인조반정 이후 '숭명(崇明) 사대주의'는 국익 위의 이념으로 격상되었다. 인조 때 발생했던 정묘호란과 병자호란은 서인 정권의 숭명 사대주의가 초래한 국난이었다. 어차피 조선이 중원의 주인공이 되지 못할 바에는 중원을 장악한 세력과 외교 관계를 수립해서 평화를 유지하면 되는 것이었다. 그러나 광해군의 명·청 중립외교를 명나라에 대한 배신으로 규정하고 쿠데타를 일으킨 서인들은 급격한 친명 사대주의로 전환하지 않을 수 없었고, 그에 대한 청나라의 대응이 정묘호란과 병자호란이었던 것이다.

'삼전도의 굴욕' 이후 인조와 서인 정권은 오랑캐라고 멸시했던 만주족의 청나라를 임금의 나라로 사대하지 않을 수 없었다. 그러면서 겉과 속이 다른 이중적 외교정책을 수행했다. 겉으로는 청나라를 사대하면서 속으로는 이미 망한 명나라를 섬기는 이중적 외교정책이 그것이었다. 그 상징적인 표현이 '숭정 기원 후(崇禎紀元後)'라는 용어다. 숭정(崇禎)은 명나라의 마지막 황제인 의종(毅宗)의 연호다. 의종은 1644년 농민군 이자성(李自成)이 북경을 점령하자 자결했고, 이 혼란을 틈타 청나라는 만리장성의 동쪽 끝인 산해관(山海關)을 넘어 북경을 점령했다. 청나라는 북경을 장악한 것을 기념해 순치(順治)라는 연호를 사용했는데, 조선의 유학자들은 청나라의 연호 사용을 거부하고 계속 숭정이란 연호를 고집했다. 공문서에는 청나라 연호를 썼지만 묘비나 문집 같은 곳에는 숭정을 사용했다.

그런데 1644년으로 끝난 연호를 계속 사용하려니 문제가 생길 수밖에 없었다. 144년 후인 정조 10년(1786. 병오)을 표기할 경우 '숭정 기원 후 세 번째 병오년'이라고 표기하는 식이었다. 청나라 연호를 사용한 관직 임명장을 받을 수 없다면서 관직을 거부하는 경우도 생겨났다. 숙종 때 마패에 명나라 연호를 사용했다가 문제가 생겼는데, 그나마 숭정이 아니라 천계(天啓)란 연호를 썼기 때문에 청나라 사신에게 뇌물을 주고 무마한 일까지 있었다. 천계는 명 희종(熹宗, 재위 1621~1627)의 연호로서 숭정 이전에 쓰던 것이기 때문에 망한 명나라를 계속 사대하는 것이 아니라고 변명할 수 있었던 것이다.

그래도 청나라 연호를 쓸 수 없다면서 벼슬을 거부하는 것은 겉과 속이 일치하는 경우에 속했다. 숙종 때 서인은 노론과 소론으로 갈라지는데, 서인의 주류인 노론은 끝까지 망한 명나라를 다시 세우겠다는 '춘추대의(春秋大義)'를 입에 달고 다녔다.

노론의 춘추대의는 국내 권력 장악을 위해 내세운 허울 좋은 명분에 불과했다. 노론은 춘추대의를 주창하면서 국체를 보존하기 위해서 할 수 없이 청나라를 사대한다는 현실론을 내세웠다.

그러나 노론의 춘추대의라는 명분론도, 청나라를 사대한다는 현실론도 모두 국익이 아니라 당익(黨益)과 사익(私益)을 위한 것이었다. 심지어 조선 왕을 내쫓기 위해 청나라 조정에 뇌물까지 뿌렸다. 노론은 숙종 때 장희빈의 아들(경종)을 제거하기 위해 갖은 수단을 사용했지만 실패했다. 그래서 경종이 즉위하자 그를 내쫓고 자신들이 지지하는 경종의 이복동생 연잉군(영조)을 세우기 위해 또 온갖 수단을 동원했다.

경종 즉위년(1720) 9월 포도대장 이홍술(李弘述)이 점술가인 육현(陸玄)

을 곤장으로 장살(杖殺. 사형 방법 중 하나로 때려죽이는 것)시킨 사건이 발생했다. 이 사건에 대해서 『경종실록』 사신(史臣)은 "육현이 영의정 김창집에게 음사(陰事)를 말해주었는데, 이를 누설할까 두려워 이홍술을 시켜서 박살(撲殺. 때려죽임)한 것"이라고 분석했다. 이때의 '음사(陰事)'란 경종을 모해하려는 역모라는 사실이 나중에 밝혀지기도 했다.

두 달 후인 11월에 숙종의 제사를 위해 온 청나라 사신이 "세자(새 임금 경종)의 아우(연잉군) 등을 만나보겠다."고 요구해서 정국에 큰 파란을 일으킨 것도 같은 사건의 연장선이었다. 소론 우의정 조태구가 "청나라 사신이 세자의 동생을 면담할 이유가 없고 전례도 없다."고 반대했지만 노론 영의정 김창집은 연잉군의 신상에 관한 자료를 제공했다.

> "조선국 세자(경종)는 금년에 33세인데 자녀가 없고, 동생이 있
> 는데 금년 27세로서 군수 서종제(徐宗悌)의 딸을 아내로 삼았는
> 데, 그 모친은 최씨이고 현재 자녀가 없다."
>
> _『경종실록』 즉위년 11월 28일

국익을 생각한다면 태종에게 배워라

김창집이 청나라 사신에게 경종 동생의 신상 자료를 제공한 것에 대해 『경종실록』의 사신은 "임금의 동생에 관한 이야기는 공식 문서에 없었는데도, 김창집이 임금에게 묻지도 않고 독단으로 써주었다."고 비판하면서 "김창집은 수상(首相)의 몸으로 국가에 욕을 끼치고 저

들에게 수모를 당한 것이 이에 이르렀으니, 『춘추(春秋)』의 법으로 논한다면 그 죄는 죽여야 마땅하지 않겠는가?"라고 성토했다.

그런데 사실 청나라가 연잉군의 신상 자료를 요구한 데는 까닭이 있었다. 『경종실록』 사신(史臣)은 "혹자는 '이이명이 사신으로 갈 때 은화(銀貨)를 많이 가지고 가서 저 나라에 뇌물을 주었다'고 말한다."고 그 배경을 설명했다. 이이명이 청나라 요로에 막대한 뇌물을 써서 자신들이 국왕으로 삼으려는 인물은 경종이 아니라 그 동생(연잉군)이라고 로비했다는 것이다.

마음속으로는 청나라를 인정하지 않는다던 노론은 자국의 임금을 내쫓기 위해서 청나라 요로에 막대한 뇌물까지 뿌렸다. 망한 명나라를 되살린다는 춘추대의도, 할 수 없이 청나라를 상대한다는 현실론도 모두 당익과 사익 추구 수단에 지나지 않았던 것이다. 조선 초기 태종의 사대외교가 평화를 유지하기 위한 수단이었다면 조선 후기 노론의 사대주의는 당익과 사익을 위한 명분론에 불과했다. 노론의 마지막 당수가 이완용인 데서 알 수 있는 것처럼 내부 권력 유지에 모든 초점을 맞췄던 노론은 끝내 일본에 나라를 팔아넘기는 매국 행위를 자행했다. 그 대가로 일제 강점기에도 권력을 유지했고, 해방 후에도 친일 청산이 좌절되면서 일정 부분 세력을 유지했다.

지금 대한민국 외교가 국민들에게 신뢰를 받지 못하는 근본 원인은 국익과 특정 집단의 이익을 혼동하기 때문이다. '냉전 시대'와 '팍스 아메리카나 시대'에는 무조건 미국 뜻을 추종하는 숭미 사대주의가 국익과 일치했을 수도 있다. 하지만 지금은 그런 시대가 아니다. 중국이 성장해 G2로 발돋움하고 있으며 러시아도 재부상하고 있는 다원화 시대라는 상황 변화 외에도, 대한민국 자체가 타국의 이익을 위해 움직이기에는 국력이 크게 신장되었기 때문이다. 이제 대한민국은 국익 실현을 위해 수단을 선택했던 태종식 외교정책으로 전환할 때가 되었다.

36 | "어찌 정승을 사사로운 신하로 두시려 하십니까"

낙점과 인사

조선 시대 의정부의 정승이 세 명인 것은 고대 청동 솥이었던 정(鼎)의 발이 셋인 데서 딴 것으로, 균형을 잡기 위한 것이었다. 좌의정, 우의정도 정1품의 극품(極品)이지만 영의정은 수상(首相)이라고 불렀다. 조선의 권력 체계는 육조 → 의정부 → 임금의 순서였다. 조선 건국의 설계자 정도전은 정승의 역할을 대단히 중시했다. 그는 『조선경국전(朝鮮經國典)』 '치전(治典)'에서 이렇게 말했다.

"총재(재상) 한 사람을 잘 얻으면 육전(六典)이 잘 거행되고 모든 직책이 잘 수행된다. 그래서 '옛날부터 인주(人主. 임금)라는 직책은 재상 한 사람과 의논하는 데 있다'고 했으니 이것이 바로 총재다. 총재는 위로는 임금의 뜻을 받들고 아래로는 백관이 만민을 다스리는 것을 통괄하니 그 직책이 큰 것이다."

임금이 할 일은 재상 한 사람과 정사를 의논하는 데 있다는 것이 정도전의 조선 권력 구조 구상이었다. 그런데 임금이 의정부를 제치고 육조로부터 직접 보고받고 결재하면 의정부는 할 일이 없어진다.

그래서 조선은 의정부의 권한이 강한 의정부서사제를 시행했다. 육조에서 의정부에 먼저 보고해 심의를 받는 제도로서 임금은 '재상 한 사람과 국사를 논의한다'는 정도전의 구상을 제도화한 것이었다. 의정부서사제는 의정부 권한이 임금 못지않게 강력했으므로 태종 같은 임금은 불만이었다. 『사가집비(四佳集碑)』에는 태종 14년(1414) 우사간대부(右司諫大夫) 신개(申槩)가 "의정부에서 육조의 일을 결재하는 것은 임금의 권한을 대신이 갖는 것이라서 옳지 못하다."고 극력 아뢰었다고 전한다. 태종이 "애송이 선비가 사체(事體)를 알지 못하고 대신들이 권력을 독단한다고 망언한다."고 꾸짖었는데도 신개가 굽히지 않자 오히려 대신들이 떨었다고 전하고 있다. 신개의 주장이 태종의 속마음을 대변한다는 사실을 알았기 때문이다. 아니나 다를까, 그해에 의정부서사제가 폐지되고 육조직계제가 시행되었다.

'황희 정승' 신뢰한 세종, 영의정 권한 키워

육조직계제에서 의정부는 직급만 높을 뿐 유명무실할 수밖에 없었다. 육조직계제로 임금의 권한은 커졌지만 임금에게 권력이 집중된 것은 또 다른 문제를 낳았다. 임금이 처리해야 할 국사가 과중해진 것이었다. 그 대표적인 인물이 세종이었다. 여러 병에 시달리던 세종은 재위 7년(1425) 윤7월 19일 조선에 온 명나라 사신을 맞이했는데, 『세종실록』에서 "얼굴빛이 파리하고 검게 변한 것을 보고 비로소 병환이 심한 것을 알고 모두 놀랐다."고 전할 정도였다. 때마침 명나라 사신이 의원을 데리고 왔으므로 윤7월 25일 진맥을 했는데, 세종의 "윗몸은 성하고 아랫몸이 허한데, 이는 과로 때문"이라고 말할 정도로 과중한 업무에 시달렸다. 그래서 세종은 재위 18년(1436) 4월에 의정부서사제로 환원시켰다.

그런데 모든 제도는 누가 운영하는가에 따라 의미가 달라지듯이, 세종이 의정부서사제로 환원한 것은 당시 영의정이 황희였기 때문이었다. 조선 중·후기의 문신 박동량(朴東亮, 1569~1635)은 『기재잡기』(寄齋雜記)에서 "수상(首相, 영의정)은 자리가 비록 높기는 하나 맡은 사무가 없고 좌상은 이조·예조·병조판서를 겸임하고 우상은 호조·형조·공조판서를 겸임한다."고 전하고 있다. 즉 이조, 예조, 병조는 먼저 좌의정에게 보고하고 호조, 형조, 공조는 우의정에게 보고하지만 영의정은 할 일이 없다는 것이었다.

그래서 세종은 의정부서사제로 바꾸면서 "옛날 의정부에서 서사(署事)할 때 좌의정, 우의정만 도맡아 다스리고 영의정은 관여하지 않는 것은 예부터 삼공(三公)에게 임무를 전담시켰던 본의와 어긋나니 지금부터 영의정 이하가 함께 논의해 가부를 시행하게 하라."고 영의정도 서사에 임하게 했다. 그만큼 황희를 신뢰했던 것이다. 『세종실록』은 "황희는 재상의 자리에 20여 년간 있으면서 지론(持論, 주관하는 의논)이 너그럽고 후한 데다 분경(紛更, 뒤흔들어서 고침)을 좋아하지 않고, 나라 사람들을 잘 진정시키니 당시 사람들이 진정한 재상이라고 불렀다."고 말할 정도로 황희는 임금은 물론 다른 사람들의 신뢰를 한 몸에 받았다.

그런데 타인에게 관대했던 황희는 유독 김종서에게는 엄했다. 김종서가 공조판서로 있으면서 황희에게 공조에서 약간의 주과(酒果)를 대접하게 하자, 황희는 화를 내면서 '시장하다면 예빈시(禮賓寺. 사신과 고관들에게 잔치와 음식을 제공하는 관청)에서 접대하면 되는데 왜 공조에서 사사롭게 제공하는가'라고 김종서를 불러 크게 꾸짖었다. 이런 일이 반복되자, 정승 맹사성(孟思誠)이 "김종서는 당대의 명경(名卿. 저명한 대신)인데 공은 어찌 그리 심하게 대하시오."라고 물었다. 황희는 "이는 내가 김종서를 옥(玉)으로 만들려고 하는 것이오."라면서 "김종서는 성격이 강하고 날카로워서 일을 과감하게 하니 훗날 우리 자리에 앉아서 일을 신중하게 하지 않으면 그르칠 염려가 있기 때문"이라고 덧붙였는데, 나중에 황희가 자신의 자리에 김종서를 추천했다고 『지소록(識少錄)』은 전한다.

임금에게도 냉엄했던 정승 간택

정승의 자리는 나랏일에 무한 책임을 져야 했다. 중종 4년(1509) 윤9월 우레와 번개가 치자 영의정 유순, 좌의정 박원종, 우의정 유순정 등 반정(反正) 공신들이 "어찌 전하께서 실덕(失德)하셨기 때문이겠습니까. 신 등이 그 직책을 다하지 못했기 때문입니다."라면서 사직했다. 물론 중종이 받아들이지 않을 것을 예상한 사직이었다. 『중종실록』 사관(史官)은 이때 한 정승이 정광필(鄭光弼)에게 "하늘에 우레가 우는 것은 사람의 배가 울리는 것과 같아서 스스로 울다가 말 것인데 사람에게 무슨 상관이 있겠는가."라고 농담을 했다고 전한다. 정광필은 웃으면서 "배에 병이 나서 울리지만 배를 조심스럽게 다루지 않아서 병이 생긴 것은 사람 때문인데, 어찌 사람이 책임이 없다고 하시오."라고 되받았다.

그런데 당대의 실세 정승들을 쏴붙였던 정광필도 정승이 되었다. 될 만한 사람이었기 때문이다. 정승 자리가 비자 누군가 신용개(申用漑)에게 "누가 정승이 될 것 같소."라고 물었다고 전한다. 잠시 생각하던 신용개는 정광필을 돌아다보면서 "조정에 아저씨만한 분이 없으니 틀림없이 아저씨가 승진할 겁니다."라고 말했다. 신용개는 정광필의 조카뻘인데, 그의 말대로 정광필이 정승이 되었다고 『송와잡설(松窩雜說)』은 전한다. 중종 8년(1513)의 일이다. 그 후 정승 자리가 다시 비자 신용개가 혼잣말로 "나만한 사람도 없으니 면할 수 없을 거야."라고 말했는데, 과연 그대로 되었다.

이는 의정부서사제든 육조직계제든, 정승 자리는 '될 만한 사람이 되는 것'이 원칙이었다는 뜻이다. 그래서 조선에서는 정승 인사가 문제가 되는 경우는 많지 않았다. 될 만하지 않은 사람이 정승이 되면 국왕이 직접 인선을 해도 큰 물의가 발생했다. 숙종은 재위 13년(1687) 우의정이 공석이 되자 영의정 김수항과 좌의정 이단하에게 우의정 후보를 추천하라고 명했다. 두 정승이 여러 사람을 추천했으나 숙종은 모두 거부했다.

두 정승이 숙종에게 의중의 인물이 따로 있음을 짐작하고 여쭙자, 숙종은 조사석을 거명했다. 임금이 직접 천거했는데 거절할 수 없어서 조사석은 우의정이 되었다. 그런데 얼마 후 경연에서 김만중이 "조사석이 정승이 된 것은 후궁 장씨의 어미가 조사석의 집과 친하기 때문이라고 온 나라 사람들이 말하고 있습니다."라고 숙종에게 직접 따졌다. 장희빈 덕분에 정승이 된 것 아니냐는 항의였다. 김만중은 이 말의 출처를 대기를 거부했으나, 2년 후 효종의 차녀이자 숙종의 고모인 숙안공주(淑安公主)의 아들 홍치상(洪致祥)이 한 말로 드러나 홍치상이 사형을 당했다. 정승감이 못 되는 사람을 정승으로 삼은 것이 공주의 아들이 사형당하는 사태로 비화했던 것이다.

왕조 국가에서도 정승들은 임금 개인의 사신(私臣)처럼 행동하지는 않았다. 임금의 사신이 아니라 국신(國臣), 즉 나라의 신하라는 것이었다. 숙종이 재위 43년(1717) 사관과 승지를 배제하고 노론 영수인 좌의정 이이명과 독대했을 때 정승의 처신에 대한 물의가 일었다. 이 독대 직후 숙종은 느닷없이 세자(희빈 장씨의 아들로. 훗날 경종)의 대리청정을 명했다.

조선 후기 이건창은 『당의통략』에서 "(노론이) 세자의 대리청정을 찬성한 것은 장차 이를 구실로 (세자를) 넘어뜨리려고 하는 것"이라고 비판한 것처럼, 숙종과 이이명의 독대는 세자를 제거하기 위한 것이었다. 이때 우의정을 역임한 소론의 영중추부사 윤지완(尹趾完)은 82세의 노구로 관을 들고 상경해서, "독대는 상하(上下)가 서로 잘못한 일입니다. 전하께서는 어찌 상국(相國. 정승)을 사인(私人)으로 삼을 수 있으며 대신(大臣) 또한 어떻게 여러 사람들이 우러러 보는 지위로서 임금의 사신(私臣)이 될 수 있습니까."라고 숙종과 이이명을 함께 비판했다. 윤지완은 한번 정권을 바꿀 때마다 숱한 목숨을 앗아갔던 숙종에게는 '어찌 정승을 사인으로 삼을 수 있느냐'고, 그리고 이이명에게는 '정승이 어찌 임금의 사신이 될 수 있느냐'고 꾸짖을 정도로 정승의 무게를 중시했다. 결국 전 정승 윤지완의 이런 저항 때문에 숙종과 노론은 세자를 교체하지 못했다.

'총리 잔혹사'에는 이유가 있다

대한민국의 총리 인사는 '총리 잔혹사'라는 말이 회자될 정도로 난항을 거듭하곤 한다. 그러나 사태의 본질은 총리감이 아닌 인물들을 거듭 총리로 지명하거나 임명한 데 근본적인 원인이 있다. 현행 대통령제에서 총리는 육조직계제 때의 정승과 비슷한 존재다. 그간 '대독 총리'라는 비아냥까지 있었던 것은 육조, 즉 장관들이 총리가 아니라 대통령에게 직접 보고하기 때문이다. 그러나 조선은 의정부서사제든, 육조직계제든 될 만한 사람이 정승이 됨으로써 정승 자리의 무게를 높였다. 윤지완의 말대로 '여러 사람들이 우러러보는 지위'였다. 정권의 입맛이 아니라 국민들 눈높이에 맞는 인재를 지명해서 '여러 사람들이 우러러보는 지위'의 권위가 되살아나기 바란다. 사람 찾기가 쉽지는 않겠지만, 사람이 없는 것이 아니라 있는 사람을 외면하기 때문에 인사 문제가 발생하는 것이다.

37 | "나라 무사하다면 어찌 몸 하나를 아끼겠는가"

정승과 총리

전주 이씨를 종성(宗姓, 왕실의 성)이라고 한다. 허균은 『성소부부고(惺所覆瓿藁)』에서 종성으로 정승이 된 사람으로 이원익과 이헌국(李憲國)을 꼽으면서 "두 사람 모두 원훈(元勳)이자 정승으로서의 업적까지 남겼으니 우리나라에서는 전에 없던 일"이라고 말했다. 허균 사후 정승에 오른 종성이 백헌(白軒) 이경석(李景奭, 1595~1671)이다. 임진왜란 와중인 선조 28년(1595)에 태어나 현종 12년(1671)에 세상을 떠났으니 인조반정(1623), 정묘호란(1627), 병자호란(1636) 등 국난을 두루 겪은 인물이다.

이경석의 문집인 『백헌집(白軒集)』 '연보(年譜)'에 따르면, 그는 조선 2대 임금 정종의 아들 덕천군(德泉君) 이후생(李厚生)의 6대 손이다. 그는 인생에 많은 파란을 겪었는데, 첫 시련은 인목대비 폐위 문제였다. 광해군과 집권 세력 '대북(大北)'은 대비 폐모라는 이념 문제를 국정의 전면에 배치하면서 국정 장악 동력을 크게 떨어뜨렸다. 대비 폐모 문제는 벼슬아치뿐만 아니라 모든 유생에게도 선택을 강요했다. 만 스물두 살 때인 광해군 9년(1617) 증광별시(增廣別試) 초시(初試)에 합격한 이경석은 이듬해 폐비론에 반대했다가 유생들의 명부인『청금록(靑衿錄)』에서 지워졌다. 과거 응시 자격을 박탈당한 것이었다.

'검덕', '불편부당', 그리고 '무무출'

쿠데타에 지나지 않은 인조반정이 사대부의 지지를 받았던 데는 광해군이 폐모라는 이념 문제로 피해자를 너무 많이 만든 것에 따른 자업자득 측면이 있었다. 이경석도 5년 후인 광해군 15년(1623) 인조반정 직후 열린 대과에 급제해 벼슬길에 나설 수 있었다. 그 후 사간원 정언, 홍문관 교리 등의 청요직을 역임하다가 서른한 살 때인 인조 4년(1626)에는 요직인 이조좌랑에 올랐다. 이경석은 평소 '검덕(儉德)', '불편부당(不偏不黨)', '무무출(無無出)'을 덕목으로 삼았는데, 무무출은 첩을 들이지 않겠다는 것이니 축첩이 일반화된 사대부 사회에서 특이한 인물이었다.

이경석의 운명은 인조 정권이 외교를 이념화하면서 다시 격랑에 휩쓸린다. 인조 정권은 쿠데타 이후 '명나라를 높이고 청나라를 반대한다'는 숭명반청 기치를 높이 들었는데, 이 때문에 정묘호란과 병자호란이 발생한 것이었다. 인조 14년 봄 국호를 청으로 바꾼 후금은 황제를 자칭하고 마부대(馬夫大)를 사신으로 보내 군신 관계를 맺자고 요구했다. 척화론자, 즉 주전론자(主戰論者)들이 마부대를 죽이자고 주장했으나 막상 조선은 전쟁 준비라곤 하나도 되어 있지 않았

삼전도비.

다. 9년 전인 인조 5년(1627)의 정묘호란 때 불과 석 달을 못 버티고 항복했던 조선이었다. 마부대가 의주부윤 임경업(林慶業)에게 "청나라 황제께서, '조선은 아녀자의 나라인데 무엇을 믿고 저러는가'라고 말하면서 웃는다."고 조롱할 정도로 척화는 비현실적이었다.

이때 대사헌 이경석은 "척화 일사(一事)가 어찌 정대하고 명쾌하지 않겠는가마는…… 사세를 돌아보지 않고 강적에게 분을 돋우는 것은 계책이 아니다."라면서 협상하자는 주화론(主和論)을 주창했다. 그러나 광해군의 실리 외교를 상국(上國)에 대한 배신이라며 쿠데타를 일으킨 인조 정권으로서는 척화론 외에 길이 없었다. 인조는 향명대의(向明大義)를 위해 후금과 화(和)를 끊는다고 선전(宣戰)의 교서를 내렸고, 그해 12월 청 태종은 여진군 7만, 몽고군 3만, 한군(漢軍) 2만 등 도합

12만 대군을 이끌고 압록강을 건넜다.

인조는 강화도로 몽진(蒙塵)하려 했으나 청나라가 김포까지 장악하는 바람에 남한산성으로 들어가야 했다. 그러나 한겨울의 남한산성은 농성 장소가 아니었다. 명나라는 원군을 보낼 형편이 못 되었고 의병도 거의 봉기하지 않았다. 인조는 이듬해(1637) 1월 소현세자를 비롯한 백관을 거느리고 삼전도(三田渡. 오늘날 송파구)에 나가 청 태종에게 세 번 절하고 아홉 번 머리를 조아리는 이른바 '삼배구고두례'를 행하며 항복해야 했다. 그 자리가 수항단(受降壇)으로, 청나라는 여기에 '대청황제공덕비' 건립을 요구했다. 이것이 삼전도비(三田渡碑)인데, 여기서 문제가 생겼다. 비문을 누가 지을 것이냐, 하는 문제였다.

삼전도비문 찬술, 아무도 비난하지 못한 공무

국왕이 항복한 이상 비문 찬술은 일종의 통과의례였다. 예문관(藝文館) 대제학이 지어야 했으나 공교롭게도 궐위였다. 그래서 인조는 비변사의 추천을 받아 장유(張維), 이경전(李慶全), 조희일(趙希逸), 이경석에게 비문을 짓게 했는데, 『인조실록』에는 "조희일은 고의로 글을 거칠게 만들어 채용되지 않기를 바랐고, 이경전은 병 때문에 짓지 못하였으므로, 마침내 이경석이 글을 썼다."고 전한다.

인조가 장유와 이경석의 글을 청나라에 보내자 청에 항복한 명(明)나라 학사 범문정(范文程)은 이경석의 글을 일부 개찬(改竄. 글의 일부 구절을 고침)하라고 요구했다. 인조는 이때 이경석을 불러, "지금 저들이 이 비문으로 우리의 향배(向背)를 시험하려 하니 우리나라의 존망이 여기에 의해서 판가름 나는 것이다."라면서 월(越)나라 구천(句踐)이 끝내 오(吳)나라를 꺾고 복수한 사실을 말하면서 개찬을 부탁했다.

이경석은 비문의 일부를 개찬하고는 공부를 가르쳐준 형 이경직(李景稷)에게 편지를 보내 "글공부를 한 것이 천추의 한이 됩니다."라고 회오했다. '수치스러운 마음 등에 업고 백 길이나 되는 어계강(語溪江)에 몸을 던지고 싶다'라는 시는, 비문을 찬술해야 했던 그의 고통을 잘 말해준다. 당시에는 누구도 그를 비난하지 않았다. 누군가는 했어야 할 일이라는 사실을 모두 알았기 때문이다. 더구나 이경석은 이후 청나라에 구금되는 수모까지 당한다.

그 후 『선조실록』 개수(改修) 작업처럼 드러나지 않는 일을 하던 이경석은 인조 23년(1645) 이조판서로 임용되었다. 이경석은 이때 송시열, 송준길 등 사림을 대거 등용해 사림의 주인(主人)으로 불리기도 했지만, 훗날 송시열과의 시비에 휘말리면서 큰 곤욕을 치른다. 인조 23년 우의정에 올랐다가 효종 즉위년에 드디어 영의정이 되었다.

그런데 효종 1년(1650) 전 영의정 김자점(金自點)이 역관(譯官) 이형장(李馨長)을 시켜 청나라의 힘으로 다시 집권하려 했다는 혐의를 받는 사건이 발생하면서 이경석은 다시 위기에 빠졌다. 청나라 사문사(査問使) 6명이 조사차 조선으로 왔는데, 이때 이경석은 모든 죄를 자신이 뒤집어썼다. 사간원에서 "자신을 돌보지 않고 나라만을 생각하는 그의 의리를 백성들이 존경하고 있다."면서 이경석에게만 죄를 떠넘긴 다른 재상들을 추고하라고 청했을 정도다. 이경석은 '대국을 속인 죄'로 극형에 처해질 뻔했지만 효종의 구명 덕분에 겨우 목숨을 건지고 백마산성(白馬山城)에 다시 유폐되었다.

이경석은 '영원히 서용(敍用. 벼슬자리에 등용함)하지 않는다'는 조건으로 1

년 만에 석방되었는데, 귀국길에 사민(士民)들이 길가에 몰려들어 환호했다는 데서 그의 신망을 알 수 있다. 귀국 후 이경석은 광주(廣州) 등지에 은거하면서 국왕의 자문에 응했는데, 효종 6년(1655) 청나라 사신이 이경석의 한양 거주를 질책함에 따라 지방을 전전해야 했다. 그는 영돈녕부사(領敦寧府事) 같은 명예직을 맡아 녹봉만 겨우 받았는데, 그에 대한 청나라의 감시가 느슨해지자 현종은 재위 9년(1668) 궤장(几杖)을 내리고 잔치를 베풀었다. 종성 정승인 이원익 이후 50년 만에 처음 있는 일이었다. 그때 이경석의 나이 만 일흔셋이었다.

반대파도 칭찬한 정승의 일생

이듬해 현종은 온양 행궁에 거둥하면서 이경석을 유도(留都)대신으로 삼아 한양을 맡게 했는데, 이때 행궁에 있는 현종에게 올린 상소로 인해 뜻밖에도 송시열과 시비에 휩싸이게 되었다. 이경석은 "군부가 병이 있어 궁을 떠나 멀리 초야에 있으면, 사고가 있거나 늙고 병들었거나 먼 곳에 있는 자가 아니라면 도리에 있어서 이와 같을 수는 없는 것입니다."라는 상소를 올렸다. 근처에 있으면서 임금을 문안하지 않는 신하들이 있다고 비판했는데, 직산에 있던 송시열이 이를 자신에 대한 비판으로 오해했던 것이다.

발끈한 송시열은 이경석을 송나라의 손적(孫覿)에 빗대 비난했다. 손적은 송나라 흠종(欽宗)이 금나라에 포로로 잡혀갔을 때 금의 비위를 맞추는 글을 써준 대가로 '오랫동안 편하게 살았다[壽而康]'고 주자가 비난했던 인물이었다. 이경석이 '삼전도비문'을 지은 것에 대한 야

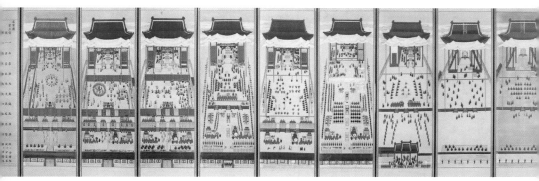

「임인진연도병(壬寅進宴圖屏)」. 임인년에 궁중잔치인 '진연'을 묘사한 10폭짜리 병풍으로, 1902 년에 고종이 기로소(조선 시대 연로한 고위 문신들의 친목과 예우를 위해 설치한 관서)에 들어간 것을 기념하게 위해 거행된 궁중잔치를 그렸다. 제2폭 '진궤장'에는 70세 이상의 연로한 대신들에 게 하사한 궤장(지팡이)을 들고 있는 대신의 모습이 묘사되어 있다.

유였다. 그러나 반청 인사로 몰려 죽음 문턱까지 여러 번 갔다 온 이경석을 청나라로부터 곤욕을 치른 적이 없는 송시열이 공격하는 것은 모순이었다. 이경석은 2년 후인 현종 12년(1671)에 사망했는데, "집안에서 효성스럽고 우애로웠으며 조정에서는 청렴 검소하였다. 아래 관리에게도 겸공(謙恭)하였고 옛 친구들에게 돈독하였다. …… 수상으로서 앞장서서 일을 맡아 먼 변방에 유배되었으므로 사론(士論)이 대단하게 여겼다."라는 졸기가 그의 일생을 대변한다.

현재 대한민국에 필요한 총리는 이경석 같은 인물이다. 종성 이경석이 왕조와 명운을 같이하면서 국정에 무한 책임을 진 것처럼 정권과 명운을 같이하면서 국정에 무한 책임을 지는 총리가 필요한 것이다. 대통령이 부리기 편한 총리란 그동안 여러 차례 목도한 것처럼 장삼이사(張三李四)만도 못한 도덕성에 개인의 출세만을 인생의 목표로 여기는 인물들일 것이다. 송시열의 당이었던 서인들이 편찬한 『현종

개수실록』도 "사론(士論)이 대단하게 여겼다."고 칭찬할 정도의 인물을 찾아야 할 것이다. 더 이상 대한민국 국민임을 부끄럽게 만드는 일이 없기를 고대한다.

38 │ 류성룡의 밝은 눈, 조선을 구하다

이순신 천거와 인재 등용

류성룡이 없었다면 충무공 이순신도 없었다. 『중종실록』에 따르면, 중종 19년(1324) 특진관(特進官) 심사손이 "천거하는 규례가 없는 것이 아니어서, 지금 해마다 정월에 동반(東班) 3품 이상은 쓸 만한 사람을 천거할 수 있으며, 그중에서 감사(監司), 병사(兵使)가 될 만한 사람은 정부(政府), 육조(六曹)가 천거한다."라고 말한 것처럼 조선은 제도적으로 인재 추천 장치가 있었다. 류성룡은 이런 장치를 잘 이용한 인물이었고, 충무공 이순신을 발탁하여 조선을 풍전등화의 위기에서 구해냈다.

미천한 가운데서 발탁한 훌륭한 인재를 뜻하는 이려(伊呂)라는 말이 있다. 은나라 탕왕 때의 재상인 이윤(伊尹)과 주나라 무왕 때의 재상인 여상(呂尙)을 합쳐 부르는 말이다. 이윤의 출신에 대해서는 몇 가지 설이 있는데 그중 하나가 유신국(有莘國)에 노예로 팔려갔다는 것이다. 은나라 재상인 중훼가 하나라 걸왕에게 공물을 바치러 가는 길에 알아보고 탕왕에게 천거했다. 그러나 이윤은 탕왕이 세 차례나 사신과 후한 폐백을 보내 초빙한 후에야 마지못해 출사했다. 그 후 이윤은 은나라가 하나라를 무너뜨리고 천하를 차지하는 데 결정적인 공을 세웠다. 사마천은 『사기』「은본기(殷本紀)」에서 '이윤이 다섯 번이나 거절한 후에야 탕의 신하가 되었다'고 적었다. 이윤은 탕왕의 적장손인 태갑이 정사에 태만하자 동궁(桐宮)에 유폐시켰다가 그가 개과천선하자 3년 후 다시 복위시키는 등 은나라가 위기에 빠질 때마다 나서서 정국을 수습했다.

강가의 낚시꾼도, 성을 쌓는 인부도 인재다

여상도 가난한 집안 출신으로 늙어서 위수(渭水)에서 낚시를 하다가 주나라 문왕(文王, 무왕의 아버지)을 만났다. 문왕은 여상과 대화를 나눈 후 그에게 비범한 재주가 있음을 알고 "당신이야말로 선왕(先王) 태공(太公)이 기다리고 기다린 현자다."라고 기뻐하면서 '태공망(太公望)'이라 부르고 스승으로 삼았다. 그가 바로 낚시꾼의 대명사로 불리는 강태공으로, 그 역시 문왕과 무왕을 도와 은나라를 무너뜨리고 주나라 천하로 만드는 데 결정적인 공을 세웠다.

이윤과 여상은 미천한 신분에서 발탁한 사례로 자주 인용되었는데, 미천한 신분에서 발탁된 또 한 명의 인재가 은나라 고종 때의 부열(傳說)이다. 은나라 고종이 간절하게 인재를 찾는 가운데 하루는 꿈속에 그런 성인(聖人)이 나타났다. 고종은 꿈속에서 본 인물을 그림으로 그려서 찾게 했는데, 뜻밖에도 부암(傳巖) 들판에서 성을 쌓는 인부들 가운데서 찾았다. 미천했기 때문에 성씨가 없었는데 부암 들판에서 발견했기 때문에 부(傅)를 성씨로 삼았다. 부열 역시 은나라가 발전하는 데 큰 공을 세웠는데, 이 때문에 '판축(版築)'과 '조황(釣璜)'이란 말이 미천한 곳에서 인재를 얻는다는 뜻으로 사용된다. 성을 쌓는다는 판축은 부열을 얻은 것을 뜻하고, 물가에서 구슬을 낚는다는 조황은 강태공을 얻은 것을 뜻한다.

우리나라에는 고구려 을파소(乙巴素)가 그런 사례다. 고구려 고국천왕은 사부(四部)에 '현량하지만 아래에 있는 자'를 천거하라고 명했다. 사부에서 함께 추천한 인물은 동부(東部)의 안류(晏留)였다. 그러나 안류는 사양하면서 대신 서압록곡(西鴨淥谷)의 농부 을파소를 천거했다. 고국천왕은 을파소에게 사신을 보내 겸손한 말과 정중한 예로 초빙하고는 중외대부(中畏大夫)로 임명하고 우태(于台)라는 벼슬을 더했다.

그러나 을파소는 이 정도 관직으로는 국사를 다스리기 힘들다고 생각해서 사양했다. 고국천왕이 다시 국상(國相)으로 임명하자 을파소는 "때를 만나지 못하면 숨고, 때를 만나면 벼슬하는 것은 선비에게 늘 있는 일이다. 지금 임금께서 나를 후의로 대하시니 어찌 옛날 숨어 지내던 것을 생각하겠는가."라면서 국정 개혁에 나섰다. 국상 을파소가 구신(舊臣)들의 반대를 무릅쓰고 시행한 법이 빈민구호법인 진대법(賑貸法)이다. 이로써 고구려 국정이 안정되었다.

국정의 성공과 실패의 요체가 인재 등용에 있다는 것은 모두가 아는 사실이다. 그런데 국왕 혼자서 나라 안 사람들의 현부(賢否)를 모두 알 수 없기에 주위에 숨어 있는 인재를 천거하는 여러 제도를 두었던 것이다.

강태공이 문왕을 만나는 장면을 조선시대 후기 도화서 화원이었던 양기성(梁箕星)이 묘사한 「태
공조위도(太公釣渭圖)」.

아무리 좋은 제도라도 국왕 의지가 중요

이순신이 선조 5년(1572) 무과에 병과(丙科)로 급제해서 종9품이 되었을 때가 서른한 살로, 남들보다 한참 늦은 나이였다. 게다가 윤휴가 '통제사 이 충무공 유사(遺事)'에서 "순신은 본디 성품이 고상하여 귀족들을 찾아가지 않았다."고 쓴 것처럼 고개를 숙이거나 청탁하는 성격도 아니었다. 그래서 류성룡이 『징비록』에서 "조정에서 이순신을 추천해주는 사람이 없어서 무과에 오른 지 10여 년이 되도록 벼슬이 승진되지 않았다."고 말한 것처럼, 과거에 급제한 후 10년 동안 좌천, 파직, 백의종군 등을 거듭하는 불우한 길을 걸었다.

이런 이순신을 류성룡이 전라좌도 수군절도사로 발탁했는데, 류성룡이 『징비록』에서 "내가 순신을 천거해 수사(水使. 전라좌수사)로 차례를 뛰어넘어 임명되었으므로 사람들은 그가 갑작스레 승진된 것을 의심하였다."고 쓴 것처럼 논란이 많았다. 그러나 임진왜란이 닥치자 장수 이순신의 진가는 곧 드러나서 곡창지대인 호남을 일본군의 공격으로부터 막아내고 제해권을 장악했다. 류성룡의 이순신 천거가 임란의 전세를 바꿔놓았을 만큼 인재 천거는 국사의 요체였다.

인재를 천거할 만한 자리에 있으면서도 천거하지 않는 자를 '한선(寒蟬)', 즉 가을 매미라고 부른다. 『후한서(後漢書)』「두밀(杜密)열전」에 따르면, 태산태수(太山太守), 북해상(北海相) 등을 지낸 두밀이 벼슬을 그만두고 고향에 돌아왔을 때 태수 왕욱이 그 앞에서 유승이란 인물을 칭찬했다. 그러자 두밀은 "유승은 대부(大夫)가 되었을 때 빈객(賓客)을 예로 맞으면서, 빈객이 선한 것을 알면서도 천거하지 않았고, 악한 사실을 듣고서도 말하지 않았다. 이는 실정을 숨기고 자신만을 아낀 것으로 가을 매미와 같은 자였다."고 비판했다. 인재를 천거해야 하는 자리에 있으면서도 천거하지 않는 것을 울어야 할 때 울지 않는 가을 매미에 비유한 것이다.

그러나 아무리 좋은 천거 제도가 있어도 왕에게 인재 발탁의 의지가 없다면 아무 소용이 없었다. 그래서 나온 말이 '머리를 부수다'는 뜻의 쇄수(碎首)다. 『논형(論衡)』「유증(儒增)」편에 나오는 말인데, 금식이란 인물이 진(秦)나라 목공에게 백리해를 천거했는데도 목공이 등용하지 않았다. 그러자 금식이 문을 나서며 스스로 대문에 머리를 부수고 죽은 데서 나온 말이다. 이에 놀란 목공이 한탄하면서 백리해를 등용했는데, 백리해는 진나라가 패자(覇者)로 부상하는 데 큰 공을 세웠다.

선조 같은 용렬한 군주는 심지어 이순신을 죽이려고 했다. 류성룡은 『징비록』에서 "이순신을 천거한 사람은 나이므로 나와 사이가 좋지 않은 사람들은 원균과 합세하여 이순신을 몹시 공격했다."고 적고 있는데, 임금이 인재를 신뢰하기는커녕 시기심으로 죽이려고 했으니 그때 조선이 멸망하지 않은 것 자체가 하늘의 도움이었다.

그릇된 인물 천거한 사람도 처벌해야

조선 후기의 학자 최한기는 『선인문(選人門)』에서 "만마디 말로써 백성에게 선(善)을 권하는 것은 한 사람의 현인(賢人)을 천거해 선을 권하는 것만 못하다."고 말했다. 지금 국가 기강이 완전히 무너졌다는 우려가 많다. 여기에는 여러 요인이 있겠지만 인재 등용 실패의 탓이 가장 크다. 일부러 고르라고 해도 힘들 정도로 결함투성이 인물들만 고위직에 발탁되니 고위직에 대한 국민의 시선이 반감에서 냉소를 넘어 비웃음 수준으로까지 전락한 것이다. 어린 학생들이 그런 처신을 따라 배울까 두려운 사람들만 고위직에 올라 청문회 자리에서 쩔쩔매거나 '배 째라'는 식으로 맞대응하니 국가 기강이라는 말 자체가 성립하기 어려운 지경이 되었다.

『한서(漢書)』 「무제(武帝)본기」에 "현자(賢者)를 추천한 자는 높은 상을 받고 숨긴 자는 사형을 받는다."는 기록이 있다. 또한 『송사(宋史)』 '선거지(選擧志)'에는 잘못 천거한 자도 함께 벌을 받는 것을 뜻하는 거주연좌(擧主連坐)가 있다. 이런 제도를 거울삼아 그릇된 인물을 천거한 사람도 처벌하는 것으로 재발 방지 노력을 해야 할 것이다.

39 | 죽고자 하면 살고, 살고자 하면 죽는다 했거늘

이순신과 군인정신

군인 이순신에게 가장 큰 불행은 선조 같은 용렬한 인물이 생사여탈권을 쥔 군통수권자였다는 점이다. 왕조 국가에서 군부(君父)로 불리는 임금이었지만, 선조에게는 군(君)의 엄격함도, 부(父)의 자애로움도 부족했다. 오히려 능력 있는 아랫사람을 시기하는 옹졸한 모습을 보였다. 선조는 재위 30년(1597) 3월 13일 '비망기(備忘記)'를 내렸다. 비망기는 승지에게 전하는 사건 처리 지침서다. 선조가 비망기를 내린 이유는 이순신을 죽이기 위한 것이었다.

> "이순신이 조정을 속인 것은 임금을 없는 것으로 여긴 죄이
> 며, 적을 놓아주고 토벌하지 않은 것은 나라를 저버린 죄다.
> 심지어 남의 공을 가로채고 남을 함정에 빠뜨린 죄는 방자하
> 지 않음이 없는 것이니 거리낌 없이 행동한 죄다. 이렇게 수많

은 죄상이 있으면 법에 용서할 수 없는 것이니 율(律)을 상고해서 죽이는 것이 마땅하다. 인신으로서 속인 자는 반드시 죽여서 용서하지 않아야 한다."

_『선조실록』 30년 3월 13일

한심한 조정, 적장 말만 믿고 이순신 제거 나서다

이순신을 어떻게 죽일 것인지 보고하라는 비망기였다. 선조가 이순신을 '반드시 죽여서 용서하지 않아야 한다'고 단언했던 이유는 무엇일까. 표면상의 명분은 이순신이 왜장 가토 기요마사 체포를 방기했다는 것이었다. 고니시 유키나가(小西行長)는 대마도 출신의 요시라(要時羅)를 이중간첩으로 삼아 조선 진중을 교란했다. 류성룡은 『징비록(懲毖錄)』에서 "적의 장수 고니시가 그의 졸병 요시라를 경상우병사 김응서(金應瑞)의 진영에 자주 드나들도록 하여 은근한 정을 보였다." 라고 말했는데, 김응서는 요시라의 주선으로 함안(咸安) 곡현(谷峴)에서 고니시와 이른바 함안회담을 갖기도 했다. 요시라는 그 대가로 벼슬을 요구했고, 김응서는 정3품 절충장군(折衝將軍)의 벼슬과 은자 80냥을 주었다.

요시라가 "가토가 건너올 때 가르쳐줄 테니 제거하라. 고니시도 이를 원하고 있다."는 정보를 주면서 이순신은 위기에 빠졌다. 이순신은 이것이 자신을 제거하려는 요시라의 술책임을 단번에 파악했다. 『이충무공전서』 '행록(行錄)'은 "이때 조정은 원균의 말만 믿고 공(이순신)을 비방해 마지않았으므로 공은 요시라의 말이 속임수임을 알면서도…… 마음대로 물리칠 수 없었다."고 전하고 있다.

이순신이 움직이지 않는 와중에 가토가 장문포(場門浦. 거제도)에 정박했다는 사실이 전해지자, 조정에서는 이순신에 대한 공격이 벌떼처럼 일어났다. 김응서는 고니시가 했다는 "그대 나라 일은 매양 그러하니 후회해도 소용없다. 내가 전에 한 말이 가토의 귀에 들어갈까 우려되니 비밀을 지키라."는 말을 선조에게 보고했다. 어이없게도 조정에서는 적장 고니시가 조선의 장수라도 되는 듯, 그의 말만 믿고 이순신을 비방하고 나섰다. 선조는 이 사건을 이용해 이순신을 제거하기로 결심했다. 선조는 비망기를 내리기 한 달 전에 이미 김홍미에게 전교를 내려 "선전관을 보내 이순신을 잡아오고 원균을 삼도수군통제사로 삼으라."고 명령했다.

이순신에게 비극이 가중된 것은 서인들까지 전쟁 영웅 사냥에 가세했기 때문이다. 류성룡이 『징비록』에서 "이순신을 천거한 사람이 나였으므로, 나와 사이가 좋지 않은 사람들은 원균과 합세하여 이순신을 몹시 공격했다."고 말한 것이 이를 뒷받침한다. 선조는 비망기를 내리기 두 달 전인 그해 1월 "그런 사람(이순신)은 비록 가토의 목을 베어 오더라도 용서할 수가 없다."고 말하고 있다. 사실상 이순신이 요시라의 말을 듣고 움직였든, 움직이지 않았든 이미 이순신을 죽이기로 마음먹었던 것이다.

이순신의 목숨이 풍전등화에 놓였을 때 전 우의정 정탁(鄭琢)이 일흔이 넘은 노구로 "이순신이 이미 한 차례의 고문을 당했으므로 만일 또다시 형을 가한다면 생명을 보전하기 어려울 것입니다."라고 구원에 나서면서 겨우 목숨을 건지고 백의종군에 처해졌다.

요시라를 통해 이순신을 무력화시킨 고니시는 원균에게도 같은 전술을 사용했다. 원균 역시 "고니시와 요시라가 거짓으로 통화(通和)하는 것이므로 그 실상을 알 수 없습니다."라고 반대했지만, 선조와 원수 권율의 압박에 못 이겨 출전할 수밖에 없었다. 선조 30년(1597) 7월 15일 원균은 조선 수군 전부를 이끌고 절영도 전투에 나섰다가 대패하고 말았다. 그는 거제도 칠천량(漆川梁)에 상륙했다가 일본군의 습격을 받아 전사했고, 전라좌수사 이억기도 전사하고 말았다. 경상 우수사 배설(裵楔)만이 12척의 배를 이끌고 겨우 한산도로 퇴각하는 데 성공했다. 이순신이 체포된 지 다섯 달 만에 조선 수군은 궤멸해 버린 것이다.

'수군 해체' 명령한 선조, 피를 토하듯 반대한 이순신

일본군은 임진년 이래의 숙원이던 제해권을 장악했고 보급로도 확보했다. 다급해진 선조는 7월 22일 이순신을 전라좌도 수군절도사 겸 삼도통제사로 재임명했다. 그러나 선조는 수군을 해체하려고 마음먹었다. 이순신은 『난중일기』 8월 15일자에서 "선전관 박천봉(朴天鳳)이 가져온 선조의 유지(有旨)를 받고 잠을 이루지 못했다."고 토로하고 있는데, 선조의 유지란 "조선 수군을 철폐하고 이순신을 육군으로 발령 내겠다."는 내용이었다.

수군 철폐론에 대해 이순신은 피를 토하는 장계를 올렸는데, 이 것이 그 유명한 "지금 신에게는 아직도 12척의 전선이 있으니 사력을 다해 싸우면 적의 진격을 저지할 수 있습니다."라는 내용의 장계였다. 이순신은 "지금 만일 수군을 전폐시킨다면 이것이야말로 적에

필사즉생 필생즉사(죽고자 하면 살고, 살고자 하면 죽는다)라
고 쓴 이순신 휘호. 최후의 해전을 앞둔 이순신 장군의 결기가
느껴진다.

게는 다행한 일로 호남과 충청 연해를 거쳐 한강까지 도달할 것이니
이것이 신이 두려워하는 바입니다. 설령 전선 수가 적다 해도 미신(微
臣)이 아직 죽지 않았으니 적이 감히 모멸하지는 못할 것입니다."라고
피를 토하듯 반대했다.

부산 본영의 일본군 전선 600여 척을 12척의 전선으로 맞설 수
있다고 생각한 사람은 아무도 없었다. 그러나 이순신은 달랐다. 일
본군은 이순신이 전력을 보강하기 전에 끝장을 내기 위해 총공세를
펼쳤고, 드디어 9월 16일 명량해협에서 양군은 충돌했다. 이순신은

하루 전인 15일 여러 장수에게 "병법에 '반드시 죽고자 하면 살고, 살고자 하면 죽는다[必死卽生 必生卽死]'라고 했다."면서 "한 사내가 오솔길의 길목을 지키면 천 사내를 두렵게 할 수 있다[一夫當逕 足懼千夫]."고 독려했다.

『난중일기』는 이렇게 시작된 명량해전에서 일본 수군은 330척, 조선 수군은 13척이었다고 말하고 있다. 이순신은 부족한 전선 수를 보충할 수 있는 방법 중의 하나가 지형을 이용하는 것이라고 생각했다. 그래서 천험(天險)의 지형에 급조류가 흐르는 명량해협의 울돌목으로 일본 수군을 끌어들였다. 하지만 싸우는 시간까지 이순신이 정할 수는 없었다. 이민서(李敏徐)가 찬(贊)한 '이충무공 명량대첩 비문'은 "함대가 바다의 좁은 입구에 도착하자 전선을 펼친 후 닻을 내려 바닷물을 가로막고 적이 오기를 기다렸다."고 기록하고 있는데, 전투는 조류가 조선쪽으로 흐르는 불리한 상황에서 시작되었다. 이 비문은 또 "적들은 상류에서 조류를 타고 바다를 가렸으니 그 기세는 산을 누르는 것 같았다."고 적고 있다.

대장선에 오른 이순신은 지자포, 현자포 같은 총통을 쏘면서 전진했지만 다른 장수들은 뒤로 물러나서 관망했다. 이순신이 장수들에게 결사항전을 독려하며 수십 척 배의 일본군을 상대로 고군분투하는 동안 울돌목의 조류가 바뀌기 시작했다. 그러면서 적장 마다시의 목을 베어 효시했는데, 의병장 조경남(趙慶男)이 『난중잡록(亂中雜錄)』에서 "마다시의 머리를 베어 돛대 꼭대기에 매달자 장병들이 분발하여 적을 추격했다."고 전했듯이 전세도 뒤집히기 시작했다. 이렇게 모두의 예상을 뒤엎고 이순신은 다시 승리했고 조선의 제해권을 되찾았다. 일본군의 재침 기본 전략인 수륙병진 작전도 폐기되었다.

1905년 러시아 발틱 함대를 궤멸시킨 일본연합함대 사
령관 도고 헤이하치로. 300년 전의 적장인 이순신을 '군
신'으로 추앙하고, "나를 이순신 제독에 비유하는 것은
감히 받아들일 수 없다."고 칭송을 사양했을 정도로 떠
받들었다고 한다.

"나를 감히 군신 이순신에 비유 말라"

그로부터 308년 후인 1905년 5월 26일, 일본연합함대 사령관 도
고 헤이하치로(東鄕平八郞)는 동해에서 '군신(軍神)' 이순신에게 승전을 비
는 제사를 올리고 "황국의 부흥과 몰락이 이 한 번의 전투에 있다."
고 결의한 다음 날, 대한해협과 동해에서 러시아 발틱 함대를 궤멸
시켜 전 세계를 놀라게 했다. 전승축하연에서 도고 헤이하치로는
"나를 영국의 넬슨에 비유하는 것은 받아들일 수 있지만, 이순신 제
독에 비유하는 것은 감히 받아들일 수 없다."고 사양했다. 자신과
넬슨은 국가의 전폭적인 지원을 받고 전투에 나섰지만 이순신은 음
해하는 세력이 숱한 상황에서도 승리했기 때문이라는 것이다.

이처럼 일본 해군까지 신으로 모시는 이순신의 후예를 자처하는
오늘날 대한민국 해군의 상황은 길 잃은 난파선을 보는 듯하다. 두
명의 전직 해군참모총장을 비롯해 6명의 장성이 방산 비리로 구속되

었고, 성희롱 사건에 관련되어 보직해임을 종용받은 해군 장성도 있다. 천안함 피침 5주년에 그 함장은 북한 소행이라는 군의 발표를 믿지 않는 국내 일부 세력들을 비판했다. 북한의 공격으로 46명이 수장되었으면 함장은 무죄라는 논리인가. 작전에 실패한 지휘관은 용서할 수 있어도 경계에 실패한 지휘관은 용서할 수 없다는 말은 한국 해군에는 예외인 것일까. "신에게는 아직도 12척의 전선이 있다."는 결사의 군인정신은 찾아보려야 찾아볼 수가 없는 오늘날 군 수뇌부의 정신 상태를 이순신의 군인정신으로 개조하는 길만이 해법일 것이다.

40 | 임금과 대신도 힘겨루기했다

다른 듯 비슷한 권력 구조 논쟁

왕조 국가에서 권력의 중심은 말할 것도 없이 국왕이다. 그래서 많은 사람은 왕조 국가에서는 권력 구조에 대한 논쟁이 존재하지 않았던 것으로 막연히 생각하지만 사실은 전혀 그렇지 않다. 다음 장면을 보면 조선 시대 초기의 권력 구조를 둘러싼 임금과 대신 간의 힘겨루기를 짐작할 수 있다.

세조 1년(1455) 8월 16일. 세조가 단종으로부터 왕위를 빼앗은 지 두 달 남짓 지난 궁중의 잔칫날이었다. 양녕대군, 효령대군 등 수양 대군 즉위를 적극 지지한 왕실 인사들과 정인지(영의정), 한확(좌의정), 이사철(우의정) 등 정승과 신숙주, 한명회를 비롯해 수양대군을 임금으로 만드는 데 공을 세운 모든 신하들이 함께 모인 자리였다. 세조는 세자를 비롯한 종친과 백관은 물론 개국(開國)·정사(定社)·좌명(佐命)·정난(靖難)의 4공신(四功臣) 친자식과 적장자까지 거느리고, 쫓겨난 단종의 거처였던 창덕궁에서 연회를 베풀었다.

개국 이래 책봉한 네 차례의 공신 중 이 자리에서의 핵심 공신은 김종서 등을 살해하고 수양대군 자신을 왕으로 세운 이른바 '정난공신'이었다. 개국공신과 1, 2차 왕자의 난 직후 책봉한 정사, 좌명공신의 후예까지 참석시킨 것은 수양대군 즉위의 정당성을 강변하기 위한 것이었다.

의정부서사제와 세조의 분노

이날 맹족(盟族)을 노산군(단종)과 세조에게 바쳤는데, 맹족이란 공신들의 명단과 영원히 변치 말자는 공신들의 맹세문을 적은 족자였다. 주연이 베풀어지고 풍악이 연주되고 양녕대군이 몸소 비파를 잡고, 태종의 딸 숙근옹주의 남편인 권공이 징을 치며 흥을 돋우자 여러 공신들이 일어나서 춤을 추었다.

왕좌를 빼앗긴 단종의 쓰라린 심정은 안중에도 없어 흥이 무르익자 세조까지 일어나서 덩실덩실 춤을 추었다. 세조는 잔치가 끝난 후 동생이자 세종의 여덟 번째 아들인 영응대군의 사제(私第)로 거둥해서 다시 놀다가 환궁해 사정전에 나아갔다. 세종의 넷째 아들인 임영대군과 영응대군, 이계전, 홍달손, 신숙주 등이 시립(侍立)했는데, 정난 일등공신이자 병조판서인 이계전이 세조에게 조용히 말한 것이 이날의 사건을 만들었다.

"오늘 성상께서 술이 과하신 듯하오니 청컨대 대내(大內)로 돌아가소서."

왕권 강화를 명분으로 쿠데타를 일으켰으나 왕권 강화에 필요한 의정부서사제 폐지를 둘러싸고 신하들과 갈등을 빚은 세조. 세조는 쿠데타 공신들에게 승지 업무까지 맡기는 '원상제'를 실시함으로써 쿠데타 명분까지 헌신짝처럼 내팽개쳤다.

뜻밖에도 세조는 갑자기, "내 몸가짐은 내 마음대로 할 것인데, 네가 어찌 나를 가르치려고 하느냐"며 불같이 화를 냈다. 세조는 이계전의 관(冠)을 벗게 하고는 병조참판 홍달손으로 하여금 머리채를 휘어잡아 뜰로 끌어내리게 했다. 병조판서의 관을 벗게 하고 직속 부하인 참판에게 머리채를 휘어잡혀 뜰로 끌어내려졌으니, 망신도 이런 망신이 없었다.

세조가 이계전에게 이런 망신을 준 이유는 따로 있었다. "네가 전에 하위지와 함께 의정부의 서사(署事)를 폐하지 말라고 했으니 너희들의 학술이 바르지 못한 것이다. 너는 극히 간흉(奸譎)하기 때문에 병조의 장관이 될 수 없다. 네 직책을 파면하고, 홍달손으로 대신하겠다." 세조가 화를 낸 진짜 이유는 이계전이 하위지와 함께 의정부서사제를 폐하지 말라고 주장했기 때문이었다.

세조는 신숙주를 시켜 "내가 너를 사랑하기에 좌익공신 높은 등

급을 주려는데 너는 원하지 않느냐"라고 묻자 이계전은 머리를 땅에 대고 사죄하면서 목 놓아 통곡했다. 세조는 상(床)에서 내려와 이계전과 신숙주에게 술을 따라주고 같이 춤추게 했는데, 이계전 등이 사례하고 일어나지 않자 "우리는 옛날의 동료다. 같이 서서 술을 따르는 것이 어찌 의리에 해롭겠느냐."고 권하자 마지못해 따랐다. 세조는 또 "내가 이계전에게 예상하지 못한 욕을 주었으니, 예상하지 못한 은전(恩典)을 베풀 것이다."라고도 말했다. 『세조실록』은 "파할 무렵이 밤 2고(鼓. 오후 9~11시)나 되었다."라고 전한다.

이 연회 장면은 쿠데타로 집권한 세조 정권의 자기파탄적 성격을 잘 보여준다. 수양대군이 쿠데타를 일으킨 명분은 황보인, 김종서 등의 권신(權臣)들을 제거하고 왕권을 강화하겠다는 것이었다. 그리고 떡 본 김에 제사 지낸다고, 내친김에 단종을 끌어내리고 왕좌까지 차지해버린 것이다. 그런데 왕권을 강화하려면 권력 구조를 개편해야 했다. 당시 권력 구조가 바로 의정부서사제, 또는 의정부서리제(署理制)라고도 하는 것인데, 병조판서 이계전이 이를 폐지하지 말자고 주장했기 때문에 세조의 분노가 폭발한 것이었다.

육조직계제, 지금의 대통령중심제와 유사

의정부서사제와 반대되는 제도가 육조직계제(六曹直啓制)였다. 의정부서사제는 집행 부서인 이조, 호조, 예조, 병조, 형조, 공조의 육조가 국정 현안을 의정부에 보고하고 심의를 받는 제도였다. 반면 육조직계제는 육조가 의정부를 거치지 않고 국왕에게 직접 보고하는 제도였다. 따라서 의정부서사제를 실시하면 왕권이 약화되고 의정부 권한이 강화되었다. 반면 육조직계제를 실시하면 왕권은 강화되나 의정부는 유명무실해졌다. 정확한 비교라고 할 수는 없지만, 지금의 대통령 중심제와 의원내각제의 차이와 비슷하다고 할 수 있다. 육조직계제가 대통령 중심제라면 의정부서사제는 의원내각제라고 볼 수 있다. 박동량의 『기재잡기』에는 "수상(首相, 영의정)은 자리가 비록 높기는 하나 맡은 사무가 없고, 좌상(左相, 좌의정)은 이조, 예조, 병조 판서를 겸임하고 우상(右相)은 호조, 형조, 공조 판서를 겸임한다."고 전하고 있다. 이긍익의 『연려실기술』 '관직전고'에도 '좌의정이 이조, 예조, 병조 판서를 으레 겸했고, 우의정은 호조, 형조, 공조 판서를 으레 겸했다'고 기록하고 있다.

조선은 개국 후 의정부서사제를 채택해왔는데, 강력한 왕권을 추구하던 태종이 즉위하면서 기류가 변하기 시작했다. 『사가집비(四佳集碑)』에 의하면 태종 때 의정부서사제를 육조직계제로 돌리자고 주장한 인물은 우사간대부(右司諫大夫) 신개였다. 그는 "의정부에서 국사를 결재하는 것은 임금의 권한을 대신이 갖는 것"이라고 극력 간쟁하는 상소를 올렸다. 태종은 일단 "애송이 선비가 사체(事體)를 알지 못하고 대신들이 권한을 독단한다고 함부로 말하느냐."라고 짐짓 반대하는 것처럼 말했다. 그러나 신개가 굽히지 않고 변론하니 대신들이 오히려 떨었다고 전하고 있다.

육조직계제는 태종의 의지였지만 태종은 자신의 주도 하에 의정부서사제를 폐지하고 싶지는 않았다. 의정부에서 먼저 서사제를 폐지하자고 요청하는 형식을 원했다. 그래서 태종의 측근이었던 좌의정 하륜에게 "마땅히 정부를 개혁하여 육조에서 직접 일을 보고하게 해야 합니다."라고 아뢰게 했다. 태종은 마지못한 듯 육조직계제로 바꾸겠다고 말했다.

그러자 의정부도 폐지할 것인가, 그대로 둘 것인가가 초미의 관심사로 떠올랐다. 태종은 "나이와 덕망이 고매한 자가 많으나 육조의 자리는 적으니, 그대로 정부에 두고서 처우하는 것이 마땅하다."라며 의정부는 명목상 유지했다. 태종 14년(1414) 4월 17일의 일인데, 이날의 사관(史官)은 "지금 비록 의정부의 권한이 무거운 폐단을 개혁했다고 하지만 권력이 육조로 분산되어 통일되지 못하고, 여러 국사를 제때 품승(禀承, 신하가 국사를 보고하고 왕의 지시를 받는 일)하지 못해서 일이 많이 막히고 지체되었다고 한다."라고 비판하고 있다.

대통령과 의회, 분권의 향방을 고민해야

의정부서사제와 육조직계제에는 장단점이 모두 있었다. 의정부서사제는 각 부서에서 수시로 정승들에게 보고할 수 있으므로 국사가 원활하게 돌아가는 장점이 있는 반면, 육조직계제는 각 부서에서 국왕에게 항상 보고하기 어렵기 때문에 국사가 지체되는 단점이 있었다. 그러나 태종은 육조직계제로 신하들이 권신화(權臣化)하는 것을 막을 수 있었고, 그 바탕 위에서 세종도 많은 업적을 남길 수 있었다. 그런데 태종이 만든 육조직계제를 다시 의정부서사제로 돌린 인물은 다름 아닌 아들 세종이었다.

세종은 강력한 왕권을 행사했지만 "한 사람의 정승을 얻을 수 있다면 국사는 근심이 없을 것"이라고 말할 정도로 정승의 역할도 중요하게 생각한 군주였다. 그래서 세종은 재위 18년(1436) 4월 12일 "태조의 성헌(成憲)에 따라 육조는 각자의 직무를 먼저 의정부에 품의(稟議)하고, 의정부는 가부를 의논한 뒤 임금에게 아뢰어 지시를 받아 다시 육조로 돌려보내서 시행하게 하라."고 의정부서사제를 부활시켰다. 다만 이조, 병조의 관리 임명과 병조의 군사 기용 등은 임금에게 직접 보고하게 해 왕권 약화도 방지하는 장치를 마련했다.

신하들의 권력 남용에 신경을 많이 썼던 세종이 의정부서사제로 환원한 것은 당시 영의정이 황희였기 때문이었다. 원래 의정부서사제에서는 좌의정과 우의정의 역할만 있을 뿐 영의정의 역할이 없었다. 그러나 세종은 "좌·우의정만이 모두 다스리고 영의정은 관여하지 않는 것은 예부터 삼공에게 임무를 전담시켰던 본의와 어긋나니 지금부터 영의정 이하가 함께 논의해 가부를 시행하게 하라."고 영의정을 의정부서사제의 핵심 인물로 삼았다. 세종 사후 의정부서사제는 여러 번 존폐를 반복했다.

문종은 즉위년(1450)에 육조직계제로 환원했다가 어린 단종이 즉위하면서 일시 의정부서사제가 부활했다. 그러다가 세조 1년(1455) 윤6월부터 육조직계제로 환원했다. 그러나 세조는 재위 13년(1467) 신숙주, 한명회, 구치관 등의 공신들이 승정원에 출근해서 승지의 일까지 보는 원상제(院相制)를 실시함으로써 '왕권 강화'라는 쿠데타 명분마저 헌신짝처럼 내팽개쳐버렸다. 의정부서사제 폐지 후 권한이 대폭 강화된 승정원에 실세인 공신들이 출근해서 업무를 보았으니 의정부서사제 저리 가라 할 제도였다.

제도 못지않게 중요한 것이 사람이다. 세종이 황희를 신임하여 의정부서사제를 부활시킨 것이 이를 말해준다. 육조직계제, 즉 대통령 중심제의 가장 큰 문제점은 수준이 떨어지는 인물이 대통령이나 국왕이 되었을 때 제어 장치가 없다는 점이다. 물론 의정부서사제, 즉 의원내각제 역시 국정 현안에 능한 정승이나 의원들의 존재를 전제로 한다. 그래서 지금 국회에서는 대통령과 의회의 권한을 나누는 분권형 대통령제가 논의되는 것인데, 대통령과 의회에서 뽑힌 총리가 충돌할 경우 등에 대한 해결책은 뚜렷하지 않다. 역사에서 답을 구하는 것이 가장 좋을 것이다. 제도와 사람을 함께 보자는 것이다.

41 | 버림받은 탕평, 살해당한 아들

영조의 실패한 탕평과 통합의 길

'영·정조 시대'라는 용어가 있다. 조선 제21대 임금 영조(재위
1724~1776)와 22대 임금 정조(재위 1776~1800)의 재위 기간을 뜻하는 것인
데, 조선 스물일곱 임금 중에서 두 왕의 시호를 묶어서 표현하는 경
우는 이때를 제외하고는 달리 없다. 예를 들어 태종과 세종 시대를
태·세종 시대라고 표현하지 않는다.

영·정조 시대라는 용어는 작위적인 표현일 뿐, 엄밀히 말해 영조
와 정조 시대는 지향점이 달랐다. 그동안 국사 교과서는 영조를 탕
평 임금으로 높이 평가했지만 이는 노론 후예 학자들의 자당(自黨) 임
금 치켜세우기 성격이 강했다. 영조의 탕평책은 노론은 모두 등용하
는 반면, 소론은 일부 온건파만 등용하던 불완전한 탕평이었고, 그
나마 재위 31년(1755)의 나주 벽서 사건으로 명목상의 탕평책마저 붕
괴되었다. 영조는 조선에서 가장 오랜 기간인 만 52년을 재위했지만

재위 26년(1750)의 균역법을 제외하고는 내세울 만한 치적은 별로 없다. 영조가 형식상의 탕평책마저 붕괴시키고 노론 일당 독재 체제를 구축한 결과가 소론에 기운 자신의 아들을 뒤주에 가두어 죽인 '사도세자 살해 사건'이었다.

노론에 기댄 채 소론 견제에 몰두

영조는 왜 성공하지 못한 임금이 되었을까. 한마디로 '과거사'에서 벗어나지 못했기 때문이다. 영조에게 가장 뼈아픈 과거인 '경종 독살설'에 휘말리지 않았다면 그는 훨씬 성공한 군주가 되었을 것이다. 숙종 20년(1694) 숙빈 최씨에게서 태어난 이금(영조)은 경종 1년(1721) 노론의 쿠데타에 가까운 지원으로 만 28세의 나이에 왕세제가 되었다. 다시 말하면 이때까지 궁 밖에서 살았기에 백성들의 질고를 잘 알고 있었다는 뜻이 된다. 그래서인지 영조는 검소했다.『영조실록』은 재위 20년(1744) 5월조에 "이때 임금은 목면으로 만든 침의(寢衣, 잠옷)를 입었으며 …… 이불 하나 요 하나도 모두 명주로 만든 것이었으며 병장(屛障, 병풍)도 진설하지 않았다…… 여항(閭巷, 민간)의 호귀(豪貴)한 집에 견주어도 도리어 그만 못했다. 여러 신하들이 물러나와 검소한 덕에 대해 찬탄하지 않는 이가 없었다."라고 묘사하고 있다.

검소함은 제왕의 미덕이지만 임금에게는 그보다 중요한 덕목이 있다. 새로운 어젠다를 제시하고 그 방향으로 사회를 이끌고 가는 능력이다. 영조 재위 시절은 사회 각계각층의 요구가 분출하던 시기였다. 조선의 양반 사대부는 이미 사회를 이끌어가는 능력을 상실했다. 크게 향상된 농업 생산력과 상공업의 발달은 신분제를 완화 내지는 해체시키고 능력에 따라 사람들이 대접받는 사회로 나아가길 요구하고 있었다. 그러나 영조는 경종 독살설에 발목이 잡혀 있었다. 재위 1년(1725) 1월 영조가 경종의 능인 의릉(懿陵)을 참배하기 위해 출궁하자 군사(軍士) 이천해가 저주한 사건이나 영조 4년(1728) 3월 경종의 복수를 다짐하며 이인좌가 봉기한 사건은 모두 경종 독살설이 낳은 비극이었다.

노론의 쿠데타에 가까운 지원으로 왕세제가 되었고, 경종 독살 혐의를 받으며 임금이 된 영조에게 이는 업보였다. 이 문제를 풀어야 할 당사자는 영조 자신이었다. 경종 재위 시절 임금을 몰아내려고 했던 노론과 자신의 행위는 '역(逆)'이었다. 반면 경종을 지키려 했던 소론 강경파의 행위는 '충(忠)'이었다. 영조가 즉위했다고 충역(忠逆)이 바뀔 수는 없었다. 영조는 소론 강경파의 행위를 충으로 인정하는 것으로 소론과의 공존을 모색해야 했다.

그러나 영조는 즉위 직후 소론 강경파 김일경 등을 사형시켰고, 이에 반발한 이인좌 등에게 봉기 빌미를 제공했다. 이인좌의 봉기 당시 노론은 몸을 사린 반면 소론 온건파인 오명항, 박문수 등이 나서서 진압했다. 경종 때 목호룡 고변 사건으로 죽을 위기에 몰린 영조를 구해준 것도 소론 온건파였다. 소론 온건파마저 등을 돌릴 경우 영조는 노론만의 반쪽 임금으로 전락할 것이었다. 그래서 영조는 이인좌의 난 직후 소론과 노론을 함께 비판하는 것으로 정국의 통합을 꾀하고자 했다.

"소론 김일경 무리들에게 효경(梟獍)의 성질이 있었다면, 노론에

는 정인중 무리들이 효경의 성질이 있었으니, 피차에 어찌 역
적이 없는 당이 있었는가?"

_『영조실록』, 『승정원일기』 4년 9월 24일

효경은 어미를 잡아먹는 올빼미와 아비를 잡아먹는 짐승을 이르
는 말로, 불효자나 역적을 비판할 때 사용한다. 경종 시절 세제였던
자신을 압박했던 소론의 김일경과 경종을 시해하려 했던 노론의 정
인중 모두가 역적이란 비판이었다. 경종의 충신 김일경은 영조의 역
적이 되고, 영조의 충신 정인중은 경종의 역적이 되는 모순된 현실이
었다. 이 난제를 푸는 유일한 해법은 소론과 화해하는 것뿐이었다.
영조는 한때 그 길을 걸었는데, 탕평책(蕩平策)이 그것이었다. 『서경(書
經)』 '황극(皇極)'조에 "편이 없고 당이 없이 왕도는 탕탕하며, 당이 없고
편이 없이 왕도는 평평하다."란 구절에서 따온 탕평은 공평무사하다
는 뜻이다.

노론 4대신 신원 시도로 실패의 길 걸어

영조가 공평무사한 왕도를 제창하며 탕평책을 표방하자 소론 온
건파는 환영했다. 반면 김흥경, 김재로, 유척기 등 노론 대신들은 탕
평책에 반발해 사퇴했다. 이런 상황에서 노·소론의 현실적인 정치가
들이 탕평파를 구성하게 되는데, 노론에서는 홍치중 등이, 소론에서
는 조문명·조현명 형제 등이 대표적인 탕평파였다. 탕평파는 전부
가 아니면 전무였던 척박한 정치 현실에서 대화와 타협을 통한 공존

을 모색했던 정치 세력이었다. 노·소론의 탕평파들이 조정에 들어오면서 두 당의 극심한 갈등은 점차 완화되어갔다.

그러나 영조가 경종을 내쫓으려다가 사형당한 노론 4대신(김창집. 이이명, 이건명, 조태채)의 신원(伸, 일종의 사면 복권)에 뜻을 두면서 정국은 다시 꼬여갔다. 노론 강경파는 노론 4대신의 신원을 정계 복귀의 전제로 삼고 있었다. 경종 시절 노론 4대신의 행위는 분명한 역(逆)이었다. 그러나 노론이 경종을 제거하고 추대하려 했던 인물은 다름 아닌 세제 연잉군, 즉 영조였다.

이 난제를 풀기 위해 탕평파들이 만든 이론이 '죄의 경중이 같지 않다'는 분등설(分等說)이었다. 즉 경종 때 연잉군을 세제로 추대하고 대리청정까지 시키려 했던 노론 4대신의 행위는 영조를 위한 충(忠)이지만 목호룡의 고변에서 드러난 대로 노론가 자제들이 경종을 죽이려다 사형당한 임인옥사는 역(逆)이라는 절충안이었다.

노론으로서는 연잉군의 세제 추대와 세제 대리청정 주청이 역에서 충으로 전환된다는 장점이 있었고, 소론으로서는 목호룡의 고변에 의한 임인옥사를 여전히 역으로 묶어둠으로써 이들을 처벌한 자신들의 정치행위를 충으로 유지할 수 있다는 장점이 있었다. 분등설로 각 당의 탕평파들 사이에는 타협의 공간이 마련되었지만, 불씨는 여전히 존재했다. 노론 4대신 중 김창집의 손자 김성행과 이이명의 아들 이기지가 임인옥사 때 사형당해 신원이 불가능했기 때문이다.

소론 탕평파 송인명은 "김창집과 이이명은 아들과 손자가 역적이니 죄가 없을 수 없으나 이건명과 조태채는 추죄(追罪)할 수 없으니 분등(分等)해야 한다."고 주장했고 영조도 "이건명과 조태채는 관작을 복구하는 것이 옳다."고 동의했다. 이렇듯 노론 4대신 중 이건명, 조태채가 신원된 것이 영조 5년(1729)의 일이었다. 영조는 겉으로는 당쟁의 종식을 위해 노력하는 모습을 보였다. 영조는 "오른손으로는 소론 영수 이광좌의 손을 잡고 왼손으로는 노론 영수 민진원의 손을 잡고" 화합을 종용하기도 하고, 재위 13년(1737) 8월에는 인정문(仁政門)에 나가 백관에게 "아! 당습(黨習)의 폐단이 어느 때에야 없어지겠는가?"라고 한탄하는 '혼돈개벽(混沌開闢)' 유시(諭示)를 내려 당쟁의 중지를 요구했다. 혼돈개벽 유시란 "이전의 일은 혼돈에 부칠 것이니 지금 이후로는 개벽이다."라는 선언이었다.

옹졸한 영조의 교훈, 대통합만이 살 길이다

그러나 정작 당심(黨心)을 씻지 못한 장본인은 영조 자신이었다. 실제 영조의 속마음은 노론 4대신 중 신원되지 못한 김창집과 이이명까지 신원시키는 데 있었다. 소론으로서 이는 목숨을 걸고 막을 수밖에 없는 생사의 문제였다. 영조는 여러 차례에 걸친 시도 끝에 재위 16년(1740) 1월 드디어 김창집과 이이명을 신원시켜 노론 4대신 모두의 죄를 씻어주었다. 나아가 임인옥사 자체를 무고라고 선언하고 (경신처분) 이듬해에는 영조판 과거사 완결인 '신유대훈(辛酉大訓)'을 선포했다. '신유대훈'은 경종 때 노론이 임금을 내쫓으려 했던 모든 행위를 충(忠)이라고 뒤집은 것이었다. 이로써 경종을 내쫓거나 독살하려고 했던 모든 행위가 무죄로 돌아갔다.

영조는 이로써 자신의 과거가 씻어졌다고 생각했으나, 사실 자체가 없어지는 것은 아니었다. 영조의 과거를 씻을 수 있는 유일한 길은 소론 온건파와 강경파는 물론 남인까지 모두 포용하면서 미래를 지향하는 길밖에 없었다. 그러나 영조 자신이 노론에만 기댔던 당심을 버리지 못했고, 이는 결국 소론을 지지하는 아들 사도세자를 뒤주에 가두어 죽이는 조선 왕조 최고의 비극을 낳았다. 반면 정조는 자신의 부친 사도세자를 죽인 노론 벽파까지도 포용하면서 미래를 지향함으로써 조선 후기 유일하게 성공한 임금이 되었다.

200여 년이 지난 지금도 마찬가지다. 전직 대통령이 회고록에서 자신의 집권기를 자화자찬한다고 실정(失政)이 씻어지지는 않는다. 이명박 전 대통령은 대선 당시 내걸었던 중도 실용 노선을 폐기하고 보수 우파에만 기대는 안위를 자처함으로써 정치, 경제, 사회, 통일 모든 분야에서 실패한 대통령이라는 비판에 직면했다.

현 정권도 마찬가지다. 이제 한국 사회는 그 누구도 1970년대로 다시 끌고 갈 수 없다. 우리 사회가 그만큼 엄청나게 변했고, 엄청나게 발전했다. 이 평범한 사실을 인정하고 대선 공약처럼 대통합의 길을 걷는 것만이 예견된 실패를 막는 유일한 길임을 역사는 말해준다.

42 | "아! 과인은 사도세자의 아들이다"

정조대왕과 미래 지향 정권

역적의 아들, 왕이 되다

재위 18년(1794) 1월 13일, 정조는 부친 사도세자의 무덤인 현륭원을 참배했다. 사도세자의 위패 앞에 향을 피우기 위해 엎드렸다가 일어나지 못하고 목메어 울었다. 『정조실록』은 "상(임금)이 간장이 끊어질 듯 흐느껴 울었다."고 전하고 있다. 영의정 홍낙성 등 대신과 승지들의 부축을 받아 현륭원으로 올라간 정조는 제단 앞에 설치된 사도세자의 진영(眞影, 초상화)을 보자 다시 몸을 땅바닥에 던지고 통곡했다. 손톱이 상할 지경으로 잔디와 흙을 움켜쥐고 뜯던 정조는 급기야 정신을 잃고 말았다.

비명에 간 부친에 대한 정조의 한(恨)은 이처럼 극심했다. 그 한은 부친을 죽인 노론 벽파와 매일같이 얼굴을 맞대고 정치를 해야 한다는 현실 때문에 배가되었다. 정조는 원활한 국정 운영을 위해 한을 억눌렀다. 그러나 노론 벽파는 정조 1년(1777) 자객을 보내 암살을 시도했을 정도로 정조를 인정하지 않았다. 또한 대비 정순왕후 김씨를 내세워 정조를 끊임없이 압박했다. 정조 10년(1786) 정순왕후 김씨는 정조의 왕권을 약화시키기 위해 노론 벽파와 짜고 정조의 유일한 동생인 은언군을 죽이라는 내용의 '언문 전교'를 내렸다. 그런데 이 사건의 불똥이 엉뚱하게 군권(軍權)을 장악하고 있던 노론 숙장(宿將) 구선복에게 튀었다.

구선복은 이 사건으로 사형당했는데, 정조는 재위 16년(1792), 이에 대해 이렇게 평가했다.

> "역적 구선복으로 말하면 홍인한보다 더 심하여 손으로 찢어 죽이고 입으로 그 살점을 씹어먹는다는 것도 오히려 헐후(歇后)한 말에 속한다. 매번 경연에 오를 적마다 심장과 뼈가 모두 떨리니 어찌 차마 하루라도 그 얼굴을 대하고 싶었겠는가. 그러나 그가 병권을 손수 쥐고 있고 그 무리들이 많아서 갑자기 처치할 수 없었으므로 다년간 괴로움을 참고 있다가 끝내 사단으로 인하여 법을 적용하였다."
>
> _ 『정조실록』 16년 윤4월 27일

구선복 역시 자신의 혐의가 드러나자 "저는 모년(某年) 이후 용납받지 못할 죄를 지었다는 것을 스스로 알고 항상 의구심과 원망하는 마음을 가지고 있었습니다."라고 시인했다. 구선복이 말하는 '모년(某年)'은 바로 사도세자가 비극적 죽음을 당한 임오년(영조 38)을 뜻하는

정조 어진.

것으로, 사도세자 살해 사건에 가담했다는 자기 고백이기도 했다.

정조는 만 열 살의 어린 나이로 14년 동안 대리청정하던 아버지가 한여름 뒤주 속에 갇혀 여드레 동안 물 한 모금 마시지 못한 채 살해당하는 것을 목도해야 했다. 부친을 죽인 노론 벽파는 '죄인의 아들은 왕이 될 수 없다[罪人之子 不爲君王]'는 이른바 '8자 흉언(凶言)'을 유포시키며 세손(정조) 제거를 당론으로 결정했다. 정조는 부친 제거에 서로 손잡았던 조부 영조와 외조부 홍봉한의 신임을 얻기 위해 필사적으로 매달렸다. 그래서 영조는 세손의 호적을 사도세자에게서 빼이미 세상을 떠난 효장세자(孝章世子)에게 입적시켰다. 일종의 호적 세탁이었다. 홍봉한 또한 세손이 즉위해도 제 뜻대로 조종할 수 있겠다는 자신감을 갖고 영조에게 세손의 교육을 담당하겠다고 자청했다. 이로써 세손은 겨우 숨을 쉴 공간을 마련할 수 있었다. 세손은 이런 초인적인 노력 끝에 사도세자가 죽은 지 14년 만인 1776년 영조의 뒤를 이어 즉위할 수 있었다. 그리고 즉위 일성으로 "아! 과인은 사도세자의 아들이다."라고 말했던 것이다.

독단, 증오의 정치는 미래 없다

정조는 자신이 사도세자의 아들이란 정체성을 분명히 했지만, 이를 빌미로 14년 전인 과거로 돌아가겠다는 과거 지향의 정치를 하지는 않았다. 대신 미래 지향 정치로 조선을 이끌었다. 대리청정하는 세자를 뒤주에 가두어 죽이는 독단의 정치, 증오의 정치로는 미래로 갈 수 없다고 여겼다. 그래서 노론 일당 체제를 다당제로 전환했다. 그간 정계에서 소외되었던 이가환, 이승훈, 정약용 형제 같은 남인들을 조정에 배치했다. 정조는 또한 사상의 다원화를 꾀했다. 노론의 사상적 기반은 성리학이었는데, 노론은 성리학과 다른 사상을 갖고 있으면 사문난적으로 몰아 제거하려 했다. 정조는 이런 획일적 사상 체제를 가지고선 조선이 미래로 갈 수 없다고 여겼다. 그래서 이단으로 몰렸던 양명학은 물론 노론에서 사학(邪學)이라고 공격하던 천주교까지도 사실상 용인했다.

신분제도 개혁했다. 정조는 재위 1년(1777) 3월, 벼슬길에서 소외되었던 서자들도 벼슬길에 나갈 수 있는 '서류허통절목'을 반포했다. 정조는 이때 "아! 필부(匹夫)가 원통함을 품어도 천화(天和)를 손상시키기에 충분한 것인데 더구나 허다한 서류(庶流)들의 숫자가 몇 억(億. 십만)

1795년 정조는 어머니 혜경궁 홍씨의 환갑을 맞아 사도세자를 모신 현륭원에 행차했다. 이 정조 대왕의 8일 간의 위풍당당한 화성 행차를 화가 김득신 등이 그린 그림이 「화성능행도」다. 위는 「화성능행도」 중 한양으로 돌아오는 광경을 그린 제7폭 「환어행렬도」. 가마에 쓰인 자궁(慈宮)이 라는 표식은 혜경궁 홍씨를 뜻한다.

정도뿐만이 아니니 그 사이에 어찌 준재(俊才)를 지닌 선비로서 나라 에 쓰임이 될 만한 사람이 없겠는가?"라면서 서자 등용을 선포했다. 그리고 재위 3년(1779) 이덕무, 박제가, 유득공, 서리수 등 네 서자를 규장각 검서관에 특채했다. 정조는 조선의 발목을 잡고 있던 구습과 폐단을 해소하는 것으로 미래를 지향했던 것이다.

정조의 숙원 사업 중 하나는 양주 매봉산에 있는 부친의 묘소를 길지(吉地)로 이장하는 것이었다. 그러나 이는 노론 벽파가 민감하게 반응할 문제였기에 때를 기다렸다. 드디어 재위 13년(1789) 7월, 사도 세자의 누이인 화평옹주의 남편 금성위(錦城尉) 박명원이 "감히 죽음을 무릅쓰고 아뢴다."면서 이장 문제를 공론화했고, 정조는 부친을 수원 화산(花山)에 이장했다. 그리고는 부친의 묘소 현릉원의 배후 도시로 화성(華城)을 건설했다. 이때 정조는 "(화성 축성에는) 단 한 사람의 억울한 백성도 없게 하겠다."고 선언했다. 수원 화성 축성에는 단 한 사람도 강제 부역을 시키지 않겠다는 뜻이었다.

『경국대전』 '호전(戶典)'은 "토지 8결에서 농부 1명을 내며 1년에 부역 일수는 6일을 넘지 않는다."고 규정하고 있다. 역으로 말하면 국가가 1년에 6일씩은 부역을 시킬 수 있다는 뜻이다. 그래서 영중추부사 채제공은 국가에 큰 역사가 있을 경우 백성을 부리는 것은 관례라며 반대했지만 정조는 "경이 말하지 않더라도 내가 어찌 사세가 이러함을 모르겠는가. 그러나 본부(本府)의 성역에 기어코 한 명의 백성도 노역시키지 않으려고 하는 것은 내가 뜻한 바가 있어서다."라면서 뜻을 굽히지 않았다.

정조는 인문학과 과학에 모두 능했던 정약용에게 화성의 설계도를 작성하게 했는데, 정약용은 중국의 윤경(尹耕)이 지은 『보약(堡約)』과 류성룡이 지은 『성설(城設)』을 참고해 화성 설계도를 작성했다. 유네스코 세계문화유산에 등재된 화성은 백성들의 무보수 노역이 아니라 전면적인 '임금 노동'으로 만들어진 최초의 성이었다.

대대적인 정치 개혁 구상, 독살설로 무산

정조는 화성을 쌓을 때 단순히 현릉원의 배후 도시라는 의미에 국한하지 않았다. 화성 건설을 통해 조선이 나아가야 할 새로운 비

화성에 행차한 지 나흘
째인 1795년 윤2월 12일,
서장대에 친히 행차한 정
조는 갑주를 입고 서장
대에 올라 친위대인 장용
영 및 여러 군영을 합동
지휘했다. 그림은 그날의
군사훈련 장면을 묘사한
「서장대야조도(西將臺夜
操圖)」.

전을 제시하고자 했다. 그래서 화성을 전혀 새로운 형태의 계획도시로 만들었다. 화성이 성공하느냐 실패하느냐의 관건은 사람들이 살러 오느냐 그러지 않느냐에 달려 있었다. 정조는 채제공에게 인구 증진 방안을 보고하라고 명했고, 채제공은 "길거리에 집들이 가득 들어차게 하는 방법은 전방(廛房, 상가)을 따로 짓는 것보다 더 나은 수가 없습니다."라고 상가 유치 계획을 보고했다.

정조는 화성 행궁(行宮) 앞에 경복궁 앞처럼 십자로를 만들고, 호조에서 만든 6만 냥으로 상가를 조성해 상업도시로 만들었다. 화성 행궁 앞 십자로에는 서울의 종로처럼 미곡전(米穀廛, 곡식상), 어물전(魚物廛), 목포전(木布廛, 옷감상), 유철전(鍮鐵廛, 놋과 철상), 관곽전(棺槨廛, 관과 곽 등 장의상), 지혜전(紙鞋廛, 종이와 신발상) 등 상가가 흥성거렸다. 이 십자로는 삼남(三南)과 용인으로 가는 길목으로 전국 각지의 상업 발달을 촉진시킬 수 있었다.

정조는 재위 28년이 되는 갑자년(1804)에 왕위를 아들에게 물려주려는 갑자년 구상을 갖고 있었다. 이해는 사도세자가 칠순이 되는 해였는데, 아들에게 왕위를 물려주어 자신의 평생소원인 사도세자를 국왕으로 추승하는 작업을 주도하게 하고, 자신은 화성으로 이주해 상왕 자격으로 대대적인 정치 개혁을 실시하려는 구상이었다. 그러나 그 4년 전인 재위 24년(1800) 독살설 끝에 끝내 세상을 떠남으로써 무위로 돌아갔다.

정조의 숙원이었던 조선 정치 체제의 획기적 개편은 무위에 그쳤지만 정조는 조선에서 성공한 마지막 임금이었다. 그의 시대에는 미래가 있었고, 그래서 희망이 있었다. 만약이지만, 그가 조금만 더 살아서 아들 순조가 정순왕후 김씨의 수렴청정을 받지 않고 이가환,

정약용 같은 신하들의 보좌를 받으면서 정조의 개혁 정치를 이어갔다면 조선은 망하지 않았을 가능성이 크다.

미래 대신 과거를 지향하는 정권은 반드시 실패한다는 것은 수도 없이 검증된 역사적 사실이다. 미래 지향의 정치는 힘들고 과거 지향의 정치는 쉽다. 정조의 지난했던 삶이 우리에게 들려주는 비극적 교훈이다.

참고문헌

1. 1차 사료

『감찰청벽기(監察廳壁記)』

『갑진만록(甲辰漫錄)』

『경국대전(經國大典)』

『경세유표(經世遺表)』

『계해정사록(癸亥靖社錄)』

『고려사(高麗史)』

『고려사절요(高麗史節要)』

『고봉집(高峯集)』

『구당서(舊唐書)』

『국조보감(國朝寶鑑)』

『기재잡기(寄齋雜記)』

『난중일기(亂中日記)』

『난중잡록(亂中雜錄)』

『논어고금주(論語古今註)』

『당의통략(黨議通略)』

『대명률(大明律)』

『동국사략(東國史略)』

『동국세시기(東國歲時記)』

『동사강목(東史綱目)』

『매천야록(梅泉野錄)』

『맹자(孟子)』

『명사(明史)』

『명이대방록(明夷待訪錄)』

『문소만록(聞韶漫錄)』

『백헌집(白軒集)』

『북정일기(北征日記)』

『사가집비(四佳集碑)』

『사기(史記)』

『사기정의(史記正義)』

『사변록(思辨錄)』

『석담일기(石潭日記)』

『선인문(選人門)』

『성소부부고(惺所覆瓿藁)』

『성호사설(星湖僿說)』

『송사(宋史)』

『송와잡설(松窩雜說)』

『송자대전(宋子大全)』

『승정원일기(承政院日記)』

『연려실기술(燃藜室記述)』

『오리집(梧里集)』

『용재총화(慵齋叢話)』

『이충무공전서(李忠武公全書)』

『일본서기(日本書紀)』

『일성록(日省錄)』

『자해필담(紫海筆談)』

『조선경국전(朝鮮經國典)』

『조선왕조실록(朝鮮王朝實錄)』

『존현각일기(尊賢閣日記)』

『죽창한화(竹窓閑話)』

『중봉집(重峯集)』

『지봉유설(芝峰類說)』

『징비록(懲毖錄)』

『책중일록(柵中日錄)』　　　　　　『청사고(清史稿)』
『춘추공양전(春秋公羊傳)』　　　　『퇴계집(退溪集)』
『학봉속집(鶴峯續集)』　　　　　　『한서(漢書)』
『한수재집(寒水齋集)』　　　　　　『해동잡록(海東雜錄)』
『홍재전서(弘齋全書)』　　　　　　『후한서(後漢書)』

2. 단행본

김구, 『백범일지』, 나남, 2004.
김승학, 『망명객 행적록』, 희산김승학선생기념사업회, 2011.
독립운동사편찬위원회 엮음, 『독립운동사』, 독립운동사편찬위원회, 1975.
민영규, 『강화학 최후의 광경』, 우반, 1994.
윤학준, 『나의 양반문화 탐방기』, 지산, 1994.

칼날 위의 역사

초판 1쇄 펴낸 날 2016. 1. 6.
초판 9쇄 펴낸 날 2019. 9. 4.

지은이   이덕일
발행인   양진호
발행처   도서출판 인문서원

등 록   2013년 5월 21일(제2014-000039호)
주 소   (121-893) 서울시 마포구 양화로 56 동양한강트레벨 718호
전 화   (02) 338-5951~2
팩 스   (02) 338-5953
이메일   inmunbook@hanmail.net

ISBN   979-11-86542-18-7 (03910)

이 도서의 국립중앙도서관 출판예정도서목록(CIP)은 서지정보유통지원시스템 홈페이
지(http://seoji.nl.go.kr)와 국가자료공동목록시스템(http://www.nl.go.kr/kolisnet)에서
이용하실 수 있습니다.(CIP제어번호: CIP2015032853)